兴凯湖畔龙抬头

范士友新闻集

吕如雄题

范士友 著

黑龙江人民出版社

图书在版编目(CIP)数据

兴凯湖畔龙抬头:范士友新闻集/范士友著. —哈尔滨:黑龙江人民出版社,2010.4
ISBN 978-7-207-08631-0

Ⅰ.①兴… Ⅱ.①范… Ⅲ.①新闻—作品集—中国—当代 Ⅳ.①I253

中国版本图书馆 CIP 数据核字(2010)第 054326 号

责任编辑:夏晓平
装帧设计:王永刚

兴凯湖畔龙抬头
——范士友新闻集

范士友 著

出版发行	黑龙江人民出版社
通讯地址	哈尔滨市南岗区宣庆小区 1 号楼
邮　　编	150008
网　　址	www.longpress.com
电子邮箱	hljrmcbs@yeah.net
印　　刷	哈尔滨经典印业有限公司
开　　本	787×1092 毫米 1/16
印　　张	23.25
字　　数	405 千
版　　次	2010 年 4 月第 1 版 2010 年 4 月第 1 次印刷
书　　号	ISBN 978-7-207-08631-0/I·1134
定　　价	30.00 元

江新华新食品有
gjiang Xinhu

兴德村村民委员会

柳林

党支部
村委会

一九
劳动村
八八

黑龙江瓜瓜叫食品(集团)有限公司

高标准 严管理 树银峰形象
讲诚信 求发展 创一流业绩

大华酒

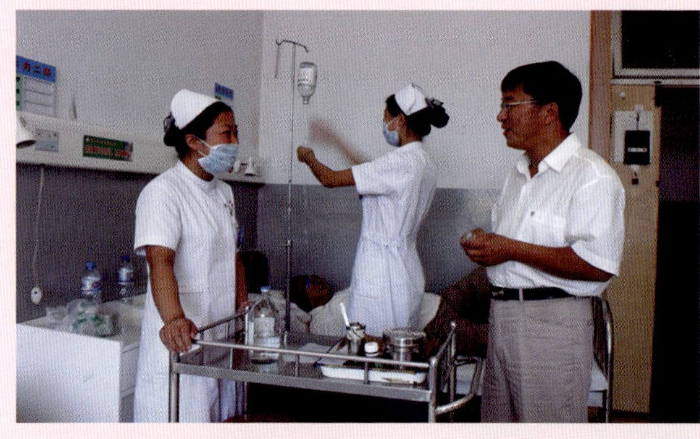

取之于车用之于路造福于社会

ОДЕЖДА И ОБУВЬ
ЮБКИ БОЛЬШОЙ ВЫБОР

奋笔疾书　润笔不倦

——记鸡西日报社首席记者范士友

范士友,鸡西日报社驻密山市记者站站长,鸡西日报社首席记者。

笔耕八年,称之"首席"。

他的稿件独出心裁,独树一帜,独领风骚,成为一代新闻的引领。

他的稿件新潮、潇洒、大气;有新意、有层次、有启迪,堪称大手笔。

他的稿件源于功底。教师、秘书,对新闻的酷爱,对社会的"广角",因为有了"翅膀",才有了"飞翔"。

他的稿件源于不倦。他像蜜蜂飞呀飞,采呀采,脚印密山市的土地,辗转劳顿,勤奋笔耕,一些带有泥土气息的新闻来自一线,真切,鲜活。

他的稿件源于执著。耐住寂寞,静心而坐,潜心研究,三更灯火,水滴石穿,采访、整理、构思、写作、修改,把一篇篇佳作呈献给读者。

他的稿件源于挚爱。生活乐观,激昂向上,性格刚毅,节奏欢快,文笔犀利,文如其人。他把对祖国、对人民的爱凝聚笔端,弘扬了主旋律,打响了主动仗。

他的稿件源于创造。以新闻要素为基础,文章总是出新,别样,与众不同。

他的文章,叼住你的眼球,让你一气呵成,让你"好吃不撂筷儿",让你品味无穷。

文章标题新颖、独到。《"大白板"换来"大白边儿"》;《瓜农的日子顶呱呱》;《一片废弃地崛起"工业城"》;《公路通乡通村通组　百业兴农兴城兴商》;《一条经济链儿纵横俄罗斯》;《农民给总理鼓掌》;《"雨"润黑土　心筑粮仓》;《山水做请柬　碑林当名片　网络牵红线　十大景区相邀二十万游客》;《兴凯湖畔"龙"抬头》;《路平渠直打造米粮川》等稿件的标题,反复推敲,字斟句酌,对仗严谨,词句优美,引人入胜。

文章开头出奇、特别。《一条经济链儿纵横俄罗斯》开篇,密山口岸长长的车流、人流、物流,把外经贸经济链条拉长……给人以想象;《"雨"润黑土　心筑粮仓》开篇,一笔笔"三农"贷款,一场场"及时雨",缓解"旱情",滋润黑土,灌溉禾苗,助推丰收,打造密山市6.9亿公斤的粮仓。给人以激荡;《造万顷森林　洒一片绿荫》开篇,密山市森林总面积15万公顷……登临放目,欲穿千里,美不胜收的是一片片苍松把群山装点……一份来自大山的报告……给人以美感。稿件开篇产生视觉冲击力,让读者眼睛为之一亮。

文章语言精当、秀气。他的作品多是通讯。文中语言用事实说话,写出原汁原味。文中多用叙事、议论、抒情、描写、引用,形成“形散而神不散”散文化特色通讯。“俄罗斯大卡,车头在密山口岸,车尾甩在俄罗斯”,一个“甩”字形象地勾画出密山外经贸链条的“长度”;点击鼠标,网上备耕;土地“大补”补出丰产;“中央一号”文件,像和煦的春风拂过龙江大地,吹化了冰雪,吹绿了山川,吹熟了庄稼,吹暖了心坎,吹红了笑脸,吹热了农村,吹火了生活,一首打造新农业,过上新生活,形成新风尚,焕发新气象的新农村乐曲在密山市广袤的大地上响起……因地域结缘的密山市与农垦牡丹江分局,一把“各自为政”的大锁,锁住了人情往份,锁住了优势互补,锁住了发展……词句实在,干练,新准。

他的稿件源于辛劳。他牢记“用笔写历史,用心写无愧”。八年是苦八年,八年是累八年,八年是难熬的八年。没休息过一个星期天,没睡过一个安稳觉,没有过片刻的轻松,满脑子是文章的构思、开头、结尾,常常在路上“写作”。为了赶公路建设这篇稿子,他开完哈洽会回来,没有卸担子,便一头扎进材料堆里,连续工作七天,费心血、熬精力,写出了《黑龙江日报》、《黑龙江经济报》《、鸡西日报》头版头条稿件。

八年不懈,写得筋疲力尽,写得茶米不思,写得头涨脑昏,写得凝思徘徊,写得两鬓白发,写得不顾妻儿。

他说,我总想忘掉工作,忘掉责任,忘掉自己,休息一天,可是,密山市委、市政府执政为民的事迹太多。大项目落地生根;外贸经济增幅第一;公路建设全省之首;新农村建设提速;关注民生构建和谐,这些新近发生的事实让我一次次闷下头来奋笔疾书。密山市的新闻成为各大主流媒体的立版稿件,成为报纸的一道靓丽的风景。

才子,创新者,蓦然崛起的新星,那汩汩流淌的词汇,眼睛一闪的伶俐,一挥而就的力作,慷慨正直的为人,无不让同行嫉妒和钦佩!

难得的一支笔。

以此篇通讯代序,贺《兴凯湖畔龙抬头》出版。

鸡西日报社副总编　高凌

二〇一〇年三月

目录

“三农”篇

基　层　篇

人物篇

执政篇

密山市委、市政府成为新闻素材的源泉。做强大工业、振兴大农业、发展大旅游、搞活大经贸、建设大通道，体现出党和政府亲民、近民、安民的情怀……

公路通乡通村通组　百业兴农兴城兴商

——密山市农村公路建设纪实

横跨群山，延伸村屯，接壤中俄，辐射周边……

从此，山不再高，路不再漫长……

路，缩短城乡距离；路，搭设小康平台；路，把市场搬到家门口；路，给农民送去幸福安康；路，带去党的关怀。

历时8个月，密山市54个村，397.9公里的农村公路全线贯通。密山市在黑龙江省第一个实现通乡公路高等级化。白泡子乡、兴凯湖乡实现了村村通，劳动村实现了组组通。

从此，农民踏上了新农村发展的高速公路。

堪称密山市公路史上浓重的一笔。

16个乡镇54个村的公路建设一年之间，一鼓作气，一气呵成。

堪称密山市公路史上的破天荒。

大投资、大手笔、大气势。2005年、2006年，农村公路投资近5亿元，修路68条，公路里程是前50年的3.5倍，创造了密山市公路历史上的神话。

这是胆识，这是魄力，这是壮举，这是伟业，这是震撼！

“地当琵琶路当弦”。弦外之音，透过村庄、院落，响彻密山市大地。

路是亲民路；路是连心路；路是贸易路；路是致富路；路是小康路；路是幸福路；路是执政为民路！

告别了“水泥路”

密山市地处东北亚经济圈的中枢，对俄进出口的黄金通道上，堪称口岸大市、文化大市、产粮大市、旅游大市，又是一个发展中的城市。

几年来，农村路况成了发展的“瓶颈”，“小康”减速，发展减慢。

密山市委、市政府关注“三农”问题，关注农村“水泥路”问题，关注农民的生产、生活问题。

不修路，难发展；不修路，发展难！

千方百计,不遗余力地解决行路难这个难点是新一届密山市市委、市政府的努力方向,是落实科学发展观、体现科学政绩观的出发点。

市委常委会、市政府办公会、各部门协调会开在农村土路上、开在土桥旁,开在农家的院子里,听农民说话,捕捉农民的心声。市领导的身影出现在山岭下、田野间、大道边……

"心中为念农桑苦,耳边如闻饥冻声"。

市领导已是10多次到农村考察土路了。雪天来,看大雪堵路封门,心忧;雨天来,看泥泞锁路,农民锁眉,心焦。市领导心情凝重地在路边不知徘徊多少次,走了多少里,肩上的担子愈发沉重。

不为民修路,就不是"三个代表"!

市领导20多次跑省公路局,递上一份份《密山市申请修建农村公路》的报告,一次比一次急切,一切站在农民的利益上,为民说话,倒出农民的苦水。

业在人创!

努力不舍,省公路局决定把密山市作为2006年全省农村公路建设试点市,白泡子乡为试点乡。

密山市委决定,2006年为密山市农村公路建设年!农村公路建设会战年!

这是真的!农民为一个喜讯奔走相告,农村将结束"水泥路"的历史。23万农民盼了半辈子甚至几辈子的水泥路,就要修到家门口,为之欢呼雀跃。

是党给俺农民圆了梦,是各级领导给俺农民圆了梦!千言万语难尽啊……这是农民的异口同声。

消息传来正值春节,农民们过上了一个喜上加喜的快乐年。据了解,这一喜讯,热了"市长热线",拜年嗑,感谢嗑,道出农民的喜悦;这一喜讯,农民以农家风俗好一顿庆祝,或举杯同饮、或露天高歌、或短信传送、或编句顺口溜。

记住,2006年,密山市54个村屯结束了"晴天一身灰,雨天一身泥"的过去。

奋战春夏秋冬

头雁引领,苦干、硬干、实干。掀起了密山市罕见的公路建设大潮。

苦干,苦加苦。正值年根儿,市领导和交通局抢前抓早、秣马厉兵,为加速加快工程,忙勘测、忙预算、忙招标……

硬干,硬加硬。春节刚过,黑龙江省中地路桥公司等14个单位中标。马上定点、备料、冬贮,赶在化冻之前。100多台车拉运水泥、钢筋、设备。冬贮水泥

4.87万吨，为工程节约241万元。

实干，实加实。依托密山市是商品粮基地县（市）和旅游大市等优势，争取国、省投资金6 837万元；市政府拨专款1 054万元；下红头文件，出台减免政策，减免沙石管理费，征地补偿费等7项收费200多万元。

公路上的和谐曲。鸡西市工商局出资10万元；密山市交通局地方养路费出资100万元；知杨公路段农场出资200万元；交通局筹资1 300万元；驻军某部出资20万元。大量修路资金加速了工程开工建设。

公路上的同一首歌。一车车满载着密山市人民沉甸甸的慰问品送往工地，送生猪、送米面、送生活用品；全市20多个单位不约而同地涌向建筑工地，为这些给农民筑路流血汗的工人送关怀；临近村屯的农民动了起来，让出火炕，烫上"小烧"，直往家里让，一些靠村屯的施工人员借宿农家；农民冲上了公路主战场，拆篱笆，挖边沟，工人、农民、领导聚堆在农村，农村出现了从未有过的喧闹。白泡子乡农民抓住这一机遇，主动出车、出工、出人，无偿提供场地，安排食宿折合资金980万元。

筑路大军在农村公路上吃尽了苦头，出尽了"风头"。

农村公路建设体现了建设穿越"世界屋脊"的青藏铁路精神，体现了愚公移山、大禹治水的精神。

农村成了建筑大工地！农村成了以路为主的经济建设大舞台！

一处静景。山边、路边、林边搭起临时帐篷，打出施工单位大旗，"保质创优争先"的标语挂在村口。

一处动景。挖掘机张开大口，运料车、搅拌机转个不停，车流、人流川流不息。

一处静动结合的风景。几十米高的料堆，几天吃掉了大半。天刚放亮，人车出动；晌午，吃在工地；夕阳，筑路仍在继续。迎来日出，送走晚霞，逢山开路，遇水架桥。硬质路面一天一个增长，工程报表一天一个动态，14个工程队比质量、比速度、比为农民的"贡献率"，比得热火朝天，比得热血澎湃。

路，向村屯，向农家接近，近了，近了，更近了，农民喊了起来。

承紫河段施工现场，记者看到，酷暑难耐的大晌午气温30多度，炙热的太阳下，工人们的衣服像水洗了一样，苦水、汗水顺着面颊流淌。

记者拉过工人的手，一手老茧，一手血泡，一脸黝黑，一身泥水。苦不苦，不苦；累不累，不累；想不想家，不想。打拼出"三不"精神。

记者走近农民，农民的话一大串，一大堆，没头没尾儿，土话中充满一个又一个"谢谢"，一百个一千个"谢谢"。李大娘乐极而泣，告诉记者，没白活一回，看城里的路眼馋死了，这回修水泥路了，乐得几天吃不下饭，睡不好觉；一位农民说，修路了，离新农村还会远吗？这反问中的肯定，充满了对新农村建设的期待。

一处感人的风景。省领导、省交通厅领导、鸡西市领导、鸡西市交通局领导不止一次来到工地，来到农家，与工人握手，与农民交心，叮咛、鼓动，情牵工人，心系农民的佳话在农村传颂。

市领导来到工地，每每一身泥腿子，每每一身汗流浃背，总是和工人、农民站在一块儿。

常务总指挥、交通局局长刘景云，这位道桥专业的交通局局长的“韬略”，尽洒在几百公里的修路沿线上……

“他黑了。”妻子说。施工三个月，他巡回在工地三个月。

“他瘦了。”领导说。累瘦了，起早贪黑，脚步不息，思维不停；饿瘦了，吃上顿说不上啥时候吃下顿。

“他病了。”医生说。顺脚看医生，医生诊断：静脉曲张、胃炎、肠炎、心律不齐、血压攀升，他把诊断揣在了兜里。

农村公路建设副总指挥兼总工程师张延波，这位修10多年公路的行家，再次显示出他的“强干”。

记者考问，哪条路、哪道弯、哪座桥、哪座涵、哪堆料尽在其脑中；咋配料、咋施工、啥工艺、啥标准尽在其心中。这位“活地图”、“死教条”，对技术标准、工程质量目尽毫厘。

副指挥韦钢，为公路建设“鸣锣开道”，协调各有关部门忙个不休；副指挥李云国为公路建设“倾心尽力”，跑鸡西、跑省城、走料场，工作效率又快又好。

7月12日，在农村公路承紫河段，从哈尔滨来看望施工人员李伟的妻子在公路边与丈夫短暂的约会，儿子拉住李伟的左手，妻子拉住丈夫的右手，相聚亲热，离别难舍。

7月13日，白泡子乡湖沿村的农民把新打上的湖水鱼送到了工地，这一推一塞看出了农民真的是感动了；兴凯湖乡爱民村的村民杀了多年的老母鸡，把鸡汤送到工地，这一举一动看出了农民把施工队真的当成了自家人。

几亿元的公路投资，300多公里的建设现场，54个村屯院落，近千名建筑工人用苦水、汗水、泪水谱写了开通农村公路，促动新农村建设的人与人、人与自然和谐的乐章。

公路铺满盖严

今年，密山市农村公路建设堪称三个历史之最。投资最高，投资近亿元；里程最长,长达300多公里;气势最大,14个施工队,近千人施工,几百台机器叫着号上阵。截至9月末,密山市村级公路将全面建成通车。

边陲密山市新的交通版图上,又多了40多条农村主公路,密山市公路构成了纵横交错,网络化的格局。

西起鸡东交界处,东至虎林,方虎公路大通道从密山市横贯而过,与北起七台河,南至密山市七密公路构成了十字形公路通道;口岸、潘当公路开通,知兴线、蜂蜜山至兴凯湖,荷香园至市区,北大荒书法长廊至市区等上百条公路,地多辽阔,路多遥远。密山市公路建设出现历史上的漫无边际。

路产生了拉动力,形成了促动力,二力合一,助力密山市经济提质、提速、上档、升级、飞跃。

这是招商路。头几年,外商来了,留不下。一看这路,就够了,调头就走,走时,扔下话,路难行。时隔两年,一路通途向天涯,路通国内外,交通便利成了招商的条件。以路筑巢引凤,以路引商、安商、乐商、富商。大华酒业落地生根,形成了以公路为轴的内连农户的玉米加工产业链儿;金达利塑业有限公司落地生根,形成了以口岸公路出口俄罗斯的编织产业;华香清真肉类加工有限公司、杭州粮食仓储等40多个项目当年达产达效,引资9亿元。

这是增收路。粮食主产区的密山市盛产水稻、玉米、大豆等农副产品,路好粮紧俏,路好卖好价,解决了农民卖粮难。

这是贸易路。路与口岸相通,与密山市公路形成了环城边贸通关公路,出国、出口、进口,路直路宽,1~7月,口岸过货实现7 825吨,进出口贸易额达1 795万美元。

这是旅游路。环湖、环山、环村、环景的公路呈扇形,兴凯湖旅游路、蜂蜜山旅游路、口岸旅游路、荷香园旅游路、航博馆旅游路……密山市大山、大水、大沃野的大旅游升温。在兴凯湖莲花旅游区建占地5万平方米集花园、果园、菜园、植物园、垂钓园一体的别墅庄园,在白泡子乡潘当公路边建占地30亩集观光、休闲为一体的生态农业园区,在兴凯湖湖口子处建7 000平方米的旅游度假区,拟出了“十一五”期间密山市旅游规划,旅游业进一步扩大。

这是小康路。白泡子乡、兴凯湖乡农民依山依水依路开办60家农家游。农家游十里飘香,人们顺路、顺脚下榻农家,到农村休闲度假、换空气。1~7月,农家游接待游客10万多人。路边的西香瓜、大西瓜、蜂蜜,路边经济让农民口袋鼓起来。

这是连心路。路成了农垦与密山市的纽带。打开篱笆墙,形成联合体。路从857农场、8511农场门口穿过,给农场带来了便利,相邻的村屯居民礼尚往来,达成以邻为友的默契。

这是爱民路。一次次投资,一次次追加投资,一次次增加里程,一次次亲临工地,一次次与农民贴心,体现了各级领导的殷切关怀,体现了各级领导对农民的牵挂。这浓浓情让农民的心都醉了,醉了一次又一次。

这是繁荣路。路修好了,农村成了聚宝盆。城里人、外地人、外国人举家迁徙农村,当农民、当经纪人、当老板、当股东,大包土地、开发房地产、开发旅游,农村土地生金、粮食增值,生意红火。

这是腾飞路。路成了密山市大发展的起点,密山市以路为本,继续加快"三富三快一联合"的经济振兴之举,加大开放、加大联合、加大扩张。路多了,动力多了;路多了,潜力多了;路多了,经济增长点多了。路给密山市插上了百业俱兴的翅膀,辉煌的公路建设给省级公路先进市的密山市再次带来惊人的跨越!

密山市高楼林立,绿树婆娑,农家环合,群山绵延,路镶边,路纵横,路交叉的密山市多妖娆,这就是崛起的密山市,发展的密山市,文明的密山市,和谐的密山市,璀璨的密山市!

(2006 年 8 月 18 日《鸡西日报》一版头条)

一方人戮力同心　六十年沧桑巨变

——写在密山市解放六十周年之际

密山市，广袤无垠，古老神奇。

以“大”见长。大山川、大湿地、大界湖、大口岸、大通道……

以“多”著称。地下宝藏、生物资源丰实。煤炭、石墨、钾长石、花岗岩；山野菜、食用菌……

以“古”闻名。新开流文化的发源地，六千年前有渔家；中国“航空摇篮”的诞生地；中俄铁路旧址、白棱河桥、日本炮台遗址……

地处东北亚经济圈中枢、对俄出口黄金通道上的密山市，地理位置十分突出。

“大江东去浪淘尽！”

历史的年轮转动出密山市60年的沧桑、巨变与繁荣。

60年前，密山备受日寇铁蹄的践踏与蹂躏，人们历历在目。

1933年1月，日寇攻占密山县城；1939年6月，日本人在此设立伪东安省。

万马齐喑的密山人民处于水深火热之中，人民惨遭压迫，颠沛流离，民不聊生。

1946年6月22日，密山解放。

解放后的密山人民男耕女织，恢复家园，爱党、爱祖国、爱家乡的热潮滚滚。

60年，艰苦卓绝；60年，奋发图强；60年，与时俱进。特别是改革开放以来，密山大地更显示出商机与活力，发展浪潮此起彼伏，澎湃汹涌。

文明的密山市

密山市森林覆盖，河流环抱；高楼耸立，公路纵横。

密山市以打造绿色城、生态城、园林城、文明城、旅游城为目标，对外产生强有力的影响力和扩张力。

绿色密山城。国家A级绿色大豆生产基地20万亩；国家A级绿色水稻基地40万亩；国家A级白瓜基地10万亩；绿色烤烟，绿色水果，绿色玉米，绿色水产品,绿染密山大地。

生态密山城。密山三山二水。绿色森林 15 万公顷,蜂蜜山、兴凯湖,山水相依,山清水秀,纯自然风光,纯天然氧吧。

旅游密山城。形成以蜂蜜山、兴凯湖、口岸、王震将军纪念馆、东北老航校纪念馆、北大荒书法长廊为主体的生态、风情、历史、文化、自然景区 20 多处。

文明密山城。绿树、绿草地与楼群相衬,路与天相接,灯与星辉映,密山市堪称"不夜城",人民安居乐业,生活温馨,政通民悦,一派祥和。

近三年,修城乡公路几百条。以方虎公路为主干线的公路横贯东南西北。加大了城市背街、巷道的改造,两年,新修城市背街、巷道 50 多条,栽花1 000万株,形成了城边、路边、水边、村边、户边的绿色长廊……

近三年,新盖办公楼、居民楼 100 多栋。尽是仿古、仿欧式建筑,人均住宅面积由 5 平方米增加到 20 平方米,农村砖瓦化率达86.2%,有线电视村村通,电话村村通,信息村村通,公路村村通。

规划设计 41 条旅游精品线路,其中 6 条市内线路,28 条国内线路,7 条国际线路,每年接待国内外游客 20 万人次。

发展的密山市

时不我待!

审时度势,适时决断。新一届领导集体坚持科学发展观,走新路,抓推进,汇成又好又快发展的主流,体现出新的科学政绩观。

全国 100 个产粮大县的"位置"坐不住了,密山市委、市政府将密山市这个农业大县经济大转型,将密山"老资源大县"作为经济赖以持续发展、增长的基础,打造了"三富三快一联合",走上了提质、上档、升级、飞跃的经济快强挡。

兴工富市,百舸争流。无工不富,无工不强,无工不稳。"三不"让密山市大兴全党抓项目,全民抓招商,三个"三分之一"抓项目,全市几万人肩上扣上招商指标。形成"投资者发财是我们的光荣,投资者不满是我们的耻辱"的亲商、爱商、护商、富商的环境。

海洽会上招商 1 亿元,广博会上招商 1 亿元,哈洽会上招商 10 亿元;2004 年,引资5.66亿元,2005 年,引资6.5亿元,2006 年 1 ~5 月,引资 3 亿元。密山电厂、钾长石、密当公路项目正强力推进。

硬环境"筑巢"。一年投资几千万元的密山市城市改造,密山市风光旖旎;以山水及书法等自然景观和人文景观见长的旅游形成特色;以方虎路为主路的各条公路四通八达;市场繁荣、消费平稳、政治稳定。密山市成了“磁场”,吸引外地资本、人才、技术、项目向本地区流动。

软环境“引凤”。凡是阻碍引资的不合理收费,大刀阔斧地砍。各单位将收费项目上报,开常委会专题研究。一次次请外商纳谏,给外商减负1 000多万元。

废除“中梗阻”。市委成立“兴工富市、兴畜富民”督察办公室,配上微型摄像机,专门明察暗访各单位各部门办事效率,督办加快解决实际问题。向损害经济环境行为的事或人开刀。清理乱收费、乱罚款、乱摊派。根除土地转租金、过桥费、办事关卡多等40多个“中梗阻”。

架设“时空连线”。“市长热线”、“行风热线”24小时开通,有关部门领导坐在“直播间”,在电视上露脸,公开承诺,直面外商,接待解决问题。

出台优惠政策。市委、市政府以红头文件下发一个又一个优惠政策,30多个红头文件将政策优惠再优惠。黑龙江华香清真肉类加工基地、大华PVB生产线等20多户外商企业,从签约到开工等一切费用零收费。湖南日月集团投资4 500万元的12生肖商贸城因政策宽松而落户密山市。

发放“便民卡”。市委书记、市长上门送“名片”。市领导年走访外商企业达40余次。各个部门向企业发200张便民卡。市纪检委、公安局等部门为30户企业送去了“重点保护”的牌子。由80张“绿卡”增加到120张。

重金奖励外商。每年召开两次外来投资者奖励大会,东安煤化工有限公司两年上缴税金2 000万元,一次性奖励106万元;给20位外商大户颁奖;5位外商被吸收为密山市政协委员、行业行风测评监督员;30名客商成为密山市“荣誉市民”;41个大户成为“重合同、守信用”单位、“财政支柱企业”。

兴畜富民,万箭齐发。市委、市政府密切关注“三农问题”,将土地资源转化为畜牧业资源,畜牧业资源转化为经济资源,递进式的层层转换,引导农民主辅换位。农民普遍养、大户规模养、干部带头养、小区示范养、集中资金包扶养,如今牛羊满山坡。连珠山镇在永泉村北岭山脚下,建起一座占地5万平方米的股份制奶牛场,机关干部20人入股280万元,烟草公司入股90万元,集闲散资金,集名优名特,引进澳大利亚奶牛140头。全市这样的股份制大户10几户。全市奶牛存栏1万头,羊33万只,黄牛17万头,形成20个养牛专业村。畜牧业收入占农民人均收入40%以上。

兴城富商,互动双赢。以城引商、留商、富商,密山市成为投资者的洼地,成为客商的摇钱树,成为密山人的聚宝盆。

近三年,投资1亿元用于城市建设,拓宽密山市西出口,修建文化中心广场;采取市场经营,引资1 000万元,拔掉东安大街几十年凝固的“蜘蛛网”;增加市内绿地,省级“十佳”城市,全省绿化先进市的密山市又以商兴城,开发福隆小区、中俄商业区等100万平方米。客商的投资对各行各业产生拉动力,外商安心、静心、舒心在密山市投资兴业。产生了以商招商的追加投资。客商富了,人流、物流、资金流、信息流给小城带来的是一样的富足。

加快民营经济发展。全市民营经济税收达6 000万元,占财政收入的三分之一。民营经济成为财政支柱。经贸企业多了,农产品企业多了,加工型企业多了,外地投资企业多了,国有企业转制多了。这“几多”壮大民企筋骨。莲花水泥厂股份制后,水泥窑里产出了化肥;奋斗化工厂更名为黑龙江银峰化工有限公司;“北方”粮食加工厂,生产的“北方”牌输送机、提升机、扬场机,远销广州、江苏10个省市。民营企业蓄势待发,商品走出城门,跳出省门,冲出国门。

加快边贸经济发展。密山口岸“一桥飞架南北,界河变通途”。对俄“零距离”服务,加宽对开的过货大桥,调整进出口货物单一的结构,引资建设口岸对俄互动贸易区、物流区,密山市将成为我省东部地区最大的钢材、木材俄方代理商,最大的农产品出口集散地。吸引10多家从事外贸的企业落户密山市。

加快旅游经济发展。密山人认定水是资源,山是资源。以兴凯湖为中心的蜂蜜山、铁西森林公园等几处自然风景区升温,北大荒书法长廊、荷香园等文化景点,又飨游客。农家游一条街、农家游专业村,年接待5万多人次。密山人又认定,冷也是资源。增加了冬游兴凯湖线路,边境游、跨国游、民俗游、文化游、风雪游、森林游,密山市正在打造一个北国旅游城。投资300多万元,开通了北大荒书法长廊公路,投资200万元,开通了兴凯湖至蜂蜜山、至莲花的旅游公路,形成山水直通的旅游风景线。

一联合。密山市与农管局相邻,近年来,密山市政府主动打破封锁,拆掉篱笆,形成了发展区域经济互赢的共同体。

“非典”肆虐,双方共筑阻击“非典”防线;发展经济产生合力,10个部门围着完达山制药厂转,企业一次次感动;农管局项目落户,政府在土地、水资源上零收费;兴凯镇、连珠山镇与农管局携手兴建小城镇家园;北大营几十年泥泞不堪的路况,双方抢着出资修一条市民所说的“连心路”;通乡公路修到了农管局连队的家门口,农管局与地方物资、生产、生活上往来频繁。

和谐的密山市

“三个代表”在基层,指引党员干部怎样为官,怎样为民;党员先进性教育活动方兴未艾，惠及百姓，密山大地上涌动亲民、近民、爱民、为民的热潮。

“知民情、解民难、暖民心”活动，让党员、干部为民的足迹遍及乡村。冬天下访，“两节”下访，把关怀与温暖送到最基层。

市委四大班子开门大接访，解决了群众关心、关注的热点、难点问题，直接下访减少了上访。

全市154个村，推出“为民全程代理制”。为民代理住宅基地审批、医疗保险等10多项民事，给农民办事办到炕头上。

全市450个党员致富联合体，形成党员与党员、党员与农民的强弱联合，全市一年1 000户农民脱贫；各单位建立党员服务站100个，街道社区、党员责任区、先锋岗404个。

全市500名干部驻村指导，解决农民生产中的难事，每年解决农民困难1 000多件。

全市41个单位与农村、农户对接，包村包户，加速建设新农村。

一道保险破天荒，解决农民看病难。全市12万农民参加了农村新型合作医疗，全市1.2万名贫困职工享受了最低生活保障，1.7万名职工参加并轨，发放经济补偿金1.48亿元。

清泉甜透百姓心，解决农民吃水难。近三年，共投入1 000多万元，解决80个村20万人口的饮水；近三年，共投入900万元，给农民打抗旱井900眼；近三年，共投入400万元，给大豆喷洒叶面肥，促早熟；全市有6个村，被列为省级机械化村。

硬质路面通南北，解决百姓走路难。去年，完成通村公路23条，今年，投入资金近5亿元，修通乡通村通组公路60条397.9公里，今年投资200万元，修26条背街巷道。

整合最佳资源，解决学生上学难。农村中小学校撤并，优化教师、资源配置，新盖教学楼54栋，全市3万多名中小学生上了“大学”。

银线纵横千里，解决农民用电难。近三年，投入5亿元，对全市154个村进行同网同价改造，每度电由原来0.60元降到0.47元，为全市5 649户农民减负330万元；投资800万元，为10几户外来投资企业通电；为14个村电网加密度，旱改水1万多亩。

信息覆盖乡村，解决农民信息难。全市15个村开通了农业信息“110”基础上，又投入800万元在30个新农村试点村开通了“农业信息网络”。

龙头内联基地，解决农民增收难。密山市形成了工业、农业经济效益互动的产业链条。三合糠醛公司加工玉米芯，大华酒业以玉米做原料，华香清真肉类加工有限公司年加工牛、羊、猪90万头……农村形成供应龙头企业的基地，成为龙头企业的车间。工业经济增长，农业丰产，农民增收。

增设就业平台，解决就业难。开通市场就业通道，开通旅游就业通道，开通劳务输出通道等10条就业通道，每年跨省、跨国劳务输出1万多人。

建宣传文化中心，建体育运动中心，建休闲广场，建荷香园，建农村卫生院；农民“一免两补”、学生“两免一补”等等，这些解民难，顺民心，合民意。

璀璨的密山市

密山市已是满园春色关不住，各项工作成为全省乃至全国的排头。

密山市曾被评为全国绿化先进市、全国双拥模范城、全国基础教育先进市……

近三年，密山市获得全国广电先进市、全国村民自治模范市；省思想政治工作先进市、省文明单位标兵市；鸡西市计生工作先进市、农业农村工作标兵市等100多项殊荣。

涌现出全国“五一”劳动奖章获得者魏艳玲、李德山、张洪田、宋士云等一批先优模人物。

过去，密山人自豪过，因为历史文化丰厚；现在，密山人更加骄傲，因为事业更加璀璨。自强不息的密山人，激昂向上的密山人在市委、市政府的引导下，正以人为本，万众一心，谱写密山市明天更加绚丽的篇章。

（2006年6月21日《鸡西日报》一版头条）

从一位数到两位数增长的跨越

——密山市实施招商引资战略产生的效应

数字对比，自尊的密山人输了

过去几年，曾是全省十强县（市）第八位的密山市，下滑至十二位；工业骨干企业是零；财政收入增长比例一直在一位数上徘徊。财政吃紧，制约发展，市领导的电话不断，市民直截了当问市长：密山市经济发展的路在哪里？

经济转型，自强的密山人急了

密山市新一届领导集体在人们关注之间，不负重托，不辱使命，站在全省的经济发展至高点，审时度势，大视角、大手笔、大动作谋划密山市经济发展蓝图。十次不同层面的经济分析会，两次全省经济发展报告会，在分析形势基础上，科学决策。2003 年 10 月 10 日，召开由千人参加的密山市经济发展动员大会，向全市人民发出动员令，即给密山市经济发展方向准确定位：用“三富三快一联合”的战略促进密山市经济三年间大提速。震撼人心，掌声一片。从此，密山市的经济初现曙光。

万人招商，自立的密山人赢了

密山市人民戮力合心，奋起直追，招商潮波及 12 个国家 20 个省、市。

全员出动，全党招商，全民招商，全社会招商，一个单位三分之一的人走出去招商，密山市招商势头汹涌。市领导招商 6 亿元，干部招商 4 亿元，个体户、农民招商 2 亿元。

废除“条款”。封闭性、保护性、区域性等阻碍招商环境的文件及规定大砍、特砍、一次砍干净。砍掉土地费、过路费等收费项目 25 项，砍掉办事重复关卡 20 多个。开通“外商热线”，市领导成为外商第一负责人；开通“行风热线”，与外商直接对话，一年少收各种费用1 000多万元。

攀亲结贵。世博会、哈洽会、海洽会与国内外大企业、大财团建立友好关系，与国家、省有关项目审批部门建立联系，加速加快了招商速度。近日，市领导赴莫斯科洽谈密当铁路事宜，与俄高层领导、与俄大财团直接接触，达成共识。2006 年 1 月，在北京就密当铁路开工建设进行深入协商，这个拉动口岸城市经济增长的密当铁路建设有了实质性的进展。

商客云涌。仅 2005 年，104 位中外客商来密山市考察，30 位客商巡回考察。10 月，温州商会会长与 10 位大老板第二次对密山考察，随后又去了俄罗斯。国内外考察后，外商在“备忘录”上写道，要投资建密当铁路，要投资开发中俄边境经济开发区；钾长石项目开发考察的客商达 20 多人；搁浅近 20 年的密山电厂项目，佳木斯电厂在密山市进行前期可研。密山市招商以客商为载体，招商信息对外形成辐射。

落地生根。走了不死心，留下的借地生金。2004 年，招商项目 93 个，2005 年，招商项目 63 个，156 个项目引资额 12 亿元，引进华香清真肉类加工有限公司等亿元项目 4 个，引进金达利塑业有限公司等千万元项目 25 个，2005 年，引资企业上缴税金近4 000万元。

两年之间，方虎公路两侧的废墟地厂房林立，建筑的动感成为一道风景，从西端双泰石墨矿数起，到东端双胜粮油加工有限公司外商企业达 39 家，投资1.4亿元的华香清真肉类加工有限公司等 4 个亿元项目，成了工业企业的主体。

招商引资战略培植了财源，壮大了财力，繁荣了密山。近日，记者在密山市国税局、地税务局了解到，东安煤化工有限公司上缴税金2 000万元，嘉庆祥选煤厂 11 个月上缴税金 410 万元。一些龙头企业崛起，经济增长点星罗棋布，结束了财政慢增长、不增长的局面。2003 年，财政收入由6.6%增长到12.5%，2005 年，增长到 13%。强根固体，百业俱兴，尽显出密山市大发展、快发展的势头。

（2005 年 12 月 5 日《鸡西日报》一版头条　2005 年 12 月 21 日《新华每日电讯》二版）

“三足鼎立” 工业强市

——密山市构建大工业格局纪实

密山市,农业大市;而今,工业强市。

过去,工业底子薄弱,低谷徘徊;现在,工业经济增长点遍及12个省、市。

工业增加值、销售收入、税金、利润指标这么多年第一次出现两位数增长。

零基础起步,负重爬坡,锲而不舍,峰回路转。

一条方虎路点缀工业群,密山市经济总体框架完成了由农到工的转型。

市长告诉记者,密山市工业经济的兴起,缘于科学发展观:大流通、大改革、大招商,形成密山“三足鼎立”的大工业。

(一)

密山市原煤储量达5亿吨,分布在鹿山区、珠山区、新村区等五大区域,久居深山,睡眠状态。

外商走了,直跺脚,带走了遗憾,没辙儿,煤堆成山,车皮吃紧。

嘉庆祥选煤厂总经理周家京告诉记者,为了几节车皮,跑铁路,磨破嘴,跑断腿,一年发不几车。

2005年8月,哈尔滨铁路局决定延长煤炭装运站点。

以兴凯站、密山西站为中转站的煤炭装运点,延长重载基地线1 008延长米、1 050延长米。

密山西装车点,煤炭发运货位达124个,铲车达10台,一次性装车由原来10车增加到69车。

2004年,这个站外发煤炭215车1.3万吨;煤炭线路装车点建成后,仅4个月,发车2 525车16万吨;2006年1~10月,发车2 944车18.6万吨,到年底可达28.62万吨。

近日,记者在这两个装车点看到,站台上,几千米长、几十米高隆起的煤堆,一会就被铲车吃掉大半,60多节“专列”装上煤炭,即将待发。

兴凯镇车站站长告诉记者,每3天一个“专列”60多节,一次发运煤炭4 000

吨,满足了客商的需求。

铁路就是经济大动脉。煤炭装运点建成前后,是一个明显的经济反差:建成前,密山市煤炭企业 20 户,外运煤炭 38 万吨,上缴税金 900 万元;建成后,煤炭企业三个月增加到 28 户,外运煤炭 50 万吨,税金达2 000多万元。

记者打开铁路煤炭发运网页,煤炭发往吉林、大连、肇东、长春等地。

装运点增加了铁路运费,密山西装车点一年增加收入1 300万元。

60 多节车皮,几百米长的"专列",车笛响起,呼啸而过,路有多么远,煤炭经济链条就多么长。

(二)

密山市工业企业改革大刀阔斧,冲破坚冰。以改姓、改嫁、改辙的形式,因企而改,激活动力,改出效益。

奋斗化工厂反反复复长达 10 年的改革,一次次地搁浅。

一难外欠。工厂欠工资 540 万元,欠职工集资 4 分利息 350 万元,欠并轨资金 833 万元,欠养老保险金 280 万元,欠款达2 363万元。窟窿大,包袱重。

二难棘手。2001 年 1 月,整体出售因"包袱"超负荷而停止;2004 年,与哈尔滨松江铜业签协议,一次性收购,但因诸多问题又停止;2005 年 5 月,密山市政府决定再次改革。

主管市长驻厂,国资局、劳动局、法院等有关部门驻厂,合力改革。

卸"包袱",找路子,定调子。改革模式确立为"股份制"企业。

政府担一块,企业还一块,引资增一块,清欠补一块,职工入股 500 多万元,引资1 000多万元,化解债务2 363万元。

1 417人解除关系,先聘后股。5 月 23 日,召开股东大会,回购原厂,原奋斗化工厂改辙,股份制;改名,黑龙江银峰化工有限公司。

改制后的企业闪现生机,投资 400 万元,改造乳化生产线。1 ~ 10 月,生产膨化炸药8 250吨,销售收入3 126万元,上缴税金 247 万元,比 2004 年多上缴税金 105 万元。

这次改革拔掉了钉子户,气顺了,风正了,业兴了。

全市 128 户国有企业改革结束,增加税金1 000多万元。

(三)

招商引资增加工业企业资本。

密山市招大商，网上发布信息，人流传动信息，近千人离家在外招商；密山市引大资，招千万元以上大项目，招纳税多的大项目。

密山市用招商环境、招商条件引商、亲商、安商、富商；密山市成为招商“磁场”，形成了“万有引力”，成为投资者的洼地。

近几年，171个项目开工建设，93个项目达产达效，引资13.1亿元。今年，又新上项目42个，引资5.8亿元，亿元项目1个，千万元项目14个，又增加就业人员3 000多人，年末，引资企业上缴税金8 000万元。

密山星光工业园区，堪称经济园区，20多家招商企业纳税千万元。大通道两侧形成经济带，动工、兴建、生产，一片生机活力。

（2006年6月15日《鸡西日报》一版头条　2006年6月19日《经济日报》二版）

一片废弃地崛起“工业城”

——密山市星光工业园区见闻

（一）

密山市三年兴起一个工业区。

工业区地处连珠山镇南，近临公路、铁路，远离城市、村庄，坐落在原密山纺纱厂院内，又称“星光工业园区”。

听密山市领导说，这个园区体现了招商第一效率，这个园区企业都是财政支柱企业，园区是工业强市的引领。

7月4日，记者走进园区，转一个小时，才“逛”完园区一角，这里“星光”灿烂。

工业园区主任告诉记者，园区呈“三足鼎立”，16家国内外大企业盘活闲置10多年的密山纺纱厂27万平方米的土地、厂房。形成纺织、医药、造纸产业链条及持续增长的经济链条。

招商之大，引资2亿元，年产值2.4亿元。

税额之高，16家企业三年纳税5 000多万元。

上岗之多，2 000多名下岗工人重新上岗。

一大一高一多，孕育出商机。维维豆奶公司闲置的生产线对外挂牌拍卖；银河纸业继续投资又上两条生产线，扩大再生产；哈尔滨同泰药业又投资800万元，建蜂胶生产线，占地600平方米的厂房、办公楼拔地而起；几家企业又盯住工厂南那片空地，反复考察，急于投资……园区内外尽是车流、物流，16家企业有比头，有劲头；比质量、比产量、比贡献、比经济增长速度，比得热火朝天。

（二）

繁华背后的萧条。

园区旧址是密山纺纱厂。东西南北几里地，这么空旷！1985年，3 000人的大企业纳税300万元,这么红火。1989年滑坡,1993年破产,1996年"砸锭",工人下岗,涌向社会,一把破产的大锁封门,锁得人们心疼,锁得人们失望。工厂杂草丛生,断壁残垣,人迹罕至,这么衰败!

繁华背后的辛酸。

园区主任17岁入厂,目睹了工厂的兴衰。工厂破产时,和几个老工人留守看堆儿十几年,难舍对工厂的依恋,一纸报告打到市政府,白瞎了这么大的"家产"……

繁华背后的决策。

密山市委、市政府领导不止一次到工厂调研,认定这27万平方米的闲置资产就是资源、就是商机、就是招商条件、就是工人上岗的平台。

把纺纱厂作为"兴工富市"一个园区,起了一个寄予希望的名"星光工业园区"。

以地皮招商,以闲置厂房招商,合并同类项,用工业企业填补园区的空白。

三年之间,一片废弃的土地,建成16家企业;一片废弃的土地,成了密山市工业企业强强联合区、工业企业的集散地。

(三)

填上一个空缺,又填上一个空缺,一个企业一个方块,把园区塞得满覆盖,星光园区俨然一座工业城。

引资1 000多万元哈尔滨天联有限公司5年纳税100万元,300人就业。记者在车间看到工厂的"气派",前纺、细纱、落桶车间的机器列出几百米长队,一片繁忙景象。公司领导告诉记者,1~6月,生产涤棉纱200多吨,上缴税金15万元。

江苏维维集团密山龙维豆奶公司,5年纳税1 000万元,1~6月,生产维维豆奶1 306吨,销售收入1 595万元,上缴税金100万元。这个省农业产业化龙头企业,鸡西市纳税大户企业,被评为全国食品工业优秀龙头食品企业。

投资1 000万元银河纸业公司,周边废纸原料"供不上嘴",又从俄罗斯进口原材料400吨。1~6月,生产箱板纸1 500吨,上缴税金15万元,与伊利集团挂上钩,又成了伊利集团外包装纸的供应商。

中美合资企业金源油脂油料公司,鸡西市百万元星级财政明星大户企业,近几年,上缴税金1 000多万元,年收购大豆2万多吨,张景志经理告诉记者,工厂正检修机器,10月生产。

哈尔滨同泰药业1~6月生产诺氟沙星700件,国泰菌片200件。

外商企业成了"传媒",一切零收费,一切全呵护的投资环境,对外引商、以商招商、追加投资。

园区管理委员会为外商跑手续,打外围。

万吨秸秆饲料加工企业落地,10月开工;大豆收购企业富源粮库又盘活3万平方米的厂房,年底,星光工业园区企业将达20家。

企业新盖厂房及办公楼10万多平方米,昔日大水坑、草甸子成了花园式工厂。工厂甬道相接,绿树成荫,一个厂区一处景观,企业相互比拼,安居乐业,默契、祥和、繁华。

(2006年7月10日《鸡西日报》二版头条)

家家信息畅　村村公路通

——密山市强力推进新农村建设纪实

密山市新农村建设潮落潮涨。

城市“反哺”农村，动真情，办真事，密山市农村百业兴。

电力助农

电网加密度。

5月30日晚，曾是灯下黑的裴德镇裴德村一片通明，小桥边、路灯下，十几位农民唠嗑，这20盏路灯是电业公司安装的，这回晚上出门不抓瞎了。

小村还有新事。村支书苗振亚说，电业公司帮建广场、帮修村路……为建新农村，对农村那是十个头儿的。

6月1日，裴德镇兴利村10位农民给电业公司送一面“人民电业为人民，增收不忘电业人”的锦旗。

起因是，电业公司架线3 000米，1 000亩旱田改成了水田。

6月3日，记者在兴利村4组看到，两个直径0.5米的水龙头喷水，堤上几个妇女洗衣服，大人笑、孩子乐，与哗哗的流水对歌。

村支书单丛国手指着南北电灌站告诉记者，这片地种大豆，亩收入300元，种水稻亩收入900元，亩收入差600元。旱改水让农民犯愁，虽是水源近在村头，可是地势高，上不来水，建电灌站，是一笔大费用。试试看，一个电话打过去，电业公司来人“考察”，过半个月，通电了。

安装两台变压器，埋杆70根，农民买2台水泵抽水，农民将增收700万元。

小村还有故事。电业公司免费为兴利村300亩鱼池安上平价电，1度电由原来1.2元降到0.6元，养鱼大户夏令章说。一位农民插嘴，为三组四组架电线，100多户农民吃上了自来水……

信息通村

信息村村通。

密山市在154个村开通了农业“110”。

再扩大信息量，网通公司6个月新建20个宽带接点，在20个村开通了“农业信息服务站”。

6月3日，连珠山镇东方红村“农业信息服务站”。5名农民上网，那派头，真像新农村的新农民。

王园上网，点击“养殖信息网”，看生猪价格。他告诉记者，头两天，小贩子收猪，上网才知道价给的太低，差点让小贩子忽悠了。

张志伟上网，点击“幸福农家168”，万条信息进农家。看看守家门口，干点啥挣钱，他打定了“秸秆变木炭”这个项目，正搜索资料。

李山记下了近一个月的天气情况……

网上传信息，书本送信息。

墙边，农业科技书籍免费阅览书架上面摆放20多本书，茄子生产150问，大豆病虫害防治，奶牛催奶办法，农民工维权之路等，书上留下了圈圈点点和多处折叠的痕迹。

墙上挂着“农业信息网站索引”，鸡西市农业信息网、中国农业信息网……37家网址；公示板上公示了大豆、玉米、水稻的网上报价。

信息员张志伟帮农民上网，他告诉记者，网通公司把农业信息网页归类了，点击一个带出一大串。眼下，农忙，白天上网的人少，下雨阴天，晚上人多。“开张”一个月，农民上网1 000多人。

接下来是感恩，网通公司架光缆5公里……

他说，信息网像望远镜，看得老远老远；信息网像扩大镜，看到了好多新鲜东西；信息网像反光镜，上网、宽带，一些时髦词儿，这回懂了，再不学科技，就落后了。

同日，记者在太平乡太平村农业信息网站看到，上网的农民有20多人。

近日，网通公司又将在10个村开通“农业信息网站”，大流量的农业信息涌向农村、农民。

公路成网

公路全覆盖。

6月3日，记者从密山市出发，路经柳毛乡、杨木乡、兴凯湖乡、白泡子乡4个乡镇70个村屯，走在公路建设的主战场，与头10几天的感受又不一样。

村村通公路建设提速了。

14 个拌和站像山一样的料堆，剩下了小半，翻斗车一会儿一趟，拉运沙石，一会儿就吃出一个大坑。

上午 9 点，兴凯湖乡马家岗村至新民村村路上，工人们正打混凝土板，三天打混凝土板1 500延长米。

上午 11 点，劳动村村路上，工人告诉记者，打混凝土板1 000多延长米。

白泡子乡湖沿村工地，工人七嘴八舌，“五月节”，市长来了，送来了大米、白面、肥猪、鸡蛋；附近居民送这送那；交通局的领导跑前跑后。

密山市市长说，今年是密山市村村通公路建设年。投资 5 亿元，修通乡路 68 公里、通村路 256 公里。又加修劳动村 8 公里组组通公路，兴凯湖至蜂蜜山 5 公里、至莲花 4 公里的旅游路，全市修乡村公路 60 多条，400 多公里。投资额、里程数是黑龙江省第一大规模。到 10 月 1 日，密山市将实现公路全线贯通。

架电线、送信息、修公路，这么大的声势，这么大的气力，社会主义新农村离农民还会远吗？

（2006 年 6 月 21 日《鸡西日报》一版头条）

一条经济链儿纵横俄罗斯

——密山市构建对俄经贸重市纪实

密山口岸，长长的车流、人流、物流，把外贸经济链条拉长。

车流：车队排出几百米，车头在密山口岸，车尾甩在俄罗斯，口岸的同志告诉记者，每天大约20多台俄罗斯"大卡"出入境。

人流：出入境的"龙运"大客车，一台接一台，检证、验货、放行，忙坏了"边检"，累坏了"海关"，每天13台龙运大客对开，出入境人数900多人。

物流：俄罗斯"大卡"，动不动超高、超载、超速，玻璃、焦炭……运出国界；铝锭、铁皮……运回密山市。

2007年，密山口岸出现了最繁华，最喜人的场景，促动了密山市外贸经济持续稳定增长。

1～3月，密山市进出口贸易额实现3 481.44万美元，同比增长334.28%，密山口岸进出口货物2 723吨，进出口贸易额实现1 577万美元，出入境人数44 758人次，创下历史之最。

密山市市长告诉记者，密山口岸资源已成为外商关注的热点。温州、福建客商一轮轮对口岸及俄罗斯进行考察，要建大型口岸物流区，要投资开发钾长石，要投资建中俄铁路，密山市外经贸经济蕴藏着商机与活力。

密山口岸是国家一类陆路口岸。1992年开通，却曾在低速、低效中运行，"守着金饭碗，却得要饭吃"！口岸经济引起了密山市委、市政府的关注。

成立外经贸工作推进组，市长挂帅，亲临口岸及俄罗斯，进行长达一个月的调研，给外经贸经济一个准确定位，开通大通道，建设大基地，拓展大市场，形成大物流，做强大主体，搞活大经贸，把密山市建设成为对俄经贸重市。因此，以口岸经济为主的密山市外经贸经济在强力推进中。

修公路。40多公里的密当口岸公路开通后，密山市公路建设又提质、提速，开通了南线兴凯湖旅游公路，形成连景点、连农户、连基地、连工厂、连市区、连周边的环口岸旅游、运输公路。一位总跑运输的俄罗斯货车司机用生硬的中国话说，路平了，车快了，拉货多了。

建基地。10多个粮食基地成为俄罗斯菜篮子、粮囤子。庄内村西红柿，共裕村水果，新建村蔬菜，银河村土豆，华香牛肉运往卡缅、哈巴、海参崴；皮革、造纸、服装、鞋帽、建材、食品等5个园区与俄罗斯市场对接，密山市成了对俄出口基地。

抓市场。抓住俄罗斯人的消费心理，满足俄罗斯人消费水平。密山市在繁华地段，形成了俄罗斯购物一条街；密山中俄商业城，尽是俄罗斯人需要的紧俏商品，一个个对俄连锁商场还是满足不了供应，近日，牡丹江东方公司在密山口岸拟建亚洲商贸国际物流中心；北京龙源集团投资3 000万元，在密山市中心建中俄地下超市。形成了口岸与市中心配套的多个购物、休闲一体的网点。

找卖点。制约密山口岸经济增长的“瓶颈”，原因之一是进出口货物单一。头几年，出口大多是大米，货物单一化，满足不了俄方市场需求，导致口岸经济下滑。密山市大企业与外地客商多次到俄罗斯寻找卖场，抓住俄方市场少的，市场缺的，市场紧的，用丰富的物质充实国内外市场，从而，进出口货物多样化促动了利润的最大化。

出口货物增加了纸复合袋、塑料制品、刨花板、玻璃、焦炭……

进口货物增加了铁皮、废纸、铝锭、机床……

培植增长点。制约密山口岸经济增长的“瓶颈”，原因之二是经贸主体企业少，企业弱。壮大外经贸经济主体，打造外经贸经济强势的关键是以口岸招商。

跨国招商。与俄滨海边疆区运输联合体一次次磋商，旅游车辆由原来11台对开增加到13台对开。金达利塑业与俄罗斯最大渔业公司合作，1～3月，出口塑料编织袋381吨，出口到海参崴、纳霍德卡、堪察加等俄罗斯10个地区、20多家渔业商。

口岸招商。先优化招商环境。市委、市政府用环境推动对俄经贸战略升级，连续出台三个“优化招商引资环境”的红头文件，对外来投资者手续一切从简，降低门槛，放宽尺度，形成了一个亲商、重商、爱商的氛围。让外商投资稳当、顺当。某投资企业符合退税条件，按规定13个月后给予退税，企业资金周转困难，这事惊动了市长，市政府协调会开在企业，马上决定先垫付，企业扩大再生产后，仅一个月，出口大米1 000吨，这个企业成为纳税大户。企业经理告诉记者，从其他口岸“迁徙”密山口岸，主要原因是密山市与俄双方投资环境都宽松。

后依托口岸资源。拟建密当铁路给招商带来了机遇。一些外商要借助口岸做跨国生意。银灏经济贸易有限公司落户后，一个月就出口玻璃1 000多吨；绥芬河雄飞发包公司，每天5个旅游团出境，日出入境人数220人，1～3月，实现贸易额160万美元;新华新食品有限公司出口白瓜子1 600吨,实现贸易额214.61万美元;密山市长风经贸公司实现贸易额1 603万美元;龙冠经济贸易公司实现贸易额838.77万美元;玛利娜经贸公司实现贸易额512.8万美元……进出口贸易额位居鸡西地区之首。

近期又有15位外商在俄罗斯巡回考察,20位外商住在密山市,与政府加紧洽谈投资事宜。年末,外经贸骨干企业将达到40多家,产品供应俄罗斯12个地区,4个港口。

(2007年5月14日《黑龙江日报》三版头条)

内销加出口　丰收又增收

——密山市拓宽农民增产增收途径纪实

密山市是全国100个产粮大县之一，耕地227万亩。2006年，粮食又是历史上的大丰收。据了解，粮食总产量达63.25万吨，比去年增加近10万吨。

粮食满仓，钱能满兜吗？粮食卖啥价？卖给谁？近几年，出现了卖粮难、增收难。为解决这个难点，密山市为农村、农业、农民搭起增收的平台。

这平台打通了粮食对外流通的渠道，直销、快销、多销，让买家竞争，让价格飙升，让土地增值，让农民增收。

田间成车间

近几年，密山市工业强市的格局已经形成，在农业大市向工业大市转型中，以农促工，以工哺农，形成农业、工业互补。

龙头壮，农业兴。

近几年，密山市招商引资大上项目，171个项目中，有120个项目是以“农业”为原材料的。

全市86.9万亩大豆，产量13万吨；51.36万亩水稻，产量23.42万吨；56.6万亩玉米，产量25.6万吨。与之对应的是龙头企业。

维维豆奶公司，一年将吃掉几万吨大豆。

乾丰粮油有限公司，与农民签订大豆订单300吨，已经开门收粮。

冰灯米业、兴丹米业、旺达米业、绿都米业、凯信粮油有限公司、兴达米业等50家水稻深加工企业，年收购50万吨水稻后，又收购周边农场等地水稻。

大华酒业以玉米做原材料，生产工业酒精；三合糠醛有限公司以玉米芯做原材料，从而，扩大了玉米种植面积，由40万亩增加到56万亩。

龙头企业让一些农民手持订单种地，秋粮打下后，龙头企业便上门收购，出现了田间地头卖粮的景象。

田地成基地

密山市用粮食产量、粮食质量打开出口大门，形成粮食跨省跨国出口链条。

按粮食标准，企业与农民春天签约，秋天兑现，从种、收、卖，执行“操作工艺”，企业技术人员，下田间地头，指导生产。保质的同时，价格超出市场价。

密山市有出口资格的企业20多家，他们把粮食运往意大利、日本、新西兰等10多个国家，年出口粮食20万吨。

盛吉业粮贸公司，10月，拿到一份5万吨的韩国订单，在10个村建红小豆、水稻基地。台湾瑞祥有限公司、新华新食品有限公司、西林公司、鸡西兴凯土特产有限公司、知一博兴食品加工有限公司对水稻、大豆、白瓜等加工后，直接出口。

市农委一份报表显示：今年，东安经贸收大豆12万吨，大成瓜子经销有限公司收购白瓜子3.360吨，绿华米业收购水稻3万吨，大华酒业收购6万吨玉米……

农民成商人

密山市大大小小农副产品货栈达200多家，经纪人1 000多人。大多货栈开在交通便利的村屯、乡镇，货栈一半是农民开的，经纪人多半是农民。这些经纪人走村屯看收成，走市场看价格，一头连农户一头连商家。

密山市知一镇形成农副产品收购一条街，100多家货栈排列在公路两侧，这里每年收购资金达几千万元。今年收成好，各家货栈早早就拉出架势，各个货栈由经纪人联系买家，经纪人忙于买卖之间，牵线，拼缝。

一些农民开着三轮车、四轮车在村屯转悠，倒短收粮。车轮转动、人流流动，一个个卖粮的平台通到田间地头，通到农民家门口。收粮、贩粮的人涌入农村，抢货、竞争，粮食热手。抬起粮食的价格。白瓜子近几天每公斤上涨0.40元，大豆每公斤上涨0.10元。农民张自成告诉记者，卖不愁了，估计价格还要涨，因为他的50亩大豆，3户企业、2家货栈、4个经纪人都要买。

在龙头拉动、货栈带动、经纪人牵动下，密山市农民又一次丰产又丰收。

（2006年10月24日《黑龙江日报》一版　2006年10月26日《农民日报》二版头条）

村务公开凝心聚力

——密山市实行村务公开纪实

密山市在154个村推行村务公开。

公开的内容:大到土地承包、集体资产的租赁与变卖、救灾物资、资金发放、道路维修、水电设施的修建及安装等;小到困难户补贴、土地直补等,少则10几项,多则20几项。

公开的层面:154个村的村务公开到916个村民小组,公开到6万户农民。公开内容的决策层是农民,农民成为决策的主体。村民代表、村务监督小组、村民理财小组行使农民应有的权利。

公开的标准:村务公开以村民认可不认可,满意不满意为目标,以广大农民利益为标准,凡涉及群众利益的事项和一些难点、热点问题随时公开,临时发生的随时公开,公开不定时,大事事先、事后双公开。让农民清清楚楚“知事”,给农民一个明白;真心为农“办事”,让农民得到实惠;接受群众“评事”,让农民高兴满意。农民有了参与权,有了决策权。

公开的效果:拆掉了村委会与村民之间的“篱笆墙”,堵住了“漏洞”,强化了村级组织战斗堡垒作用,加速了奔小康。

村务不公开和村务公开对比,看出了村务公开是利民、惠民的一件实事,一件备受农民欢迎的好事。

事例之一。以前,二人班乡二人班村债务80万元,村里油厂、米面加工厂等企业亏损,准备出租或卖掉,这么大的事只召开“两委”会议,“越位”决策,农民上访。推行村务公开后,“两委”工作到位不越位,凡是大事小事,特别是涉及5 000元以上的大额支出,农村五保户的申报,宅基地审批,由村民一起决定,村民心稳了,气顺了。村委会与村民抱成团儿,干了不少大事,修路、架桥、挖渠,到2004年末,还清外债,还有了剩余。

事例之二。太平乡青松村原本是个贫困村,村务公开后,如何捷足先登小康村,大家坐一块儿,用发展的眼光看问题,村民决定招商引资建货栈,促动粮食就地转化,就地增值,拉动村集体、农户的经济增长。村民决定将原来闲置的村办企业地皮、房子白给作为条件,农民王青山开办了密山市第一家“青松货栈”，带活了一个村，带富了300多户农民，解决了农民卖粮难，解决了劳动力转移难，解决了农用车运输难。两年新增100多台四轮车、三轮车倒粮，40多位农民当上了经纪人，100多位农民在货栈打工。每年1 000多万元向小村流动，青松村村积累增加，成了小康村。修桥2座，修北山路2公里，村屯绿化美化，青松村成了花园村。

事例之三。裴德镇裴德村原来外债100多万元，村领导一支笔，一张嘴，村民不满，上访不断，形成了恶性循环。新一届领导上任后，凡是村里的大事小事农民有说话权、有参与权、有决定权，谁站在了农民的立场上，谁说了有利于发展，有利于农民的话，谁就有权威，就按谁说的办，论事不看人，不掺杂感情色彩。农民说，村委会办事一碗水端平。村委会与农民形成奔小康联合体，几年间，还清100多万元外债，还有50多万元的存款。

事例之四。粮食直补后，土地纠纷增多。由于村务公开，什么事儿都放在农民的眼皮底下，大家决定事儿，农民因土地上访的事件大大减少；因村领导违背法定程序造成的上访案件，由过去每年80件左右，下降到零发生、零上访。村务公开最大化的效果是凝聚了党心和民心。

（2005年6月10日《鸡西日报》一版头条）

一次兑付拖欠医疗费

一则“广告”，令密山市546名离休老干部感动。

“广告”在电视台滚动播放一周，家喻户晓。内容是密山市政府决定一次性兑付离休老干部2001年至2006年医疗费。一则“广告”温暖了老干部的心。

12日，早8点，密山市劳动就业局大厅，老干部排队，医疗保险局人员按名单发放，几个老干部聚在门口，他们要用大红纸写感谢信，贴在政府大门上，让人们看看政府的“执政为民”。

医疗保险局局长赵玉娟告诉记者，密山市离休老干部546人，从2001年至2005年，欠医疗费170万元，2006年，当年医疗费174万元。头几年，离休老干部医疗费按比例报销，一些老干部手拿着药条，心里有想法，拖欠离休老干部医疗费引起了市长的关注。市政府决定，再穷不能穷了老干部，再苦不能苦了老干部，不论财力多么紧张也要一次性补发。

2006年12月31日，一笔344万元的离休老干部医疗费专款拨到医疗保险局的户头上。

近半个月，医保局的同志加班加点延时工作，把全市546名离休老干部的药条子进行核准，对外公布，接受监督后，15日，开始兑付。

人大离休老干部李文忠告诉记者，近几年，心脏病、冠心病复发，还有4 200元的医疗费没报销。这次一次性给付，没想到啊，李文忠乐极而泣。

农机局离休老干部王庭山手拿着带有关怀与体贴的5 601元药费，告诉记者，市政府给了我们身心上的健康，更给了我们长寿的“药方”。

老干部仍在大厅内聚堆。领到药费的也不走，说什么，也要见市长，不当面说几句感谢的话，总觉得心里挂不住。

（2007年2月15日《鸡西日报》一版 ·2007年2月18日《黑龙江日报》二版）

合手　合心　合力

——密山市组建党员与农民致富联合体启示录

密山市农村闪出一道风景。党员挂牌“上岗”,党员家挂上“共产党员户”户标,“党员”十分明显。

这里的党员履行一项责任,千方百计为民富。党员和农民心贴手挽,“民不富,心不甘”的劲头持续升温。

以党员为主的股份制领航、帮带式领航、扶贫式领航活跃在农户、田埂之间。

奶牛当家。参场村党支部书记王海赢依托小村环山的草丰资源,和21户农民组成养牛联合体。贫困户张广养牛,4名党员拿出了“家底”,借款2万元,盖牛舍,3名党员出工三天,张广一年脱贫。党员为农民借款10万元,担保15万元,奶牛由2头发展到148头,农民日进“斗金”是党员带来的,农民如是说。

山地生金。黑台镇塔头村又称靠山屯,42名党员是农户的靠山。党员高玉波依山地种药材,一次万元投入,他先担“闪失”,一年收入十几万元。农民一呼百应,30户农民种中草药,每亩收入1万多元。药材富了村。

身份置换。太平乡青松货栈党员王青山等5名党员领着110名村民组建帮带联合体,每年以高出市场价收购村民大豆2 000吨,70名农民“农转非”,每人年收入1.5万元,40户村民大小车辆搞运输,每户收入2万元。解决了卖粮难,劳动力转移难,农用车找活难,农民增收难……

走一圈市场搂一把“票子”。连珠山村党员组建批发市场,5名党员领着69户农民走市场,地上产的,家里闲的,一些稀烂贱的东西都卖上价了,户均增收1.5万元。

出一次劳务,带回万贯金银。东光村10名党员左联系韩国,右联系北京、广州市场,70名劳动力走出农门,跳出国门,跨国跨省输出,每人一年十几万元的收入。

拉一年“脚儿”,赚半拉儿砖房。石嘴子村党员王淑荣农闲时,组建“小拖联合体”,4户贫困户一年拉脚儿收入2万元。

栽一片树,留下一个“银行”。富源乡党员领着10户农民绿化荒山,给农民创造了几代人可持续利用的财富。

修一座水库,增收几百万元。白泡子乡5名党员筹集32万元,整修两座年久失修的水库,灌溉农田16 000亩,3 000农户增收。

党员带领农民努力"引"、强力"帮"、坚持"带"。全市党员给农民借款695万元,提供担保1 500万元,提供信息1 300多条。万众一心,凝心聚力,基层党组织产生了强有力的吸引力、感召力、战斗力。

密山市党员联合体的经验在鸡西推广,有其典型性和指导性。

启示之一:为党员发挥作用提供了舞台,实现了党员由"闲"到"忙"的转变。党员干部引导农民变,做给农民看,领着农民干,出现了"三多三少":和群众唠致富嗑的多了,坐在一起闲扯的少了;为群众办实事的多了,应付了事的少了;研究发家致富的多了,打麻将、喝酒的少了。

启示之二:提高了农民组织化程度和抵御市场风险的能力,实现了由"单打独斗"到"群策群力"的转变。党员和农民联合,增强了共同抵御市场风险的能力,增强了农民进入市场的组织化程度。

启示之三:为贫困户致富提供了靠山,实现了由"无人帮"到"有人带"的转变。农民从原来"无人帮",无法致富转变为"有人带"开始致富,形成了一批以乡、村党组织为依托,市场为导向的农村扶贫式联合体。

启示之四:促进农民增收和农村经济,实现了由"渴望富"到"实际富"的转变。农民想富、盼富,但苦无资金、难无技术、干无门路。党员联合体,解决了"三无"。

(2005 年 3 月 21 日《鸡西日报》二版头条)

太多的关怀　太多的感动

——密山市为群众办实事纪实

群众的事，不论是大事还是小事都是第一位的。从速从快，办实办好，给群众一个满意，不能让群众指着脊梁骨说这说那。密山市领导的一句话，道出了“执政为民”的理念。

密山市把群众的事放在心上，抓在手上。开通“市长热线”，开通“行风热线”，听群众说；拆掉政府的“篱笆墙”，开门接访，直面纳谏。抓矛盾，抓尖锐，这“一听两抓”，抓正了党风，抓顺了民心。

机关团体、领导、干部、党员围着群众转，解决群众关心水的问题、电的问题、路的问题、住的问题、健康问题、贫困问题。

2万人饮水水质差。市领导走进居民区，揭开水缸盖，先喝一口，心是苦的。急事急办，投资300万元改造南水源地，今年10月竣工，市区居民吃上了安全水，吃上了放心水。

2万农村人口饮水难。市领导把它作为一把手“民心工程”。今年3月开工，投资50万元，打机井4眼，解决了参场村、中心村等4个偏远村人畜饮水的困难。

3万户居民电力不足。市领导与市供电局共同招商。2005年7月1日，城区二次变电所建设工程竣工，全市用电容量增加4万千伏安。

6条背街、巷道，泥泞不平。列为市政府10件大事之一，背街、巷道成了建筑大工地，拓宽、罩面、铺砖，总投资510万元的团结路、平安路、延寿路、裕民路开通了。市民说，这路是政府修的“平安路”，是政府与市民的“团结路”。

哈密直达列车，被“砍”了，市民出行难。市领导的脸挂不住了，不知去省铁路局跑了多少趟，2005年9月17日，恢复了哈密直达列车。

站台煤炭堆积如山，煤炭发运难。市领导千方百计努力，7月25日，密山车站增加两个铁路煤炭发运点，一天两个“专列”煤炭运出密山。

几万户居民居住条件差。“两条腿”走路，当地建筑商开发，招商引资开发，一年时间投资8 335万元，增加楼区面积11万平方米，近千户居民上冻前喜迁新居。1 000多市民买了门市楼，安居而乐业。

建设800多平方米传染病房，改造两个乡卫生院，完成了传染病业务用房的一期工程等等；在贫困村建设领导扶贫养殖场，为贫困户送羊2 760只，捐款102万元，400户贫困户脱贫。

大事小事解决得满实在，群众乐在心中。

"党员先进性教育"体现在一切为了群众，为了群众一切的落脚点上。

挂共产党员户标志1 882个，佩带共产党员标志2 800多枚，党员服务队38个，党员责任区、示范岗402个。450名党员与农民致富联合体，解决1万户农民生产生活的大问题。

市四大班子开门接访，解决群众切身利益问题396件。

468名驻村指导员，身背行李，吃住农家，帮助解决贷款136万元，为贫困户购买农资垫付2.7万元。

农村信息封闭，开通农业"110"、农村信息网站，农民网上可查信息。

为促农增收，政府出资30万元，给大豆喷洒叶面肥，农民增收500多万元。

党员主动献血19万人，党员为贫困户、贫困生捐款40多万元。

3个乡镇筹集资金25万元，为7户残疾人盖上了砖房。

交通局减少营运车辆二级维护次数，免收机动三轮车、人力三轮车运输管理费等费用158万元。

市医院送医送药到4个偏远山村，为1 000多人免费就诊，为1 000多名患者提供国家及省级专家门诊。

市残联为43名白内障患者低费做了复明手术。

裴德镇在9个村推行为民服务全程代理制，为群众代理事项66件，办结52件……

带着感情与责任给群众办事，称一称，量一量，件件有分量，件件沉甸甸，走在大街小巷，满耳朵都是为民故事。

近日，密山市又向市民公布，2006年，要为群众办十件大事，对白云路、福庆路等11条背街、巷道改造；完成白泡子乡，兴凯湖乡等5个乡镇30多个村屯的通乡通村公路建设……

（2006年1月19日《鸡西日报》二版头条）

难点成亮点

——密山市破解难题加速新农村建设纪实

一份调查显示:密山市1.5万人看病难;1.2万人饮水难;1.2万名贫困生上学难……

难点成了新农村建设的“瓶颈”。

密山市对农民生产、生活中棘手的难点,从根儿“一刀切”。

一道保险破天荒

5月22日,黑台镇榆树村农民于师众告诉记者,头些日子,患脑出血,住院费25 915.49元,报销6 983.45元。医疗保险给农民减了担子,医疗保险让农民看病不难了,特别是有啥大病小病,心里不慌了。

密山市1~3月,农民就诊536人,药费发生金额80万元,报销金额246 095.46元。

全市12万农民参加了新型合作医疗。鸡西市、密山市下拨合作医疗补助资金36万元。

农村合作医疗是继中央六个“一号文件”之后,给农民又一次实实在在的关怀。卫生局副局长说。

谈到农村合作医疗,蜂蜜山村农民姜洪亭一腔感激,交10元钱,就上了保险,个人掏小头,国家担大头,手拿医疗本,到医院看病,免收挂号费,免收诊费,这是想都不敢想的事。

5月23日,记者在太平乡等6个乡镇卫生院看到,各家医院挂上了定点医疗机构的牌子,在市医院,为农民专设了“农民合作医疗收款处”。

5月23日,市医院收费窗口,农民张东亮出“红本”,第一个挂号,第一个就诊,第一个入院,“三个第一”再次把农民的看病难放在了第一位。

清泉甜透农民心

水系人们的健康。

水质问题引起了密山市委、市政府的关注，把改善和解决农村吃水问题作为便民行动之一。

建设新农村，解决农民吃水难更是迫在眉睫。

开春以来，水务局的同志巡回农村，一村一户调查，抽水样、检水质，一纸数据翔实的《申请新农村建设饮水安全资金1 400万元》的报告上报省水利厅，将解决 47 个村屯2.5万人的饮水。

“先挖渠，后引水”。不等不靠，水务局钻井队，吃住农村，给农民打井。

近几天，裴德镇红岩村的农民喜上眉头。钻井机边，82 岁李玉同老汉告诉记者，吃了一辈子小井水，又腥又苦，这回要吃上自来水了，人说水养人，我还能长寿啊。

4 月 23 日，人们放下农活，等待出水的瞬间。9 点 10 分，清泉喷涌而出，小村沸腾了。

水务局副局长告诉记者，近日，白泡子乡劳动村，连珠山乡东方红村，太平乡立新村的上年打井结转工程，马上开工，又有2 000人口吃上自来水。

吃上自来水的农民将“吃水不忘挖井人”的牌子立在井边，以“警示”后人。

硬质路面通东西

去年，投资2 705万元的潘当公路，这条旅游路、这条贸易路、这条连心路、这条小康路让人们感受到了环村公路，小康加速了。

今年，密山市以新农村建设为契机，以路为本，架桥筑路的高潮达到了历史上的高峰。

运作早，春节刚过，市政府 500 万元配套资金到位，冬贮水泥4 000吨。一开春，招标、中标、工程队上马。

近日，白泡子乡等 7 条 16.8 公里村级公路开工；兴凯湖乡19.1公里村级公路开工；富源乡至民政村16.8公里、知一镇至杨木乡40.1公里等 40 条乡、村级公路全面开工。

资金多，总投资6 585万元。

里程长，40 条村级公路 312 公里，通向东西南北。

声势大，12 个施工队几百台车辆、几百号人奋战在乡村之间。

到密山市一眼可及的是修路的场景，再加上密山市至七台河公路的开工，那动感、那速度让人们感受到新农村在眼前了。

爱民村村民 65 岁老人梁万先，这几天坐在家门口小桥上卖呆儿，看车流，看料堆，看花了眼。

直补爱洒贫困娃

不能让一个贫困的孩子辍学，这是密山市的硬性规定。

助学解困工程，设立助学基金账户，捐助基金73.6万元，2 442名贫困学生上学了。

手拉手工程，全市60个单位，1 000多位好心人与贫困生牵手。

党员爱心工程，600多名党政干部捐款30万元，救助贫困生3 600多人次。

西部助学工程，30多名高中生受资助。

“两免一补”工程，圆了贫困生的上学梦，国家免费提供教科书10万余册，金额68.6万元。

兴凯湖乡中学贫困生李东，手捧着带有“本书由国家免费提供”红色印章的书，感慨万千，写出了“一个贫困生的感恩心声”寄给了温总理。

密山市近千名干部驻村推进新农村建设，上通下达，为民办事。用“大禹治水”的精神解决农民看病难、吃水难、行路难、上学难、增收难……干部一口咬定，解决农民的难，不准说难，难也不难，要的就是这种一心为民的劲头。

（2006年5月29日《鸡西日报》二版头条　2006年5月27日《经济日报》三版）

行风提质　作风提速

——密山市开展“行风评议”工作纪实

“行风评议”在密山人的心中,分量特重。

以“行风评议”为载体,抓事关群众切身利益的热点、难点。突出办好实事,重点破解难事,因此风正而民安;以“行风评议”为载体,根除中梗阻,废除打官腔、慢半拍的不作为或小作为,大兴真抓实干作风,因此政通而民悦。

政府把百姓的“难”兜底。

“行风热线”全天开通。百姓把难事、苦事、闹心事告之,就算推开了解决问题的大门。“行风热线”开通一年,接听电话950个,解决问题930件。

“行风聚焦”黄金强档开播。18个单位的领导坐在直播间,群众点播,干部带着责任“答题”,直截了当,现场解答问题539个,对尾巴问题在“回音壁”上回音。

行风监督员抓矛盾。30名行风监督员进街道社区,监督、收集、反馈,解决了校园周边网吧、露天烧烤等80件问题。

座谈会上听民声。与域外投资者,个体大户座谈20多次,座谈会专门听问题,专门抓矛盾,解决了外资企业新华新食品公司堵车影响生产等问题40多件。

听政会要结果。台上坐的是各单位一把手,台下是市民,发问、写条子,当场问,当场答。

民主测评列名次。社会不同层面的300多人,对全市69个参评部门问卷测评,当场公布结果,给两个单位亮出“黄牌”。

明察暗访叫板。对全市32个窗口单位抽查,市委纠风办人员以群众的身份出现,暗查窗口单位,对上班打毛衣、嗑瓜子、唠家常等问题,这头暗访,那头上了“曝光台”。

开门接访较真。市四大班子领导轮流坐班接访,第一时间接访,第一时间解决,34件群众反映的问题解决了。各单位扩展了市领导大接访的效果,40个单位的领导“二级”接访。

问题解决了,热线不热了,上访告状的少了,办实事、好事一大堆。

行风促动了工作作风的根本好转，工作出现了加速度。

兴招商引资之风。招商潮波及 12 个国家 20 个省、市。2005 年，招商引资 63 个，引资 4 亿元，引资企业上缴税金4 000万元。

培植经济增长点。国税、地税推出 20 多种亲情纳税人服务项目，20 个企业当年投资，当年纳税，财政收入首次突破 2 亿元大关，实现了由一位数到两位数增长的跨越。

问候脚步到千家。临近年关，市委、市政府及各个单位，千人下访，送去对民生的关注和倾心，解决了贫困群众越冬、过年、春耕等困难。

工作频率快节奏。春节刚过，密山市交通局工作人员，身背测量器械，对白泡子乡、兴凯湖乡等三个乡通村公路建设实地勘测；各单位及早收心定位，银峰化工公司、维维豆奶公司扩大再生产，产销两旺；500 名驻村工作指导员，又下农家，为构建社会主义新农村，给农民出点子、指路子；又有 20 多人，南下招商……

（2006 年 3 月 7 日《鸡西日报》二版头条）

农民给总理鼓掌

3月,密山大地春风荡漾。

十届全国人大四次会议上,温家宝总理作的政府工作报告,热了农民的心坎儿。

3月5日至3月7日,密山市农民关注"直播",关注报纸,"新农村建设"成了农民关注的焦点。

3月5日9时,密山市最偏的山村,裴德镇红岭村,10户农民坐在炕头上看"直播"。农民李河东把有关"三农"政策记半本子,眼睛贴在电视上记。农民把"继续对种粮农民实行直接补贴、增加良种补贴和农机具补贴"等最实在的话记在心间。农民给总理鼓掌,会场上的掌声、农民的掌声飞出农家小院。这一天,全市近万名农民在村部,在农家观看了中央电视台"现场直播"。

3月6日,白泡子乡齐心村农民李东山,给邮政局打电话,一再叮咛,下雪了,千万把报纸送到村,农民等着看哪。他站在路边等客车,等信袋子,手捧着报纸爱不释手,20多份报纸抢上了。村委会挤满了人,一人读报大家听,对"建设社会主义新农村"的那一段,大家那是全神贯注。下午,村委会召开了"全委扩大会",为齐心村建设新农村大家出点子、指路子,天黑了,会还没散。

3月7日,杨木乡金星村石桥边,农民聚堆,谈报告上的"三农";知一镇加禾村路口,又是一群人,谈的还是报告上的"三农";裴德镇裴德村农民参加李家办喜事,农家小院内,谈的又是报告上的"三农"……

近几天,杨木乡育青村农民宋振清忙上网,点击《人民日报》网、《中华网》等10多个网站,下载温总理报告中的"三农"内容,下载后,送给农民,村里10名党员走东家西家,讲温总理的"报告"。

密山市委、市政府将报告中建设社会主义新农村的重点摘要后,在农业"110"信息网上对农民发布;密山市移动公司、联通公司发几百条尽是关注"三农"的短信,手机铃声一次次响起,密山市农村顿时春潮涌动。

农民说,这以人为本,关注农村的报告令人振奋。特别是温家宝总理作出的惠农承诺:加快改善农村公共基础设施;继续整顿和规范农资市场;重点加强农村义务教育；切实把医疗卫生工作的重点放在农村……让农民又一次喜气盈门，又一次体会到了党的关怀和温暖。

（2006 年 3 月 9 日《鸡西日报》一版　2006 年 4 月 9 日《人民日报》一版）

感受密山招商效率

密山市快招商。2003年10月10日，密山市千人招商大会至今，招商额13.1亿元。按月份“盘点”，32个月，按天“盘点”，不过1 000天。171个项目落地生根。平均每月引资4 000万元，平均每周一个项目开工。

密山市大招商。百人，千人，万人招商，招商团儿南下北上，跑遍半拉儿地球。与国内大财团挂钩，与香港大老板、与俄罗斯高层次官员、与韩国总统握手，招商不远万里，饱含曲折；海洽会招商1亿元，哈洽会招商10亿元，世博会、齐博会招商1.5亿元，招商见缝插针，把握契机。

快招商与大招商，形成转化资源的产业链条。水稻、玉米、大豆、牛羊、牛奶及玉米秸、玉米芯、稻壳成为投资企业生产原料。

快招商与大招商，形成持续增长的经济链条。

171个项目，当年投资，当年达产，当年达效30多个。近三年，上缴税金近5 000万元，安置下岗工人5 000人，盘活闲置资产1亿元。

招商企业扩场地、安设备、进原料、卖产品的场景，令记者目不暇接。

6月28日，金达利塑业有限公司车间。

300多名工人忙碌，拉丝、圆织、复合、热切、折叠、缝合、打包，一条流水线转个不停。

公司负责人告诉记者，金达利塑业2005年9月动工，2006年2月生产，已生产各种编织袋2.1万米。上个月，40辆大卡的编织袋运往海参崴、哈巴等8个港口城市，创外汇1 700万元。生产水泥袋、米袋、石墨袋、化肥袋等产品供应周边。这个鸡西地区最大的塑业企业一开工就显现出了生产能力“吃紧”。又投资3 000万元，二期工程开工，年生产能力将达1.5亿米。工厂一边生产，一边扩建，一边签订单。

6月28日下午，华香清真肉类加工有限公司库房。

记者正赶上工人装货，一箱箱“华香”牌、“米龙”牌冷冻的牛羊肉装上了冷藏车。公司生产副经理张宝华告诉记者，工厂11月8日生产，加工牛8 000头，羊13万只，生产的里脊肉、外臀肉、脸肉、眼肉、上脑肉、肥牛销售北京、上海，这车

30 吨的牛肉汽运运往上海浦东；工厂正在申请“北大荒”、“完达山”绿色标志。

6 月 29 日，新华新食品有限公司门口。

20 多个小贩卖白瓜子，检验人员正验货，公路北侧形成了0.5公里长的车队，阻断了交通。

这家企业是去年 10 月投资，投资5 800万元，收购白瓜子、角瓜子，8 个月共收购白瓜子1.4万吨，上缴税金 36 万元。近日，又投资1 000万元，引进一套美国白瓜子榨油设备，对白瓜子深加工。据了解，密山市又扩大 10 万亩白瓜基地。

6 月 30 日，兴凯车站嘉庆祥选煤厂站台。

这是吉林客商投资1 200万元的企业，现场让记者开了眼界，十几台铲车装车皮，精选煤发往大连、沈阳。经理周家京说，政府帮了大忙，将煤炭战略装车点延伸到了兴凯站。去年 5 月 9 日生产，选煤 30 万吨，发车皮4 000多个，上缴税金 800 万元。

温州一迪健康产业集团 1 ~ 6 月生产白瓜粉、蒸煮米 30 万吨；大华酒业试生产，储存原材料 200 吨；中俄商业广场商品楼出售完，十二生肖牌坊 7 月底开放；江西赣达饲料公司开工 10 个月，生产兽、禽、鱼饲料 15 万吨，上缴税金 100 万元；寒地彩钢公司 1 ~ 6 月上缴税金 30 万元；杭州粮食仓储 1 ~ 6 月上缴税金 10 万元……

外商来密山市考察，先考察开工见效的外商企业，让外商心动。近日，出现了追加投资、追赶投资的趋势。

山东客商徐宝成投资1 000万元，深加工大豆；辽宁红日集团投资2 000万元，开发铁矿；鸡西北钢集团投资2 300万元建白灰厂……

鸡西市 63 个大项目中，密当铁路被省委、省政府列为中俄经贸发展的重要项目，俄方已经同意将密当铁路纳入中俄总理会晤议程，密当铁路有望近期签署与俄合作文件；香港华海公司投资3 000万美元注册公司开发钾长石项目，完成了招商；亚洲风力发电与密山市签订4 000万美元合同，建设密山热电厂……

招商第一效率，实现密山市以商兴企、以商兴市的格局。密山市因招商一片稳定，一片繁华，一片经济增长点。

【记者感言】密山市举全市之力，以大气魄、大声势、大手笔、招大商，当年引资、当年达产、当年达效的企业达 30 多个。一些废弃的企业盘活了，一些资源开发了，实现了经济效益与社会效益互动，这是密山市委、市政府将农业大市向工业强市转型后实现升级的结果。

（2004 年 7 月 6 日《鸡西日报》二版头条）

边贸“大餐”富周边

——密山市对俄贸易纪实

密山市对俄口岸,直通俄罗斯远东地区。

历史记载:牛马车过货,便有“黄金之路”之称。

白棱河桥以其最小载入吉尼斯纪录,如今口岸巍峨,大通关、大贸易、大流通。

人流、物流互动,口岸流金淌银。

近两年,进出口货物上千万吨,进出口贸易额上亿元,出入境上百万人次。

百万、千万、亿元加速了口岸升级。

过境游,口岸忙

从密山市去俄罗斯,顺脚,一线之隔。

办旅游护照,7 天游1 200元,比其他口岸便宜一半还拐弯。

周边人、本地人、外地人汇成人流儿,据了解,仅 7 月,密山市公安局外事科办理去俄护照 400 本。

一些坐地户,去一次不过瘾,由短期旅游护照变成长期护照,手持护照,像走亲戚,说走就走。

游人过剩。各旅行社由 10 日游改成 7 日游,由 7 日游改成 3 日游,8 台大巴对开,天天满员,直游海参崴。

“潮”涨,又诞生了顺达等 3 家旅行社,据统计,两年,旅行社交税 100 多万元。

去年 12 万人过境,今年 1 ~6 月,17 万人。

“老外”别白来。密山人又整景儿,都市游,农家游,人文景观游等等,“老外”直了眼儿,扔下美元,扔下卢布,中国银行 1 个月外汇存款达到几十万元。

进出口,口岸兴

本地缺啥,买啥,俄地没啥,卖啥,买方卖方市场一直活跃。

进口木材一年几十万方,铝上千吨,小商品、毛大衣每日几卡车。

大市场建在俄罗斯。海参崴水果大市场,口岸连农户。

共裕水果,杨林山果打上包装,一年200吨,运出。

新建黄瓜,庄内西红柿,常青土豆、大头菜,牧付牛肉成了俄罗斯餐桌上的菜。

和平大米、兴凯"长粒香",装进了俄罗斯的米袋子。

山果、蔬菜、大米换回美元。农民动不动拿美元显摆。

密山市的瓜子,俄罗斯人也嗑。俄罗斯人做瓜子买卖,充当二道贩子,通过俄罗斯人再转手其他国家。

打工族,口袋鼓

中俄经纪人20多人,民间翻译100多人。

上千名农村劳动力走出国门,在俄罗斯成了"候鸟"。

建筑、种地、养殖、修车,分布海参崴地区。

建筑,一年整个几万元;修理,一年整个十几万元,国外淘金几千人。

到俄罗斯旅游,动不动就遇见了家乡人,"笑问客从何处来",那近乎劲儿像久别的亲人。

小伙子、大姑娘在俄罗斯找了对象,俄罗斯的姑娘嫁给了密山市小伙子,多了一份亲戚,多了一个去处。

生意族,火又火

口岸是座生意桥,贸易桥。

密山市政府为打造一流口岸,软环境十分优越,吸收外地资金向口岸流动。

肥了商人,富了财政。

仅外贸这一块,增加税收6 000多万元。

密山滨凯塑料制品有限公司,进口石棉,一年上缴税金几十万元。近日,2005年中俄文化论坛上,与俄方签订出口"哈飞"汽车的协议。

密山宁城经济贸易有限公司、马丽娜经贸公司是密山口岸两大倒包公司。12个倒包团,一年纳税几百万元。

金林公司,一色儿进口松木板材,1~6月,纳税80万元。

福建大华科技有限公司生产汽车风挡夹芯玻璃,出口俄罗斯,几百平方米的场地，成了进出口大仓库。

黑龙江万阳经贸集团，是一个创利上千万、过货近亿元的大型跨国集团，在俄罗斯三大城市建三大超市，成为密山口岸第一大户。

上百户商家围着口岸打转转，左转转，右转转，脑瓜转活了，生活转富了。

口岸周边大买卖、小买卖，人人都做买卖。

一天来密山口岸的人，大小车辆，几千平方米的口岸，人搭肩，没有了停车位。你说多少人？

边贸一碗饭，吃“肥”密山人。

（2006年7月5日《鸡西日报》二版头条）

扮靓密山口岸城

——密山市城市建设纪实

一座口岸将密山市与俄罗斯相通。

密山市称之对俄口岸城。城市建设是发展的基础,是对外开放的环境和窗口。

密山市以大手笔、大气魄打造城市建设,突出口岸城的特色,一座独具匠心的密山城崛起在中俄边境线上。

密山旧址是老东安省会,老楼、老路、老街,历史的凝固,城市建设以老而落后。

以落后为起点,三年之间,密山市这座老城一展风姿。

2004 年,投资 5 亿元,2005 年,投资 9 亿元,2006 年,投资 10 亿元,24 亿元的投资,密山城日新月异。

以仿俄见长。投资4 000万元中俄商贸城,体现俄罗斯建筑艺术,十二生肖牌坊又仿古建筑。俄罗斯人在这里追寻中俄艺术的结合点。

一个建筑一处风景。成为与俄商品集散地及建筑艺术的游览区,人们购物赏景双收获。

以古见新。北大荒书法长廊,直廊、曲廊、迷宫、石雕、石鼎,古色古香;荷香园千米画廊古老而现代,形散而神不散。

以欧式见特。10 多座新楼,从点到面,从内到外体现的是欧式。

以新潮见异。城市楼房白砖楼面,一座楼体现一个特点。一中教学楼以风帆、博士帽寄托了人们对学子的希望;广源公寓楼以鸡翅造型,意喻密山市经济的腾飞;乐业小区以伞状造型,意喻政府为人们安居而遮风挡雨。

以宽见阔。拓宽主街道,弯路取直,拔掉东安大街蜘蛛网结构的电线杆,道路拓宽 1 米;穆棱街加宽,对 22 条背街、弯道拓宽罩面,铺彩色道板。人们徜徉在街上,街与天相接,路直街靓,胸襟开阔。市民带着感情重新给路命名:团结路、小康路、连心路、为民路……

以多见快。近三年,城内 34 座大楼平地而起,当年投资,当年竣工的工程达 20 座。市民感觉,密山一天一个样,一天一个变化,变化的不敢认了。

城边、山边、路边、水边的别墅庄园大多是红色彩钢瓦盖、白瓷砖挂面,被田地环抱,似江南水乡。村边,一幢幢砖瓦化点缀新农村,两年,农村新盖砖房

1 442幢,面积13.2万平方米。

城市人均住宅面积由三年前8平方米增加到20平方米,城市街路由20条增加到38条,农村由两条通乡村公路增加到60条,年底实现公路村村通。

以商兴城,兴城富商互动出密山市经济提速,人们安康。

城市建设年,招商引资年,新农村建设年推动城市建设。政府投资1 000多万元,对24条背街、弯道进行改造;投资800万元,改造城市基础设施。

外商投资成为城市建设的主体。

勃利广源建筑公司投资1 700万元,建广源公寓;鸡西丰烨房地产开发公司投资643万元,建鸿运家园;大连澳利安开发公司投资1 500万元,建宏苑新城;绥芬河房地产开发公司投资1.1亿元,建乐业小区……2006年,外商投资的办公楼、住宅楼达20栋。

走进密山市,塔吊凌空,机器轰响,运料车奔忙,密山是一个建筑大工地。

为打造密山市,密山人泼洒智慧。

增加绿草地。拆墙透绿,见缝补绿,草坪片片,布满路与路之间、楼与楼之间。

增加风景树。柳树、垂榆、塔松婆娑,与花卉相伏。

增加景观灯。楼体灯、过街灯、广场地灯、球灯与喷泉辉映。东安大街悬挂"中国结"灯、"福"字灯……背街悬挂红纱灯、米字灯。夜幕垂下,密山市夜如白昼。

密山市闪现城市风格,令人目不暇接。

俄罗斯人,在密山每天达1 000多人,他们看城市风景,领略异国风情,用摄像机、照相机拍摄下城市的美景,带回俄罗斯。密山城美,让俄罗斯人流连忘返。

外地客商,在密山市考察项目,密山市以城招商,外商被密山市的风景感染,举家迁居密山市的客商100多人,2005年,引资6.5亿元,2006年,引资3亿元,投资的重要原因是密山市适合生存。

外地客人,来密山市一走一过,不留神就转向,城大楼多,对密山市城市建设而赞叹。庆祝密山市解放六十周年之际,200多名在密山市战斗过、生活过的老红军、老战士在密山市相聚,阔别几十年,感慨万分,老航校学员、原成都军区空军司令员侯将军说,怎么找不到从前了。临走,密山人给他们带上密山城市风光图片。

口岸城密山市,城市建设拉动了各行各业,财政收入每年以两位数的速度增长,社会商品销售总额实现9.5亿元,城镇居民人均可支配收入达到7 148元,农民人均收入达到3 711元,年接待国内外游客60万人次。

密山市高楼耸立,绿色尽染,灯光旖旎,商机涌动,百姓安康。

(2006年7月19日《鸡西日报》二版头条　2006年7月29日《中国建设报》二版头条)

广厦万间　孩子欢颜

——密山市学校危房改造集中办学纪实

密山市农村中小学全部实行了集中办学。

这是大工程。5 年时间，投入资金8 705万元，完成建设项目 52 个，建设面积11.3万平方米。

这是大改革。撤掉村级小学 117 所，减少班级 477 个，撤掉初中 11 所，减少班级 97 个，精减教师到3 358人。兴凯小学集中办学后，一次性撤掉 9 所村级小学。

这是大发展。密山市在全省第一个实现了集中办学。农村中小学学生过上了“大学”生活，吃住在学校，封闭式管理，还享受到了远程教育……集中办学是密山市教育的又一座里程碑。

一处风景。近日，记者走进密山市第一个集中办学的兴凯镇小学。这所小学，绿树、草坪相拥着5 000平方米的 5 层教学楼，与此相衬的是学生宿舍，校舍占地1.1万平方米。

一流的教学。学校开设了英语课、微机课，开通了远程教育。

一流的教师。集中办学增加 49 名教师，在 79 名教师中竞聘上岗，竞争机制下，涌现出 3 名鸡西市骨干教师，3 名密山市骨干教师。

一流的管理。操场文化盎然，花香蝶舞，甬路通幽，操场平整；走廊文化多彩；教师风采展示、学生风采展示、爱国主义教育长廊，校园文化氛围浓厚；吃住条件最佳，荤素搭配，单人单床，一个宿舍一台电视。

兴凯小学集中办学后，周边学校参观学习达几千人；周边农场学生来小学读书达 30 多人。

兴凯湖中心小学危房改造已经竣工，10 月初，将实行集中办学。

新建三层教学楼2 600平方米，这次集中办学将撤掉 5 所村级小学，全乡 600 名村级小学生集中。

学校建一个高标准的多媒体教室，建一个高标准的实验室，还有高标准的教师、高标准的校舍。

集中办学的消息让家长心急，大楼从开建到竣工，每天都有学生家长到学校咨询、参观,心愿是早一点让孩子住进学校。

爱民村一位村民说,集中办学减轻了家长的负担,春秋农忙时候,没有时间照顾孩子,这回放心了;一个村干部说,集中办学减轻了农民负担,村里不用“打补丁”式的对村小学投入了。

记者调查,密山市中小学办学调整的原因:密山市农村有50%的村级小学变成不足百人的“微型学校”,有40%的班级变成不足15人(甚至几人)的“微型班级”。

教育资源浪费。学校规模小,学生少,但教师编制不少,师生比例严重失调,每年对学校的投入1万多元。

办学条件差。村小的校舍大都是六、七十年代初建的,大部分已成危房,设备陈旧,现代化的教学设施严重短缺。

教学质量低。教师队伍专业结构不合理,无法开齐、开全学科,由于学生数过少,无法形成浓厚的学习气氛。

生源严重不足。学龄人口逐年减少。

取得的实效。将有限、分散的教育教学资源集中起来,建立一所规模化的现代化学校。仅2005年,这个市共投资630万元,兴建50个光盘播放点,25个卫星收视点,39个计算机教室,已实现了普及计算机、语音和多媒体教学。

“微型学校”和“微型班级”得到有效控制。农村适龄儿童入学率和巩固率得到提高。中心小学以上的学校全部实现了楼房化和教学设施现代化,寄宿制学校实现了暖气化。

当地的农民编了一套顺口溜:平房变楼房,电脑进课堂,能够学外语,过去不敢想;睡觉有宿舍,吃饭有食堂,天天都有肉,比家吃得强。可见集中办学是顺民心,合民意的暖心工程。

(2006年7月17日《鸡西日报》二版头条)

家和万事兴

——农垦牡丹江分局与密山市场市共建纪实

密山市与农垦牡丹江分局是毗邻,相偎相依。

农垦牡丹江分局及下辖5个农场几百万亩的土地镶嵌在密山市东西南北中,构成了祖国东部的"北大仓"。密山市与农垦牡丹江分局工作生活在一个地盘上,低头不见抬头见,堪称是个"大家族"。

(一)

过去,密山市与农垦却泾渭之分。

因地结缘的密山市与农垦牡丹江分局,一把"各自为政"的大锁,锁住了人情往份,锁住了优势互补,锁住了发展。

(二)

本是同根生!

这哪是亲邻,这哪是和谐!

密山市与农垦"紧张"的局面引起了双方领导的关注,站在为了实现经济又快又好发展的利益上,双方主动各自开"锁",各自开门,打开天窗,拆除篱笆。

不断走动,尊重、握手、往来,感情浓了,关系近了。

一条路架起连心桥。

密山市北大营,是市区与农垦"接壤"处。泥水路让人们出行不便,人们苦不堪言。

双方领导把问题摆在了桌面上,达成共识:什么你的,我的,都是咱们大家的,"支持农垦就是发展密山,支持密山就是发展农垦"!

双方出资修了一条直通市民家门口的水泥路,人们称这条路是"通心路"。竣工那天,双方领导的手握在一块儿,心贴在一起,继续"签约",以后再合作。

这之后，密山市与农垦牡丹江分局及农场尕上了“亲戚”，构成了发展经济的“铁三角”。

场市共建推进会、场市共建办公会在农场开，在村屯开，场市共建达到了“沸点”。双方成立公路建设、建设科技园区、加强畜牧业合作、加快小城镇建设等10个推进组，市领导挂帅，管局领导主抓。

农垦牡丹江分局派857农场副场长张明亮到密山市任副市长，主抓场市共建；派出农场科技人员驻乡入村，指导农业生产；农垦资本、人才、技术“转让”给农业、农村、农民。密山市派出20多个乡村干部到农场锻炼。密山市与农垦牡丹江分局充分发挥政策优势、信息优势、生态优势、资源优势、技术优势、边贸优势，形成一个“资源共享，优势互补，联合发展，互动双赢”的经济主体。

（三）

同心创大业。

促动双方经济发展的热潮无处不见。

联合。修创业路。修857农场至杨木乡创业村6公路农村公路，双方出资450万元。

修育青路。857农场出资32万元，密山市出资180万元，修横贯育青村、农场8公里的公路。

修民强路。855农场投资20万元，密山市投资180万元，修855农场至民强村村路5公里。

修庆利路。8510农场投资25万元，密山市投资210万元，修8510农场6连至大顶子山林场5.3公里公路。

6条通村通农场公路，环村屯进场区，成为新农村建设的康庄大道。这是一条创业路，是一条强民路，是一条兴场路，农民说。

联心。北大荒纸业生产线改造，推进组上门推进；农垦牡丹江分局办公地点搬迁，市委书记、市长及推进组成员上门推进；完达山工业园区建设，大项目推进组进驻园区推进。少了本位主义，多了人心所向。密山市副市长张明亮一头扎进农村，与农民一起研究农业生产。

联姻。共建农业科技园区。857农场、8510农场与白泡子乡建农业科技园区，发展优质高效农业，促动农民增产增收，农场鼎力，缺种子，给种子，缺技术，给技术，缺资金，给资金。

一个531亩集农业生产示范、科学实验、科技推广、旅游观光为一体农业科技示范园区，成为农村发展优质高效农业的雏形。

857 农场与杨木乡合建5 000亩生态效益园区；裴德镇与双峰农场合建 600 亩优质绿色水稻园区；8510 农场与当壁镇、857 农场与杨木乡、8511 农场与裴德镇分别合建一个 500 亩烤烟示范基地；白泡子乡与农垦总局共同建设湖滨水稻机械化农机合作社；承紫河乡与 857 农场合作实施兴凯湖湖滨涝区 4 万亩旱改水项目；兴凯镇与 8511 农场共同出资 298 万元，打深水井，改造水厂和城镇供水管网，共同出资建设镇区 4 条水泥路；16 个乡镇大型机械到农场跨区作业 57 万亩，农民到农场包地 100 万亩，转移农村富余劳动力6 600人；16 个乡镇与农场成立治安巡逻、防控组织，开展与农场消防、森林防火合作。

心和而力和。多了默契，多了思路，多了出路，多了力量，多了商机，多了经济增长点，多了和谐社会的一处亮点。

（2007 年 5 月 24 日《农垦日报》一版头条）

景色环境都宜人

——密山市倾力打造人居城市环境纪实

据统计，密山市城市人口近14万人，近几年，增加近2万人。

密山市出现了“三多一增”的强磁场现象。

车多，挂自用牌照的车多了，挂S牌照的车多了，出西转盘，本是宽阔的马路，动不动塞车。

人多，外地人涌入。在密山市投资的客商大多举家迁徙，在密山市扎了根；农村人“围城”，大多随孩子上学，定居城市。还有旅游的、度假的、打工的、串门的，多是陌生的面孔，不同的口音。

楼多，近两年，密山市引资2亿元，开发商品楼15万平方米。

一增。市中心及市近郊地段，寸土寸金，土地在开发中升值。

外商，大华酒业曹总经理告诉记者，密山市地大物博，依山傍水，是个纯天然的城市，公路便利、市场活跃，是投资、居住、生存、发展、兴业的理想城市。

密山市“原始生态”像一张名片，引起大城市人的注意。这里，清静、舒适。密山市天高、天蓝、天阔；密山市山多、山青、山绵延；密山市水清、水澈……密山市是座天然城。

密山市景点遍及。湖、山、林；北大荒书法长廊；东北老航校纪念馆、王震将军纪念馆、白棱河桥……密山市是座旅游城。

密山市文化丰厚，北大荒文化，兴凯湖文化，中俄文化的发源地，密山市是座文化城。

密山市礼节至上。密山人争做文明市民，争做形象市民。打个电话，问个路，大多“您好”开头；每一条公路上的斑马线都是礼让线，车让人，人让车，车让车，密山市是座文明城。

一位去大都市生活近一年的密山人感慨，走到哪里，密山市才是家，一踏入密山市的土地，顺眼多了，连喘气都感到空气里那样的鲜，舒畅欢快，暖人胸怀。

密山市这座新崛起的城市，恬静、和美、壮观。

高起点、高占位来建设密山市。政府副市长告诉记者，密山市委、市政府坚持以人为本，落实科学发展观来推进人与人和谐，人与自然和谐的城市建设观念，几年来，城市建设抓住了改善民生，满足民意的要求，在为民中惠民、安民、乐民。

近几年，密山市投入城市改造资金近亿元。按照道路硬化、庭院绿化、地面洁化、墙面净化、街道、社区、单位亮化要求，对全市进行达标、升级改造。

喝甘甜水。投资 400 多万元，对南水源地进行改造，2 000户居民喝上了自来水；投资 300 万元，对日伪时期自来水管道进行改造，大修厂、汽车连等四块缺水区居民喝上了自来水。

住宽敞楼。近三年，几千户居民住上了落地窗，地热的楼房。

走小康路。近两年，投资2 000多万元，对市区 40 多条背街巷道进行改造；两年投资2.5亿元，修通乡公路 581 公里，形成了环七台河市煤炭运输路，环农场场市农业增收路，环兴凯湖景区旅游兴市路，环口岸外贸通俄兴商路，环方虎路对外开放路。

过好日子。密山市民2.2万人享受了社会最低生活保障，13.8万人参加了新型合作医疗。贫困家庭学生享受到了"两免一补"；改造中小学危房3.5万平方米。

密山市投资 400 多万元，建体育中心，投资 400 万元，建文化娱乐中心，投资 200 万元，建东西两个大型休闲广场。

花灯初上的密山市，喜庆，热闹，祥和。

东安大街平行的灯火像两条经济带向城外延伸，灯火辉映，夜如白昼。广场上的秧歌扭个不停；露天"卡拉 OK"唱个不休，夜市大开，小商小贩摆上地摊，人们或散步或购物，享受幸福。近 21 点，仍然人头攒动。

密山市打造人们赖以生存的环境，包括生活环境和投资环境。

密山市被评为全省平安建设先进市，确保了人们生活在密山市一切平安。

金达利塑业总经理于秋告诉记者，金达利塑业在政策、人文呵护下，企业成为俄罗斯塑料袋的供应商。环境转化为了生产力。截至目前，密山市招商引资达3.05亿元，上千万元项目 22 个，亿元项目 2 个；黑龙江银峰化工有限公司年纳税 400 多万元，东安经贸公司成为跨省跨国的粮食加工出口企业，年纳税 300 多万元。

一个又一个工业经济增长点提速了密山市城市建设与发展。在每年 2 个多亿的财政收入中，都要拿出一部分资金用在城市改造上，这种滚雪球式的投入，日积月累，城市建设发生了变化。

财政腰包鼓了，解决了不少市民切身的问题和困难。密山市不欠老干部工资，不欠老干部的医疗费，不欠机关、事业单位工资，几次工资调整，市财政都拿出一块足额兑现。

市财政加大对菜篮子、米袋子、煤囤子、暖屋子的补贴。

久居密山市的人民用歌谣来描绘密山市：山川、河流、古迹、传说，那样的悠久；街道笔直，楼房矗立，华灯闪烁，那样的神奇；唢呐声声，轻歌曼舞，家和业兴，那样的福气；相敬如宾，待人和气，礼让三先，那样的和谐；经济发展，忧民为民，人心所向，那样的心和……

密山市，“风景”这边独好！

（2007 年 5 月 27 日《鸡西日报》一版）

亲民之举热心扉

——密山市体察民情关注民生纪实

2007年,是密山市民生年、亲民年。

政府的工作体现在民生问效上。一切为了民生,一切为了民事,一切为了民利。“三个一切”体现在心牵群众,情注群众上,再次体现了发展为了人民的理念。

六次大改造,五次破天荒,一百次倾心问候,人心激荡,暖人胸口。发展的成果由43万人民共享。

改造卫生院。投资280万元,对裴德镇、当壁镇、柳毛乡等5个乡镇农村卫生院危房进行翻盖,引进新设备,引进新技术,引进新药品。兴凯湖乡金银库村农民张立启说,看病就近就便,价格还便宜。

改造自来水。投资158万元,对南水源地进行扩建,增加日供水能力5 000吨;投资260万元,对边防大队、三合桥、北大营四大片等市郊供水管网进行改造,新增供水人口4 350人;投资239万元建设农村饮水工程9处,二人班乡爱国村400多户农民,兴凯镇东发村后屯100多户农民吃了自来水,解决了几十年遗留的吃水难。东发村农民李广合感慨,吃了自来水,精神头都足了,奔小康更有劲了。

改造教学楼。投资273万元建设3 000平方米明德小学教学楼,投资212万元维修8所中小学食堂和宿舍,投资128万元改造更新中小学办公桌椅。农村娃享受到了“大学”的待遇,享受到了优化教育资源后的最佳教育教学质量。

改造背街巷道。投资700万元,对同心路等11条四不管街道进行拓宽、罩面,安上路灯,铺人行道板,给2万多户市民带来了便利。

改造敬老院。撤并9所农村敬老院,投资750万元建设密山市老年福利院,157名老人老有所养,老有所乐。

改造农村路况。2007年,是密山市农村公路建设推进年。投资1.02亿元建设农村公路69条381公里,其中通村公路65条270公里。密山市与农场共同出资3 677万元,建设农场、农村公路5条73.5公里。富源乡、杨木乡等偏远的村屯通上了水泥路,全市118个村实现了公路村村通。

就业人数出现了破天荒，就业6 509人；城乡低保面出现了破天荒，城镇4 703户11 315人，农村4 783户11 968人享受了低保；破天荒地按省最高限额、最大扩面补发了机关事业单位津贴；破天荒地给职工发放了取暖补贴；破天荒地大额度地给贫困户发放菜、煤补贴。

"两节"期间，市委、市政府领导与下岗工人、与农民工、与贫困户在一起。

冰雪挡不住问候的脚步，春的暖流却扑面而来。

问候到山村。兴凯镇兴旺村贫困户金子山的屋子冷不冷，张德林今年的收成怎么样，市领导来了，走到村口下车，推开农家门，摸摸炕、掀掀锅，问这问那，问个没完没了。

问候到街道。不选点，不选人，可一条街走。市领导走访贫困户、下岗工人、外地农民工，苦不苦，累不累，冷不冷，领导来得突然，走的匆忙，一来一往凝聚了亲民、敬民、爱民情怀。

问候到一线。大年三十，市领导与一线工人一起过年，并给金达利塑业有限公司等引资企业、电视台、驻军某团及在中国过年的俄罗斯游人送去了节日礼物。市领导通过电视向密山人民拜年。十次、百次的问候，脚步不歇，爱心涌动，撒向城乡。

全市 40 多个单位，近万名党员走访基层，牵手弱势，了解他们所盼所想，倾心、热心、真心为他们办实事，真正做到民有所呼我有所应，民有所求我有所行。件件惠民事，吹起和谐风。

密山市处于官德最正，心气最顺，事业最兴的时期。

（2007 年 6 月 6 日《鸡西日报》一版）

求真　务实　高效

——密山市政法系统“队伍素质　执法质量”建设年活动纪实

2007年,是密山市政法系统“队伍素质,执法质量”建设年,又是“队伍素质,执法质量”建设发展年,提速年,达标年,跨越年。

政法系统为实现“一建设、二发展、三提速、四达标、五跨越”,秣马厉兵,沙场点兵近6个月,政府支持,群众擂鼓,公检法司“千帆竞发”,一场“队伍素质,执法质量”大建设紧锣密鼓,形成声势,惠及群众。

求真叫板

活动注重效果。要真的,要实的。

一个单位一个目标,十几项甚至几十项要求。市政法委以红头文件下发“队伍素质,执法质量”建设年实施方案,以方案内容条款,一把尺子卡长短,一个起跑线上看快慢,市领导挂帅,政法委主抓,主抓基层,主抓节奏,主抓效果。

市公安局以树立“构建和谐”新理念;树立“立警为公,执法为民”新理念;树立“科学证据”新理念;树立“群众利益至上”新理念;树立“细节决定成败”新理念,开展公安民警素质,工作质量双提高。

市法院提出“零违纪”、“百日会战”口号,向这个目标努力,努力;市检察院自我反思,自我剖析,为了人民的一切满意自我加压,再加压。市司法局走村屯抓法律薄弱,抓法律盲区,抓法律覆盖面。

政法委以图板展示、以汇报形式演出,向市委、市政府,向群众汇报“队伍素质,执法质量”活动阶段性成果。

抓牢夯实

政法系统千军万马,以“队伍素质,执法质量”建设为契机,乘势而上。

市公安局,抓业务,对公安民警进行业务知识月考,网上公布结果;抓问题,进行执法检查,用最佳10本卷宗与最差10本卷宗进行对比,把问题及时通报全局;抓宣传,举办法律广场、法律大集,接待群众几万人;抓培训,每日早9点至10点,组织全局民警对八部法律、一个条例、一个法律基础知识进行培训;抓练兵,每日早4点,在第一中学操场进行队列、擒拿等体能技能训练,坚持6个月不懈怠;抓制度,建立健全"五级"把关审批制度;抓远程,利用公安局网络优势,在网上公布公安部网上解答的业务尖端问题。

市检察院,抓归档,建立执法档案,一案一档,一月一查;抓清理,将2005年以来未解案件,集中清理,集中处理;抓学习,学身边人物魏艳玲敬业精神;抓剖析,对吕孝友上访案进行反复分析,以此为鉴。

市法院,抓责任制,实行诉讼导引制、案件倒查制、案件终身制;抓接访,开放"信访超市",院领导轮流坐班亲情接访;抓庭审,实行"审阅同步",方便了当事人,增加了审理透明度;抓积压,挖出一批几年甚至十几年末解案件,进行一次性拔钉子,开展集中发放执行款大会和集中打击"老赖"行动,为25件执行案件申请人发放执行款50余万元;抓深入,裴德、知一等四个法庭,开庭办案到农家小院,到田间地头,一线办理案件40余件。

提 速 达 标

一份份来自于基层"队伍素质,执法质量"建设年活动报告,让人们感受到政法工作焕发出的勃勃生机。

离密山市60多公里的富源乡富源村83岁老大爷李石良含泪告诉记者,儿媳强占7.5亩口粮田退回来了,让裴德法庭的法官跑了好几趟;75岁老太太李秀英从北京打电话对记者说,感谢执行局的法官,欠了12年的6万元欠款终于要回来了。法院副院长告诉记者,1~8月,共执结涉及弱势群众案件36起,执结标的金额34.6万元。执法局收到案件510件,结案374件,结案率达73.3%。执行局长刘景峰年初至今,没有休息一天,一个双休日就办理6起案件,苦坏了,累坏了。民一庭审判员李广波,1~8月,审理案件105件,调解率达90%,被授予全国法院系统民事调解先进个人……

密山市公安局裴德镇边防派出所,连抓两名外地逃犯;公安局实现命案必破的目标,"3·25"杀人碎尸案,"4·29"伤害致死案,"3·30"抢劫杀人案等8起命案全部告破……

检察院反贪局干警往返12个省市,几百万公里,查办12件13人,100%提起公诉,为国家挽回经济损失200多万元。出现了魏艳玲式的好干警,民行科科长瞿海银,贲门癌手术,10次化疗后,又回到了岗位上;公诉科科长陈黎光累倒在工作岗位上……

立江律师事务所律师送法到村屯,到学校,到军营,到工厂,到街道;司法局,协助“援助龙江行”活动,接待群众1万多人;为170名老、弱、残、贫者提供法律援助,为精神病患者宋庆华要回口粮田,又给她办了低保……

市领导告诉记者:活动刚刚开端,就取得了市委满意、群众满意、社会满意的三满意效果。我们要继续抓下去,两年、三年以追求最大化的社会效果。

(2007年6月8日《鸡西日报》二版)

山水做请柬　碑林当名片　网络牵红线

十大景区相邀二十万游客

——密山市强力推进旅游产业纪实

密山市旅游资源得天独厚,绿色天成。

素有"北大荒"、"北大仓"之称的密山市,历史积淀出自然生态旅游资源和人文旅游资源。

山、水、门、林、廊、馆……以几百公里的公路作纽带,绕城、环山、临村、连周边。

景点分散,加以整合,形成规模,独具特色,打出品牌,以旅兴农,以旅兴贸,以旅兴商,密山市委、市政府要做大做强旅游。

做大:增加文化游、界湖游、口岸游、工业游,还要增加冰雪游。

做强:打造旅游户、旅游村、旅游乡,从而打造旅游名市。

景点成片

2007年,是密山市旅游会战年。

规划。按地理位置划分景区。水景区,以兴凯湖水、沙、松、湖岗、芦荻为主;山景区,以蜂蜜山、珠山、西山、锅盔山为主;生态区,以湿地、科技园区、沃野、荷花、森林为主;文化区,以北大荒书法长廊、新开流遗址、白棱河桥、王震纪念馆、东北老航校纪念馆为主;工业区,以星光工业园区、铁西工业开发区为主;农家区,以兴凯湖旅游村、湖沿村旅游一条街为主;别墅区,以依山临水靠田地的共裕山庄、老侯垂钓场为主……密山市旅游资源星罗棋布,形成最佳"配置"。

游客从南头到北头,从西头到东头,路有多长,景点就有多远。

精品出炉

开发。密山市把旅游公路建设作为旅游可持续发展的基础。为了夯实,密山市在湖、山、农家之间开通旅游公路的基础上，已完成国宾馆至白泡子乡3公里路的施工；投资2 016万元的太平乡至铁西森林公园50.4公里的旅游公路完成路面施工。

推进。蜂蜜山是密山市境内最高峰，收集蜂蜜山30个传说、20个神话故事，准备编辑成册；在完成4公里进山沙石路，800余延长米登山石阶的基础上，修下山台阶；在省旅游局对蜂蜜山景区标志性建筑列为重点扶持基础上，经过招投标，湖北大冶市园林古建筑公司开始施工建设。

提质。引进大连奥利安房屋开发公司投资1 000万元，在莲花旅游区开发占地5万平方米集度假、培训、疗养为一体的花园、果园、植物园、采摘园、垂钓园生态园区。目前，完成4栋庄园规划、选址及“三通一平”。

上档。市政府在资金和政策上扶持农家游，解决了农家游扩建、室内上下水、庭院绿化美化。最大的农家旅馆住宿和餐饮面积达250平方米，1～6月，农家游接待游客2万人次，农民增加收入20万元。

完善。在已有40条旅游线路之上，精心推出界湖4日游、乡村3日游、跨国4日游、北大荒文化2日游、红色7日游、工业园2日游。

立品牌。引进两户旅游纪念品加工生产企业，制作兴凯湖石雕、沙石画；深加工、精包装白鱼、虾等土特产品。注册“兴凯湖”绿标。

招大商。市政府以网络为载体，网络上多了不少旅游“贴吧”，景区上网，公布招商条件，1～6月，旅游业引资6 000万元。

游人如织

水到渠成。

“五一”黄金周是密山市旅游热点周。美国、俄罗斯、韩国10多个不同国家游人共2 000多人；北京、上海、新疆等千里之外游人4 000多人。

密山市旅游局一份报表显示：1～6月，接待国内外游客20万人次，旅游收入实现4 500万元。实现了旅游人数、旅游收入双增长。数字的背后，显示出密山市旅游业焕发出的契机、生机、商机。

最近，密山市政府网站上又发出200多个邀请函，个人网站发出几百条旅游信息。相约夏季，相聚密山市。登蜂蜜山，看绵延山脉千里；游兴凯湖，看潮起潮落；走北大荒书法长廊，看书法艺术的精湛；住铁西森林公园，看人与自然和谐画卷，观东北老航校，忆古往今来……

（2008年6月22日《黑龙江日报》五版）

资源打造循环经济产业链条

——密山市引资培植农村经济增长点纪实

密山市杨木乡与八五七农场50万亩水稻连成片，是密山的“米大仓”。

以无污染、纯天然绿色水稻“名片”引资几千万元，龙头企业建在村旁，田间，地边。地头连生产线的一条循环经济链条，打造了优质高效的农业模式。

稻壳引来热电厂

往年，50万亩水稻产生废弃的稻壳堆在路边、村边、场边，风一刮，沸沸扬扬，很煞风景。

杨木乡政府以稻壳作为“资源”，制作稻壳招商指南，网上招商、人力招商、以商招商，引来哈尔滨市客商周明。

他一落脚杨木乡，被眼前所及震撼了，村外稻壳隆起，像一座山峰绵延10几里，全部浪费掉了，他抓了一把稻壳走了，回哈市进行论证，事隔半年，返脚杨木乡，决定在八五七农场建一座“润馨热力电厂”。

一个场乡共建的项目落地生根。

近日，记者来到八五七农场，农场东端建起了“大工业”，两个几十米高、几十米粗的稻壳储存仓，好壮观，周边稻壳一堆堆。

热电厂占地面积1.2万平方米，十分气势。杨木乡党委书记告诉记者，这个项目是个多赢项目，项目以稻壳作材料，农民增收了；热电厂供热面积25万平方米，八五七农场的职工住上了暖屋子，减少了供热费；热电厂年发电1 500千瓦，农场用上了廉价电。可见，这个项目是一个场乡和心利民工程，更是一个零成本高效益工程。

项目总投资2 300万元，今年3月开工，2008年5月，将正式生产运行。

热电厂负责人告诉记者，这个项目供热取暖、发电照明之外，还要把稻壳多次加工，提炼白碳黑、黑碳黑化学用剂。一吨稻壳的价值比一亩地水稻将多出几倍。

今年一入冬，杨木乡、八五七农场大大小小加工厂生产的稻壳，大小车辆送往热电厂,1 立方米 3 元,大多是秋天签的稻壳订单。

稻壳成了生产原料,带动了制米业,杨木乡及八五七农场大大小小稻米加工厂达 100 多家。

【记者见解】一个热电厂吞下 50 万亩水稻的稻壳,是科技提高了招商的含金量,稻壳成了多功能的“金壳”,成为构建节约型农村,促动生产发展、生活宽裕、村容整洁的生产要素。

稻米引来米粉生产线

杨木乡、八五七农场的水稻,黑龙江富坤粮食加工有限公司成为大米深加工的客商。

富坤粮食加工有限公司是八五七农场一个制米、烘干、仓储一体,年收购水稻 6 万多吨的企业,建筑面积 3 万平方米,固定资产1 900万元,属粗放型加工企业,低效益运行。

走万里路,引千万商。

这家企业辗转哈尔滨、大连、北京、上海,推介、洽谈,引来哈尔滨建筑公司。

2007 年初,客商李伟投资1 000万元,在富坤粮食加工有限公司新上一条米粉生产线,从大米中加工出白米粉、糙米粉、膨化粉、米糖粉,营养八宝粥,以“富坤”注册商标。

1 ~ 10 月,加工米粉2 000多吨,实现产值4 800万元,上缴税金 15 万元。

对水稻的三次加工,丑女变成靓女。

富坤粮食加工有限公司副总经理刘斌说,1 吨大米卖到北京、上海,价格是2 400元,往国外销十分困难;生产米粉后,1 吨价格卖到3 400元,1 吨增值1 000元,并且卖到美国、澳大利亚,“富坤”走向了国外市场。

杨木乡乡长陈刚说,一个招商企业,调整了种植结构。公司与农民统一“空育 113”水稻品种,优质优价,1 公斤价格将达1.70元。杨木乡 2 万亩“空育 113”,农民增收 60 万元。

【记者见解】拔掉了皮,成了粒,这不是深加工;由粒到粉,到附加值高的产品、商品,价格增加,工业值提高,土地增值,农民增收,最终实现了粮食最大化效益。

秸秆引来气化生产车间

富源乡引资5 330万元的秸秆气化项目,以农作物秸秆作为原料,建成供应

200户生活用气，年发电5千瓦。今年10月试运行，收购多种秸秆100万吨。

密山市计委引资有机复合肥生产项目，由哈尔滨市多伦多生物科技有限公司投资400万元，建设年生产1万吨绿色有机复合肥生产线，以兴凯奶牛专业镇的牛粪为原料生产的有机绿色无公害复合肥，是多种农作物的肥料。

铁西村引资糠醛有限公司，以玉米芯为原材料，生产醋酸钠，铁西村及周边农村一车车玉米芯运往工厂……

【记者见解】土地上产的，从根到梢，到果，没有多余的，没有浪费的，形成综合利用一体的良性循环，这是一脉相承的经济增长点，用加法计算，其总和是再增产、再增效。

（2007年10月27日《鸡西日报》二版）

东风夜放花千树　放眼密山五谷丰

——密山市新农村建设综述

东风夜放花千树，密山大地显生机。

近年来，党中央、国务院一个又一个“中央一号”文件，像和煦的春风，拂过大江南北，吹化了冰雪，吹绿了山川，吹熟了庄稼，吹暖了心坎，吹红了笑脸，吹热了农村，一首“打造新农业、过上新生活、形成新风尚、焕发新气象”的新农村激昂的乐曲在密山广袤的田野上响起……

2007年，密山市20个新农村试点村争取通村公路建设、饮水安全工程、农村沼气建设、农业植保大型水稻基地建设、农村专业协会建设等百万元以上项目11个2亿多元。

密山市领导及40个单位对接20个试点村，对接到村、到组、到户、到地头；省军分区、省环保局等省市30多个单位“落户”20个试点村，补助、补贴金额达800多万元。

专业村，产业链，合作社打造新农业

做大猪产业。太平乡玉米几千亩，农民盯住苞米资源，把养猪形成产业，农民单新宽投入230万元，建成一个占地2万平方米、种猪存栏1 000多头，以美系大白、长白、杜洛克为主的鑫瑞种猪场，年出栏种猪2 000多头，今年收入500多万元。单新宽成了养猪大户，太平村成了养猪专业村，太平乡成了养猪专业乡。

做强牛产业。兴凯镇东发村占“地利”，临龙头完达山乳业，靠山5 000亩草原，借助这地缘养奶牛，东发村成了完达山乳业牛奶供应基地，建奶牛养殖小区2个，奶牛大户达10户，奶牛存栏达852头，养殖收入324万元，人均收入2 359元。

拉长产业链。龙头企业与田间地头对接，形成了从车间到地头的一条农业经济链条。三家省级农业产业化龙头企业，八家鸡西市级农业产业化龙头企业与农户对应。东安经济贸易有限公司是最大的订单农业，在和平乡三人班村、知一镇崇石村建绿色水稻1万亩，与522户农民，以每公斤高出市场价0.10元

收购,签订单,依托龙头增产增收。

组建合作社。密山市在全省第一个组建了密山市"绿莹高丽米"农民专业合作社,"绿莹高丽米"专业合作社由省级龙头企业,黑龙江瓜瓜叫食品有限公司、东北农业大学教授金学泳、裴德镇德兴村、兴凯镇兴农村等106户农民自愿组建的新型经济合作组织。农民专业合作社选优质品种,采用"二段"育秧,合作社做到了"六统一",统一品牌,统一加工,统一品种,统一技术,统一销售与分配,农民专业合作社形成了由龙头企业,技术专家,农民风险共担,利益共享的经济体。水稻亩产达750公斤,水稻被龙头全部收购,按交易量60%分配,按出资额40%分配,水稻深加工后,社员将二次分红。

千顷稻,万亩豆,腰包鼓过上新生活

裴德镇裴德村地处穆棱河岸边,受水淹,以新农村建设为契机,把劣势转化为优势,以土地为根,以增收为本,省、市投资20万元,加强农田水利设施建设,把临穆棱河堤的低洼地块旱改水3 000亩。

长林子村近万亩高油高蛋白大豆,二人班乡爱国村1万亩高油高蛋白大豆喜获丰收,今年大豆卖上了天价,1公斤卖到4元。

在兴凯湖边形成了白泡子乡湖沿村农家游一条街,兴凯湖乡兴凯湖村农家游一个村,王老四鱼邨,老侯婆饭庄等农家游年接待20万人次,户均收入10万余元。

知一镇加禾村农民两手抓,一手抓地上产的,一手抓来钱快的。农民在房前屋后空地,养貉子,全村202户,养貉专业户达150户,养貉1万多只,养殖业收入260万元,人均收入3 110万元,这个村人均收入达5 100元。

全市20个试点村实现农业总收入2.3亿元,农民人均收入4 459元。

享低保,得补贴,讲和谐形成新风尚

全市5.5万户13.8万农民参加了新型合作医疗,全市改造中小学危房3.5万平方米,农村适龄儿童入学率达100%,贫困家庭学生"两免一补"面达100%,开展"小康星"、"美德星"、"教子星"、"守法星"等十星级文明户评比。

树绕村,路环屯,用沼气构建新农村

绿树村边斜。密山市新农村被绿树环抱,新鲜花点缀,村中有树,屋前有花，花香鸟语，绿树成行，通向全市100多个村的路两侧是高大挺直的白杨，走进农村就走进了农村绿色走廊，就走进了新农村发展的经济带。

公路过家门。密山市把农村公路建设作为提速新农村建设的载体。建设新农村，先修路。2006年，全市共建设通乡通村公路40条319公里，投入资金2.2亿元，公路建设在黑龙江省名列第一名，今年又投入8 600万元，建设通村公路289公里。

沼气净农家。太平乡太平村，庄内村作为沼气试点村，国家省投资2.4万元，农民自筹400元，建沼气池600个，400户农民用上了沼气。沼气的使用减少了煤、草、电，构建了节约型新农村，形成了绿色无污染的能源可持续利用。

公示板，明白卡，民做主出现新气象

在全市20个新农村试点村推行“政务公开”。二人班乡爱国村，农机专业合作社的管理一切透明，向村民公布合作社耕地亩数、收入、村集体提成、村民分配比例。为了扩大再生产，村民在举手通过的情况下，花18万元增添一台玉米收割机，一秋天为村集体、村民增收2万多元；村部盖楼，又向村民公开，当村民的面公开招标，在一切透明的情况下，一月一公布村里的经济往来账，村民心顺了，力合了，爱国村成了和谐村。

万物盎然的春天孕育出硕果丰实的秋天。密山市迎来了新农村建设的第一个充满生机的春天，迎来了新农村建设第一个充满收获的秋天！

（2007年11月6日《鸡西日报》一版）

水澈草茂鱼儿肥

——密山市水产事业发展纪实

密山市水域辽阔。

总水面267万亩，多湖泊、水库、泡沼。兴凯湖、穆棱河及32座大中型水库分布在密山市境内。

密山市几代水产人依托得天独厚的自然水产资源打造了密山渔业强市；密山市成为国家首批命名的商品鱼基地县（市）、苗种基地县（市）、全国渔业百强县（市）、连续17年获省渔业生产先进市。

形成自然景点

密山市养鱼水面33万亩。

走进密山市，山边、湖边、河边、路边、沟边、树边、村边、地边，一个个不规则的鱼池与一栋栋造型各异的鱼房，构成大自然的又一幅风景。

一个鱼池就是一处自然，清静的旅游景点。

鱼池成为人们垂钓、踏青、休闲、消遣的去处。2007年，接待游人4万多人。

人们钓鱼、品鱼，体会大自然带来的轻松、愉悦、快乐。

延伸产业链条

密山市渔业总产值3.5亿元。

密山市享有“鱼米之乡”之称。密山市年产鱼2万吨，人工养殖1.8万吨。密山市内200多个摊点卖鱼，每年内销5 000吨。1.5万吨的鱼，坐火车、乘汽车，卖到哈尔滨、牡丹江、依兰、七台河、鸡西等周边市县。其中，兴凯湖大白鱼远销全国各地。

鱼是经济链条。

带动了运输业，带动了餐饮业，带动了加工业，带动了旅游业……带动出一个又一个经济增长点。

鱼是品牌链条。

密山市多是引兴凯湖水养鱼,多以“兴凯湖”冠名。价格一涨再涨、一增再增。人们吃缺货,吃品味,吃绿色。

鱼是健身链条。

据古书记载,因密山市气候、水质、地貌的因素,密山市地产鱼肉质鲜美,营养丰富,延年益寿,是人们强体的一剂“良药”。吃鱼能吃出健康已成为人们的共识。鱼,成为人们餐桌上的一道硬菜!

多了增收之路

密山市渔民人均收入达6 200元。

密山市一些农民致富不走“陆路”走“水路”,养鱼户达1 786户。

最大的养鱼水面是小兴凯湖,养鱼26.4万亩。

最早的农民专业养鱼户是冯守章,密山镇新河村农民冯守章是密山市第一批获得渔业“绿证”培训人员,2001 年,养鱼 80 亩,收入十几万元。七年时间里,他买土地,增水面,发展到 160 亩。这位全国青年农民学科技用科技标兵,带动了整个新河村,农民范垂芳养鱼 300 亩,杜长林养鱼 100 亩,伊会才养鱼 200 亩;新河村养鱼水面达2 200亩,养鱼户 50 多户,渔业年收入 300 多万元。

最大的农民养鱼户是李相库,这位黑台镇福兴村农民承包黑台镇庆先水库养鱼,攒下家底儿后,2005 年,又承包密山市青年水库 6 万亩水面,一次放鱼苗 17.5万公斤。

最老的养鱼户是退休人员。在密山市,农民养、下岗工人养、在职人员养、离退老干部也把养鱼作为晚年产业。

教委退休干部侯振庭、检察院退休干部王远福等 200 多名老干部、老工人养鱼2 000多亩。

小密山,大渔业。新河村、艳阳村、长青村、新华村都成为著名的渔业村。在全省创造了水产品总量、渔业产值、渔民收入、精养池塘单产四个第一。

密山市是自然水养绿色鱼,圆了绿色餐桌。

密山市“湖一村”、“花园渔村”一些饭店,打出鱼的招牌;“湖一村”在鸡西、哈尔滨设立分店,省内外以密山市地产鱼为主的饭店 70 多家。

激发新的创造

年人工繁殖兴凯湖大白鱼 200 万尾。

密山市渔业方兴未艾，在于"引领"。

密山市水产总站站长柳宝琦毕业于省水产学校淡水养殖专业，今生与水与鱼结缘。他说，"袁隆平离不开土地，培育了两系杂交水稻；柳宝琦离不开水面，培育了兴凯湖大白鱼的子孙后代"。他泥一把，水一把，走遍全市1 000多个养鱼场户的池塘，躬身指导，倾心嘱托，推动密山市渔业起步、发展、壮大。

兴凯湖中野生兴凯湖大白鱼逐年减产，满足不了餐桌上的需求，他大胆地提出，人工繁殖兴凯湖大白鱼。

为了试验，他自己买下新河村90亩鱼池。

几十次失败后，2001年，首次试验成功，圆了密山市几代水产人工繁育兴凯湖大白鱼的梦想。这一发明，上了省和中国养殖业网，上了中央电视台。

2001年，人工繁殖兴凯湖大白鱼5万尾；2004年，人工繁殖兴凯湖大白鱼200万尾。打破了兴凯湖大白鱼出水就死、人工不能繁育的传说。2005年，又攻克了大白鱼人工驯化养殖技术难题；2006年，全市推广大白鱼人工养殖面积超万亩，三年实现三个突破。他说，上了秋每条大白鱼3斤左右，1条可卖300元以上。

一手人工繁殖，一手抓自然增殖。2006年，他免费向兴凯湖放流人工繁育兴凯湖大白鱼10万尾，价值100多万元；全市大白鱼养殖面积达11万多亩，渔民增加收入可超亿元。

密山市成为兴凯湖大白鱼繁育基地。

2005年，密山市是省政府表彰的唯一的水产工作先进市，密山市水产局被评为全国农业科技推广先进单位，柳宝琦被评为省县域优秀农村科技人才，王忠华等10位农民被评为收入大户，养鱼大王。

（2007年3月14日《鸡西日报》一版）

引领新农业　塑造新农民

——密山市推广农业新技术促农增产增收纪实

近几年,国家、省、市100多个农业新技术在密山市100万亩的耕地上推广。

农业新技术推动现代农业迅速奔跑……

(一)

土地“大补”,补出丰产。

2005年,国家重点示范项目,测土配方施肥落户密山市,对土地取样下“诊断”,专家给土地“配方”,农户按“测土施肥建议卡”施肥。2005年,测土施肥40万亩,2008年,属“加强年”,对全市100万亩耕地进行测土施肥。

免费测土,免费配方。肥料由厂家直接供应到田间地头。

和平乡三人班村刘士谦告诉记者,头几年,种地是盲种、瞎种,也不知道土地缺啥少啥,铆劲地上化肥,生怕不长,结果是增加成本,也不保准丰收。

去年,市农业推广中心技术人员对水田抽土样,一化验,土地严重缺钾,子粒瘪,赤枯病的病因找到了,上了配方肥后,一招就灵。

30亩水稻,两年前后一对比,多产1 500公斤,多收入2 000多元。

柳毛乡双合村农民王志忠迷上了“测土”,他说,不但增收,还减少成本。对他家15亩旱田测土,下发一张磷含量偏高通知单,建议种大豆,降低二铵使用量的“测土施肥建议卡”,他按“药方”“抓药”,每亩少上二铵1,5公斤,15亩地少投入500元。

农业技术推广中心一份报告记载,对比校正实验中,以5亩为单位,分测土施肥区、常规施肥区,测土施肥后玉米亩多产35公斤,大豆亩多产10公斤,水稻多产40公斤。

全市减少化肥量120万公斤,为农户节约500万元。

（二）

水稻超早育苗，超出亩产。

水稻大钵体长苗龄超早育苗栽培技术成为水稻增收，水稻增值的又一项新技术。

国家、省、市进行超早育苗直补，农民建一座180平方米大棚给予补贴500元，提供塑料膜，钵盘，播种器，共补贴1 350元。

一些农民扔下老式大棚育苗，采用了水稻超早育苗新技术。

市农业技术推广中心副主任滕范奎告诉记者，水稻超早育苗技术增加地温，比正常大棚育苗增加15度左右，适宜种晚熟品种，早成熟20天左右。

太平乡核心村农民李福金扣水稻超早育苗大棚450平方米，直补3 300元，这是他继土地直补、良种补贴之后得到的又一次补贴。

兴凯镇平原村农民宋有军，水稻超早育苗后，亩增产200公斤，亩增收300元，300亩水稻增收9 000元。

全市推广水稻超早育苗2 000亩，据统计，增产40万公斤，增收56万元，40户农户户均增收1.4万元。

水稻超早育苗技术的推开，引领农民在水稻种植上的再创造热情，裴德镇德兴村农民推广水稻两段式育苗技术后，亩产达700公斤。

玉米提质增效栽培技术，农作物抗旱栽培技术，水稻超稀植栽培技术等一批科技含量高的新技术扎根于深土层。明显的、实实在在的效果，让农民看到了农业的科学发展。密山市自主研制并获得成功的水稻大中棚旱育苗综合高产栽培技术等项目成为中国农业领域高端项目，并获国家“丰收计划”一等奖。

（三）

当土地“保姆”，保住收成。

密山市在富源乡、太平乡、柳毛乡、白泡子乡设病虫害情报监测点，密山市监测点成为全国区域测报站。

2007年7月，太平监测点紧急预报，水稻出现稻瘟病，且有蔓延趋势，市农业技术推广中心在网上、电视上发布后，农户按照市农业技术推广中心专家的指导，喷洒咪鲜胺，为农户减少损失5 000万元。

2007年8月，白泡子乡、兴凯湖乡发现大豆食心虫，监测点第一时间发出

“警报”,农户用菊酯类药物加以防治,据统计,为农户减少损失300万元。

全市近百名农业技术人员,就是100个移动农业“110”,田间当课堂,网络传科技,给农民掌舵,给庄稼把脉,“望闻问切”,“中西结合”,抑制了农作物病虫害的发生。

农业新技术培养出一批“土专家”,兴凯镇平原村宋振斌,在平原村是“庄稼医生”,全村4 000亩水田成了他研究基地,动不动到田埂上看一看,一过眼,就知道水稻缺啥、补啥,全市像这样没有资质,但有土招的农民专家几百人。

（2008年2月19日《鸡西日报》一版）

灿烂文化打造活力密山

——密山市强力推进文化产业纪实

密山市是北大荒文化、兴凯湖文化的发源地。

近几年,密山市以北大荒文化、兴凯湖文化精神推动文化产业的继承、传播与发展。

密山市成为全国文化先进市;全国边境文化长廊建设先进市;全国服务农民、服务基层文化先进市;全国剪纸艺术之乡。

构建文化强市的大手笔,描绘出一幅显现密山市活力的绚丽画卷。

硬环境产生强磁场,成为文化土壤

投资800万元,建一座4 000平方米宣传文化中心。

投资500万元,建占地5万平方米体育活动中心,举办了中俄篮球邀请赛;省东部地区34家乒乓球赛;省东部地区门球友谊赛;全市首届农民篮球赛等大型比赛40余场。

投资400万元,在西山脚下建设占地1.1万平方米东北老航校纪念馆,偌大的广场上,空军退役的六架战斗机张开双翅守卫着老航校。馆内"抗美援朝展雄风"、"英雄辈出壮军威"等三个展厅陈列出我国空军事业的起步、发展、壮大。2007年,接待俄罗斯、日本等104个团体参观。

乡村大院产生凝聚力,成为文化基石

密山市城乡文化资源共享,文化进村屯。投资50万元建成白泡子乡综合文化站、知一镇综合文化站、裴德镇综合文化站;修建体育健身广场、活动室、图书室、娱乐室。投资35万元,在二人班乡爱国村、知一镇加禾村建村级文化大院。

加禾村农民杜立刚说,晚上去文化大院学科技,脑袋不空了;来一曲"卡拉OK",身子骨轻松多了。

爱国村开展农民篮球赛,打出了团结力,打出了亲和力。近两年,为农村建25处乡村水泥篮球场,配备25套体育健身器材。

文化大餐产生感染力,成为文化传媒

文化大餐进社区、进街道。10多支“老年群星艺术团”活跃在社区、街道。春节秧歌汇演、元宵灯会等文化内容丰富。

文化大餐进校园。举办校园艺术节、校园歌咏比赛。

文化大餐进企业。政法战线成果展、农村公路建设成果展、展示出了文化助推企业的发展。

文化大餐进军营。密山市文工团每年都去驻军某部演出,驻军某部进城市、进社区为密山市民演出。军地合作的“咱为啥不常回家看看”上了中央电视台。

密山市文化活动绚烂多姿。密山市书法协会、美术协会、摄影协会、剪纸协会等四大协会一年举办一次作品展览。

专业文化茁壮成长。密山市文工团到农村演出10余场,参加密山市解放六十周年演出,参加人寿杯、网通杯广场演出,与俄文艺团体文化互访,为“中国俄罗斯年,俄罗斯中国年”献上一份厚礼。

民族文化方兴未艾。一年一次少数民族运动会、少数民族广场舞蹈比赛、少数民族文艺汇演、少数民族门球比赛、少数民族庆丰收秧歌比赛等等。

浓浓的文化培育出黑土地歌手。二人班乡集贤村农民金忠善获全国少数民族通俗唱法金奖,获中国民歌“十佳”演唱家称号;文工团歌手陈雪参加文化部举办的全国中华新秀才艺选拔赛,获声音金奖。

浓浓的文化培育黑土地摄影家,书法家。孙长山,马迎新,尚德利,吕忠信等摄影爱好者的密山风土人情巨作,在全国获奖;孙跃武,肖福宝等书法爱好者的作品收入全国书法大词典;蒋宝、李广林等美术创作爱好者,孙迎春等歌曲创作爱好者,罗宝财等文学创作爱好者的一些作品响遍全国。密山市,文化人才辈出。

文化争妍斗艳,尽显密山市和谐,尽显密山市发展,尽显密山市蓬勃。

(2007年7月25日《鸡西日报》一版)

捐款继续　爱心无边

——密山市向汶川地震灾区捐款场景纪实

雨中,夜中摸索挺进灾区;4 000米高空危险跳伞;瓦砾、余震中救援不停;72 小时之后,仍不放弃;再次发起救灾总攻命令,一批批灾民走出生死震区……

一个个场景,惊心动魄,扣人心弦,让密山市人民悬着的心一次次疼痛,一次次流血;为汶川同胞不知流了多少泪水,密山市人民一次次担心,也一次次被感动着……

患难与共,不分不离!

继 5 月 15 日之后,密山市 30 万人民用爱,用心,用绵薄之力,汇成了众志成城的交响曲。八天时间,密山市社会各界捐款额达2 227万元。

大爱延续如雨滂沱!

5 月 16 日,密山市下起大雨。由密山市工商联、密山市个体劳协举办的“赈灾义演”在雨中举行。雨中,无一人打伞。近万人参加了义演。一首《汶川人民不要哭泣》诗朗诵,让人们泪滴与雨点交织在一起,雨在下,泪在流。外资企业密山市新华新食品有限公司总经理刘贵雷打电话,“再送 2 万元捐款”,刘总代表 30 名员工捐款 3 万元;黑龙江东粮集团总经理翟友财当场捐出 4 万元;黑龙江银峰化工有限公司总经理孙洪军说,几天来,吃不好,睡不好,心早飞到了汶川。开车 5 公里来到赈灾现场,捐款 5 万元。两名志愿者用雨伞遮住捐款箱,生怕雨淋湿了密山市人民的爱心。

密山市民真诚响应,一张、几张、一沓、一捆……近一个上午,万人捐款 54 万元。

大爱延续步履匆忙!

密山市阳光小区四位个体业户,被汶川地震震撼着、感染着、激励着……他们停业三天,自发地组成志愿者小分队。身披“赈灾志愿者”绶带,印发4 000份宣传单,走遍密山市大街小巷。

志愿者史金龙,左腿假肢,他走市场大棚,走露天卖菜摊点,发宣传单 500 份,一瘸一拐的他,腿截肢与假肢结合处,磨出的血顺着裤管流下……

他和妻子开个小小音像社，生活拮据，却捐出1 000元房租费。

大爱延续车轮奔跑！

密山市40名出租车自发地组成“赈灾爱心车队”，车右侧倒车镜上挂着黄丝带，黄丝带在风中飘起，掀起对汶川亲人的思念。每台车捐出一天的收入，每台车为捐款人免费接送。长长的黄丝带车队，形成一道爱心延续的生命线！车轮疾驶，与时间比速度，为无车的人、为心切的人开辟一条爱心通道……

大爱延续人心凝聚！

5月19日至21日，是汶川大地震遇难同胞的致哀日，成了密山市民的捐款日、爱心日。

密山市东安大街捐赠点，人排队，心如潮。民政部门行动了，团市委行动了，企事业单位、个体户行动了。

机关、学校、村部、商场、矿井里、田地边、车间里、工地上、病榻旁、车站、口岸、广场处处可见捐款的场景，声势浩大，人头攒动，捐款达20万人。

不同身份，不同年龄，不同肤色，无论是本市的，还是过路的，都倾囊相助。

密山市恒业建筑有限公司所向宽捐款2.2万元；晨光小吃部捐款5 000元；妇产专科医院毕晓丽捐款3万元……

密山市卫生系统32个医疗机构，52个个体诊所及民营医院，210个村级诊所，全体党员捐出特殊的党费7万元。再次带动，卫生系统捐款达3 000人。

王玉庆捐出住院费，70岁老人李珍捐出养老钱，农民许富德捐出买化肥钱，李思思捐出购楼款，李东山捐出一天力工钱；苑金山捐出给孩子补养的奶粉钱；吴士秀捐出化疗费……

一笔笔捐款承载着密山市人民的牵挂与慰问，飞往汶川灾区……

（2008年5月25日《鸡西日报》一版）

“王母蟠桃”登场哈洽会

——第十九届哈洽会密山市展区见闻

6 月 15 日上午，密山市杨木乡育青村农民杨国政，背着一筐“王母娘娘蟠桃”上了哈洽会，杨国政成了哈洽会的农民代表，蟠桃成了哈洽会鸡西展厅密山市展台的独特产品。

展会上，一个摞一个的蟠桃成扇形排列。“东北密山黑土地蟠桃”广告牌十分打眼。引来不少客商伫立、观看、品尝。

一位俄罗斯客人，拿起一个蟠桃，放在手心上，吃一口，直点头，用俄语说了一大串，谢翻译告诉记者，俄客人说，爽口，第一次吃这么稀奇的蟠桃。

随从农民杨国政逛哈洽的杨木乡党委书记告诉记者，蟠桃产于杨木乡育青村后山“场市共建蟠桃园”。从辽宁引进的品种，传说是王母娘娘吃的蟠桃的后裔。蟠桃在育青村扎根 10 年。10 户农民扣 32 栋大棚，蟠桃色红、味纯、甜口。蟠桃分早晚两期，早期蟠桃 5 月初上市，1 公斤价格 20 元，晚期蟠桃 8 月末上市，1 公斤价格 16 元，1 亩地蟠桃产2 000公斤，收入 4 万多元。农民杨国政是蟠桃大户，3 栋蟠桃大棚，年收入 12 万元。他把农民亲手培育的，黑龙江稀少的蟠桃在哈洽会上亮相。

七台河一位客商听说 1 亩地蟠桃是 60 亩粮食作物的收入时，拉着杨国政的手，刨根问底要引进这项技术专利。

哈洽会上，密山市展台前，人多了起来。人们品蟠桃，夸蟠桃。

当日上午，杨国政当场拍下订单，杨国政与吉林大地农业园签订5 000公斤蟠桃合同，8 月末发货；杨国政与俄罗斯海参崴一家服务公司签订 2 万吨蟠桃出口合同。

杨国政一筐“王母娘娘蟠桃”换来 3 万元的订单。一位哈市客商说，与其说逛哈洽会，还不如说逛了一次王母娘娘天上的蟠桃会。

（2008 年 6 月 27 日《鸡西日报》一版）

风从天上过　钱撒密山城

——亚洲风力发电密山风电场项目落地开工纪实

密山市区域风大。

密山市委、市政府以“风”招商引资。以此，开发风力资源，建立清洁、绿色、生态的能源工业产业。

2005 年 11 月，亚洲风力发电投资股份有限公司，亚洲新能源投资控股集团有限公司客商一行六人到密山市考察风力。

爬山脊，过风口，立 5 座 70 米高的测风塔，春夏秋冬一年四季地测风，积累风的数据显示：密山市平均速度达每秒7.4米，是黑龙江省风能源比较集中的富风带之一。

2008 年 11 月 3 日，经过三年风力发电项目的可研、立项、审批，投资 11 亿元，占地22.7平方公里，建设规模为两个总装机容量为4.95万千瓦，66 台发电机组的亚洲风力发电密山风电场项目落地，开工，建设。

密山市独特的地理、环境注定了密山市风资源的产出。

7 843平方公里的密山市，地形趋势由西北向东南倾斜，由北向南可分为低山丘陵、山前漫岗、冲积平原和湖基底平原地貌类型。密山市气候属于中纬度漫带大陆性季风气候，盛行风为西北风，兴凯湖区盛行西南风。

亚洲风力发电投资股份有限公司项目经理姜明告诉记者，密山市风的形成主要是密山市地处完达山脉，是山脉绵延产生了风；密山市临兴凯湖是太平洋水系带来了风；多丘陵、平原助长了风。天时、地利构成了风力发电的优质条件，适合建一座风力发电场。

密山市市长说，开发利用风资源，具有环境效益，社会效益，经济效益，符合国家产业政策。因此，我们乘势而上，把这一新型能源及早地转化为新的经济增长点。

为了准确测风，达到覆盖面，测风塔选用的是美国先进的测风设备，分别在柳毛乡、兴凯湖乡（石嘴子村）、白泡子乡、蜂蜜山林场（两个测风点）共设 5 个测风点，测风数据上看，密山市风能确确实实是储量大，质量高，有效风速持续时间长，风的特征好。

风力发电圆了密山市几代人的发电梦。

密山市的风资源早就引起人们的关注。20世纪60年代,中国农业机械研究所就在兴凯湖安装一台风力发电机;1980年,中央气象研究所在密山市完成了小型风力发电实验;1992年,密山市对全市的风口、高山进行风资源的勘测、收集、分析、评估;1996年,鸡西电业局在兴凯湖架设50米测风塔。密山市多年来积累的风数据全面、翔实、准确。为亚洲风力发电提供了历史资料。

风力发电打造密山市新型工业。

电打造了工业群,电延长了产业链。风力发电成为密山市“煤电化”基地的“引擎”。

风力发电形成密山市独特风景。

5座测风塔矗立在蜂蜜山山峦之间。白色风机加速飞转,高耸入云,十分壮观,十分气势。到2009年末,建成后的密山风力发电场将成为大山中的工业景区。

风力发电拉动密山市经济增长。

风车与风应和奏响发展的强音。山峦之间,蓦然涌起经济圈,迸发出经济增长点。亚洲风力发电投资股份有限公司项目经理姜明说,风力发电建成后,将对密山市乃至周边产生拉动。架起的25公里输电线路将横穿群山湖泊之间,电流直接输入国家电网,年发电2.3亿度,为地方增加税收4 000多万元。

风力发电彰显密山市招商势头。

风力发电项目是继完达山乳业500吨鲜奶等11个亿元项目之后又一个大项目,一个个项目落地、生根是密山市领导包大项目,抓大项目,一抓到底的结果。据了解,截至10月末,密山市引进亿元项目11个,千万元项目27个,引资7亿元。

“风是金,风是银;风儿传福音,天上撒金银。”密山市民兴奋地描绘着。

(2008年12月7日《鸡西日报》一版)

就医家门口　健康助“三农”

密山市21万农民看病难,难在农民的心头。

密山市委、市政府站在最广大农民的利益上,知难不难,迎“难”而上。

近两年,密山市农民就医家门口了,21万农民真正实现了病有所医。

党和政府给农民送来了健康,送来了小康,送来了加速新农村建设的一剂药方。农民异口同声。

健康之路1 589公里

密山市委、市政府“把脉”看病难,看病难病因之一是路况差!

富源乡富强村农民李志说,富强村离乡卫生院十几公里,大多是山路。下雨雪,雨雪封门,农民有病出不了村,整来整去,小病成了大病,大病成了重病,大多农民苦在、穷在、病在这路上。去年,公路通村了,出租车、自家车多了,就是有个头痛脑热的也顺脚坐车到乡卫生院看看。

据了解,密山市委、市政府近三年公路建设投资3.3亿元,其中,市财政投入多达1亿元。3.3亿元是民生投入,3.3亿元给农民买了健康。1 589公里300多条农村公路缩短了市、乡卫生院与农民的距离。一位交通局的领导说,公路的建成就像是图上距离与实际距离的比,那比例尺是一比几十公里。

健康路通市、通乡、通农家,全市133个村实现硬质公路“村村通”,41个村实现“村组通”,20个村实现“户户通”。

农民把农村公路称是农民的生命线。杨木乡育青村70岁的李大爷突发脑出血,在乡卫生院处理后,马上驱车到市医院,40分钟赶到市人民医院,老人转危为安,路给生命提速了。

健康投入6 000万元

密山市委、市政府“听诊”看病难,看病难病因之二是农村医疗条件差!

据调查,有的乡镇卫生院多年是老三件:体温计、血压器、听诊器,设备过少,硬件过软,环境过差。

国家、省、市三级投入,改建扩建、人才下乡、增添设备。最旧、最破、最乱的农村卫生院成了最新、最美、最优的“三新”卫生院。

市卫生局局长说起农村卫生医疗的变化,颇有几分自豪,颇有几分无愧。他上任至今,正是农村卫生院加速建设发展时期。

投入资金 900 多万元,改建乡镇卫生院 17 个,新增加卫生院面积3 000多平方米,乡镇卫生院面积达 117 平方米。不过 200 平方米的新村卫生院改造后,面积达 700 多平方米;不过 300 平方米的柳毛乡卫生院改造后增加 400 平方米。平房成楼房,大大的“红十字”让人们感受到是党和政府给农民带来了安康。

投入资金 800 多万元,为农村卫生院配备 X 光机、B 超机、半自动生化机、手术床等设备。

对全市 201 家村级卫生院进行达标;投资4 000万元建密山市人民医院外科大楼……对乡镇卫生院的技术人才进行补充。17 名医疗技术人才成了乡镇卫生院的技术骨干。

仅三年时间,密山市乡镇卫生院达到了国家级标准。

实现了农民小病不出村,大病不出乡,重病不出市,在家门口就医的梦想!

一贫二白的柳毛乡卫生院,投资扩建后,柳毛乡卫生院出现了发展时期。

护士长王秀娟说,以前,患者都舍近求远了,医院只能打个点滴,量个血压,门诊量每天不过 10 人,现在每天达几十人,甚至 100 多人。2008 年,门诊量多达 2 万人,住院多达2 000多人,收入由 10 多万元增加到近 100 万元;现在有了内科、外科、儿科、妇产科、检验科、放射线科、B 超心电、理疗科等等,最实惠的是农民。一个单纯性阑尾炎手术,在市医院做手术医疗费需1 000多元,在乡卫生院做手术医疗费需 500 多元,差一半还多。农民说。

以前与现在对比,道出了农村医疗事业的起步,跑步与跨越。

健康“农合”多达 16 万人

农民看病贵,贵在收入低,医费高上。一低一高让农民负担重。

国家新型农村合作医疗是中共中央又一个“一号文件”,暖了农民。

密山市委、市政府按照上级精神,匹配178.9万元用于农合。

按照农合政策,农民在乡卫生院报销比例由 45% 提高到 65% ,最多封顶线由 1 万元增加到 2 万元。

近三年,国家、省市投入“农合”资金 201 万元。近三年,全市18.7万人获得门诊及住院补偿、医疗补偿2 068.37万元。

近三年,大病救助 889 人,救助金额 191 万元。

密山市人民医院将“新农合”窗口设在病房边,患者出院,立马报销。

乡镇卫生院将“农合”窗口设在挂号处,乡镇卫生院为农民垫付报销款。柳毛乡卫生院 2008 年至今,为3 000多名患者垫付报销费 40 多万元。

二人班村吴崇斌说,“农合”让农民心和、心顺。连生孩子都给报销,真是开天辟地头一回的好事。

农民领到了补差药费,愁云舒展了。知一镇加禾村农民王晓玲患脑血管畸形,一辈子节俭,看病舍不得钱,她说,有了“农合”,看病不打怵了。住院花掉68 580元,报销 2 万元;当壁镇庆利村张福星,冠心病有几年了,借“农合”的光儿,这回好好查一查,好好治一治。住院费60 044元,报销19 882元。他说是“农合”给他带来了“福星”……

(2009 年 3 月 29 日《鸡西日报》二版)

躬身插绿绿荒山

——密山市全民义务植树现场见闻

3月20日，是密山市第八个全民植树日。

密山市15座山，11条公路沿线，151个村屯，20多个河湖渠库，远者，100多公里的荒山，近者，城郊公园的空地，密山市党政机关，企事业单位，外来投资者，学校，近2万人参加全民植树活动。打响了一场植树造林的突击战。

记者在连珠山林场重点生态林管理区看到，近千人遍布在山坡上。人们挥锹掘坑，弯腰铲土，搬运树苗，扶正踩实。累酸了后背，累麻了手臂，鞋上沾满了厚厚的泥巴，脸上挂满了大大的汗珠。寂静一冬的大山，敞开了它的胸怀，迎接着绿色的使者安家落户。

林业局局长手拿一把苗木，告诉记者，今年造林决定执行“五不离水”的造林规则，苗地假植不离水，运输不离水，山地假植不离水，包装不离水，苗木桶不离水；并采用挂泥浆、施生根粉造林，打实了造林的基础。

林业工人认领树木，以责任制追究促动林业工人的管护，坚决达到种一棵活一棵，种一片绿一片。

植树日，空前。上至古稀老人下至8岁儿童，没有命令、没有指派，义务参加植树造林达200多人。

在各个部门的引领下，在荒山坡上栽下了党员林，青年林，妇女林，红领巾林，官兵林，人大代表林，政协委员林，荒山上的绿色连成了片……

在密山市西山公园，又是一个两千多人的植树场景。密山市一中的学生张男栽下了“成才树”，并用红布条系在树木的枝杈上；中心社区的李大爷和老伴，听说是植树日，栽下了“长寿松”；外来投资者刘贵雷领着公司的10位“山东人”栽下了“梧桐树”；个体户王春领着爱人栽下了“发财树”；铁西农民张洪田栽下了“希望树”；今天婚期的李虎和爱妻李小燕，穿上婚纱，栽下了“百年好合树”……造林场景，好大、好广、好气势、好热闹……

驻军某部官兵开着军车，用绿色装扮新农村。在知一镇加禾村的村屯栽树3 000株，给农民筑起了遮风挡雨的绿色长城；信用联社100多名员工，为农民栽树3 290棵，给农民建起了一座绿色银行。

密山市副市长告诉记者，密山市植树造林由植树日改为植树周，植树月。今年，全市荒山荒地造林5 206亩，道路绿化7 644亩，河湖渠库水土保持林1万亩；高标准村屯绿化4 580亩，造林面积达4万多亩。

密山市委书记说，自2002年退耕还林至今，密山市造林一年比一年增加。近八年，密山市造林23.8万亩，每年造林3万亩以上，造林在提质、提速中进行。

近12点，天下起了雨，汗滴、雨滴混合一块，浇灌着刚刚栽下的树苗，这树栽的是个时候，好雨知时节啊。

（2009年3月30日《鸡西日报》二版）

助推庄内村建设新农村

——省市单位帮助庄内村建设新农村纪实

太平乡庄内村是省级整体推进贫困村；是省级泥草房改造示范村；是省级新农村建设试点村；是省纪委书记李延芝的帮扶联系点。

从此，庄内村多了外援。

省纪检委书记李延芝三次来到庄内村；省农委，省农业开发办，省农科院，省建设厅，鸡西市委、市政府，密山市委、市政府的领导多次来到庄内村。

进草庐、坐炕头、走泥路、踩田埂，对庄内村一草一木进行考察、调研。

他们牵挂庄内村。

庄内村离太平乡2.1公里，7个自然屯、360户、6 270亩耕地，北临方虎公路，西邻铁路，南靠穆棱河支流，锅盔河下游。

庄内村守着路，守着河这个金饭碗，却端着泥饭碗，一端大半辈子。

庄内村脏。村内一个大水坑，农民说是穷坑；一个垃圾山，农民说是穷山，水坑，垃圾山成了环境污染源……

庄内村贫。路是坑洼路，房是上世纪六十年代的草房，人均耕地4.5亩，人均收入不足3 000元……

庄内村的村情，人们挥之不去。

大家一起帮助庄内村建设新农村的号角震动了庄内村，唤醒了庄内村，推动了庄内村，发展了庄内村。

近三年，省、鸡西市、密山市对庄内村“三农”投资达600多万元。

改造低产田。省农业开发办投资200万元，修节水渠8公里，修农田路5公里，挖排水干渠10公里，4 000亩低产田增产水稻30万公斤。

扣温室大棚。省农业开发办投资100万元；鸡西市政府投资50万元，建53栋标准温室大棚。庄内村成了俄罗斯远东地区的菜篮子。

扒掉泥草房。省建设厅投资200万元，农民自筹105万元，改造泥草房35户2 100平方米。

修通组路。投资160万元，修通村、通组公路16公里；投资30万元，建起村委会，村级综合活动室；投资30万元，建2 500平方米休闲广场；投资50万元，修石砌明排4 000延长米；投资 35 万元，安铁栅栏5 100延长米；投资 60 万元，310 户农民吃上了自来水。

阅览科技书。省新闻出版局为庄内村建起“农家书屋”，藏书3 000册。

黑龙江省城市规划勘测设计院编制了《密山市太平乡庄内村建设规划》，2009 年，新农村建设续建工程已经开始。

投资 40 万元，安装路灯 60 盏；投资 10 万元，建一处垃圾处理厂；投资 150 万元，建一座稻草砖厂；投资 320 万元，农民用上了沼气。

两年，解决了农民走路难，信息难，居住难，增收难。

在夏风吹拂的季节，记者走进庄内村，庄内村变化让人心醉。

变化之一，村庄美。公路笔直，砖房成行，绿树环抱，栅栏统一，一处俨然农村中的城市。

变化之二，腰板直。村会计丁增荣说，人穷耷拉头，和左右几个村一比，矮人家半截。这回提神、提气、长精神了。在人多的时候他动不动显摆。

变化之三，钱袋鼓。打工 100 多人，扣大棚 30 多户，包地 1 万多亩，大家叼住地上产的，抓住外面捞的，人均收入达5 083元。

变化之四，人心和。为一根垄，骂娘的李大嫂，当大伙面检讨，村屯绿化美化，不用命令，她主动给树浇水，成了和睦的邻里；赵老大的儿子娶媳妇，大家帮整地，帮忙乎；打工，组团去；逛大集，开车去；进城，问问邻居买啥不？360 户村民是一家，互相照应。

贫穷的庄内村人，幸福了。

村医吕长富说，庄内村的小伙子吃香了，“路为媒”，“房为媒”，“村为媒”，外村的大姑娘托人要嫁到庄内村。

妇女主任郑淑华说，田淑清儿子结婚那天，庄内村人整景儿，给远亲近邻展示展示，车队绕村里走了一圈，心情老敞亮了；参加婚礼 400 多人，吃完饭，一队一队的，看庄内村的景色，享受新农村建设的成果。逛村景成了婚礼上的一道“硬菜”。

庄内村老户王权说，在大水坑上建了广场，在垃圾堆上建起了村部；林美泉说，“上级”给1.2万元，为我盖起了 63 平方米的大砖房……

农民的话里话外，庄内村沐浴着党和政府的关怀，庄内村生产发展了，生活宽裕了，乡风文明了……

密山市市委书记告诉记者，庄内村的新农村建设还在继续，目标是再创造一个别样的庄内村。

“莫道今年春将尽，明年春色倍还人”。庄内村的发展，更多的人再期待。

（2009 年 6 月 22 日《鸡西日报》一版头条）

引领农民努力增收

——密山市开展“增联创”主题教育活动纪实

时下，正值备耕时节。

一首党组织和党员帮农的歌谣在富源乡富强村流传：“方针政策讲一讲，信息经验传一传，致富项目选一选，科技知识教一教，邻里纠纷劝一劝，贫困农户帮一帮，天灾病热访一访，迷信赌博管一管……”这是农民用心编的歌，大人小孩都会哼哼，歌在完达山脚下，穆棱河岸边和着春风萦绕。这歌唱红了党员的脸，唱出了富强村36名党员牵住农民的手一起奔小康的情景。

记者走近村头，牧羊的孩子，用童音唱着这只唱给党员的歌，孩子指着牛背，这牛是党员给买的，长大了也当党员。牧童如是说。

迎面一位农民，胸前的那面党员标志十分显目，老乡干啥去？巫广需的牛病了，俺去送偏方，此人便是党员高玉善。走到高玉善家坐一坐，门上“共产党员户”的牌子，给记者又一个惊喜。这里党员挂牌、党员家也挂牌。

富强村一个“小康”的名字，全村501户，1.7万亩土地，虽背倚完达山，面临穆棱河，出门见山水，但是小村不富也不强，负债70多万元。

民不富，心不甘。

密山市委在富强村“揭底”，为啥不富强……一连串的问号挂在领导的心上，市委书记三下富强村，挖穷窍、拔穷根；市委副书记带领组织部的同志几次到农家“打破沙锅”，原因是：党员关上门过自己的日子，鼓捣自己那点事，党员和群众“混淆”，党员作用弱了，久而久之，党组织和群众隔山隔水隔层墙。

市委“对症下药”。从去年11月份至今，结合富强村特点，以抓发挥农村基层党组织和党员的作用为突破口，开展了“增联创”主题教育活动，即增强党组织的战斗力，增强党员带头致富和带领群众致富能力；组建党员领航工程“联合体”；创建“五个好”村支部，将农村党组织、党员推向奔小康的前沿。

今日的富强村生机和活力扑面。

1.农民喊出了声，看到党员影子了。练兵先练“将”，这“将”是党员。党员和农民一起补脑子、补精神、补信心、补责任。党员重温入党誓词，党员向党旗举起右手，脸发红、心发热，内心涌动惭愧，一位党员反复剖析自己，写出了厚厚一沓子检讨；电视连续播放“奶牛饲养技术及防病办法”等电教片，充电和练兵，村支书王忠明说，视野宽了、胸怀大了、责任重了。党员究竟怎么当，让党员说，让群众说，党员不怕揭短，不怕触及疼痛处，寻找党员的“地位”和形象，挂上党员标志，让群众看党员；挂上“共产党员户”让群众学党员，党员有了明显的标志，丢不了、跑不掉。党员王玉国平时大门不出二门不进，不接触外事，这回他走农户，要帮助做点事。36 名党员“十带头”，带头执行政策、带头履行义务、带头学用科学、带头创业改富、带头遗风易俗……一个党员一面旗帜，36 面“党旗”映红了小村落。

2. 党员像航线，像路标，“站高处呼，非声疾也”，后者应。党员、农民汇成大队人马，大家左拉右拽热热闹闹往“小康”上奔。

党员管啥，只要是群众的事全都管，党员直接参与农民的生产生活，有啥事拿不准了，向党员“请示汇报”，这舵党员给拿，这难党员给担。党员做事党员当，就是损失，党员一拍胸脯，我扛了！党员之间以强带弱，党员群众之间“车头”带着“车轮”跑。

党员领着党员富。组建弱势党员联合体。支书王忠明及全体党员帮带李增昌、赵吉修、卢盛昶三名党员，自筹 1 万元，全体党员担保贷款，借款 2 万元，购成牛 10 头，党小组长李增昌饲养管理、义务放牧，赵吉修、卢盛昶解决冬夏饲草，各有分工。一年内，三户贫困党员人均增收1 000元，加之种植业收入，年末人均收入可达3 500元。

党员领着农民富。你说，高玉善傻不傻，哪有自己的钱往别人的腰包里揣的，傻透腔了，贫困户没钱，他跑村部跑政府，自己手戳一盖担保 2 万元。他去农场转悠几天，回来就圈拢农民养奶牛，让大家一块发，他有饲养技术，白给人家指导，大半时间为了人家，自己家弄的撇片的，他说，这就是党员；你说村支书王忠明傻不傻，村民每天 200 公斤的奶送不出去，他自己贷款买了奶车，天天免费，白烧油、白搭车、白搭工。大年初二送奶，与支委的党员轮班送。给王静环担保5 000元，到时候还不上，自己掏腰包。党员给穷得叮当响的林品发借款 2 万元，林品发购奶牛 4 头，一天产奶 100 公斤，一天 50 元的收入；王运国傻不傻，把自己 6 头黄牛赊给了贫困户吴宪忠，就顶借给6 000元不说，一年少收入3 000多元，这叫抢着吃亏。

一个比一个更“傻”。党员王维庆自己打欠条从亲戚家给黄玉龙借款 1 万元，非党积极分子郭义斌敢和党员比高低，自己出资 2 万元，买一套进口的挤奶设备，农民白用。他强烈要求入党好为农民多做事。党员王维庆和贫困户高广新、王振顺等 10 人组成联合体，“人合心、马合套”，王维庆和村党支部担保 3 万元,贫困户养牛 20 头。人均可增收1 000多元。

人们感悟:党员是舟,群众是水,水载舟行,舟水相依。

3. 变化"一大堆"。党支部在变化。富强村党支部由松散到集中,凝聚力、向心力、战斗力增强。村里有啥大事小情,指挥棒一指,前呼后应。农民白天没事到村委会坐一坐,看电教片、阅科技读本。村委会的门口原来是门可罗雀,现在都是一劲地涌,大家围着党支部转。党员用行动搭设了一个坚强的堡垒。

精神在变化。立足小村看长远,小家子气没了,个个大度,一整心绪与市场对接。工作怎样?尽和孔繁森、焦裕禄对比。

思想在变化。农民跳出了土地,以山牧羊、兴畜富农,种植业、养殖业"双赢"。

行动在变化。往年交农业税,村支部雇四轮车,喊十几个人,敲锣打鼓下户收税费,农民一听锣声,锁上门直溜。今秋都不同,戚喜才欠农业税费两年,主动拉粮顶税费,头一趟没够,又拉一趟,为什么转变这么快,他说,傻子过年看界壁儿,这东界壁西界壁都是党员;农民入党成了热门,21 人写了申请书要当党员;支部吸收郭义斌等有经济实力的农民入党,形成以后更大的帮带力量。以往村民盯着村务这本账三天两头查一查,生怕村干部"搂",这回一切放心。村委会一年还外欠 60 多万元;全村黄牛达2 000头,羊10 000只,奶牛 52 头。空荡的小村牛羊满山坡。以往丢鸡丢鸭丢狗,这回东西放外边,出门不锁门。你家的,他家的,都是大家的,党员和农民是一家。

小村几百户人家,从来没这么心和业兴,他们默契地生活着,他们一个姓"富强",一个目标一起奔小康,一句话抱成团儿。由此小村多了一处风景"北国春来早"。

(2004 年 5 月 4 日《鸡西日报》一版头条)

一路风景

——密山市创建旅游风景线纪实

兴凯湖旅游公路密山段全长90公里。

密山市长达一年举全市之力的整治，90公里的旅游公路路景一处处，开眼醉人心。

22块广告牌点缀。大型广告牌环路形成公益广告、经济广告、形象广告宣传带，"三富三快一联合"、"改善投资环境"的广告现出了密山市经济大发展、快发展的劲头和势头。

5 560延长米铁栅栏围护。路边、村边、户边用铁栅栏护村护院，绿栅栏、白栅栏与公路延行，与院落的红瓦房对应，村落十分规整。

90公里的绿化带镶边。公路两侧白杨、垂柳、松柏绿化带下，鲜花陪衬，绿色走廊通幽，蝶飞蜂拥，满目苍翠，目不暇接。

16块村标导游。村口显眼处、乡镇出口，沿路建成村标石碑。花岗岩的村、镇标石，正面为书法家书写的村名、乡名，背面雕刻村记，不规则的石标或立或卧，形态各异见奇，其书法与北大荒书法碑林呼应，成为又一道密山市书法景观。

300公里的村路直通。十几个村，路取直拓宽罩面，与公路岔口相接，打出乡村游、农家游的广告。

50栋欧式建筑林立。铁西村路两侧空地，涌起以欧式风格见长的三层小楼，一个造型，南北相对，白瓷砖挂面，红玻璃钢瓦盖，显示出密山口岸城市的特点及悠久的历史文化底蕴。

今日水泥公路与路边的破烂不堪反差，而今路边一村一景，走一路便是一路文化游、风景游、历史游、风光游。

兴凯湖旅游公路促动人们生产生活提速。

鼓口袋。新忠村支书李志告诉记者，今年，这个村彻底整治是第一次，户户铁栅栏一顺水，水石桥下石砌明排水，沙石路笔直，树成荫、花成团带来了商机。人多了，村民在路边叫卖，烂在地里的瓜果梨桃卖上了价，形成村边1里多地的市场；车多了，路好引来小商小贩。一天100多台小三轮收这收那，农民口袋渐鼓,更主要的是农民开了眼界,换了身份,30位农民走出土地也当上了经纪人。

富脑袋。解放村露天“卡拉OK”,新忠村露天舞厅,小桥边歌咏比赛,树荫下小康议事,让这单调的农民生活丰富了,精神上的“小康”生活成了庄稼院的一个部分;各村“十星级”家庭户评比踊跃,评选出村级“十星户”5 894户,乡级“十星户”1 532户,市级“十星户”782户。

活了路边。农民在路边做起了小买卖,围绕旅游、围绕公路、围绕游客摆上地摊,摆上大排档。人们走一路看一路风景,走一次逛一圈市场,上千名农民借路边、城边、村边发财。

旅游路的社会效益和经济效益的双重效益显示出来了,正是为了这些,密山市才下大力气“大动干戈”。人力:全市出动近万人,50个市级以上文明单位与10个乡镇19个村结成共建对子,包村包户包地段;物力:投入木材50万立方米、钢材18吨、水泥30吨、沙石料400立方米;财力:12个单位制作大型广告牌。农民出一点,村里补一点,政府投一点,共建单位掏一点,这四点办法整治投入资金近200万元。

(2005年9月5日《鸡西日报》二版头条)

放眼尽是春消息

——来自密山市关注“三农”的报道

残雪未尽，春天却至。今年春来早！

一眼望不到尽头的黑土地动感一片，满目欢颜。

又是一年备春耕，今春却不同。农民难掩心中的起伏。

中央“一号文件”像春风，顷刻间，吹开了“冻土层”。吹绿了山水，吹动了山庄，吹开了农家门。

农民神采飞扬，欣喜若狂。

农民架起“时空连线”，直接聆听党中央关注“三农”的声音。

电视是热点。新闻成了人们关注的黄金强档。太平乡农民张振发看新闻一天不落，这天，他开着小四轮，去城里买回备耕物资，晚 19 点到了离家1.5公里远的庄内村，他停车，迫不及待地推开了路边的农家，看完了《新闻联播》才走。

广播是热点。密山市一个商店一天卖了上百台收录机，购买的是农民。他们说，边听边录，听得过瘾解渴。

报纸是热点。小村落一百多户人家抢这几份报纸，杨木乡农民走上几十里，去乡政府借报纸、要报纸。新闻的大密度、大覆盖，“中央一号”传遍万户千家。

学习是热点。青年村将“一号文件”的要点印发宣传单，村干部上门送；育青村晚上开办了“新闻联播”，村委会将“一号文件”惠农的主要内容广播；裴德镇机关干部怀揣“一号文件”吃住农村，像宣传书，像播种机。

手机是热点。农民张放手机和弦音一响，同村的农民告诉他又有新政策了，短信不断，内容尽是“一号文件”。

农民感慨万千的是那无尽无休的一腔兴奋……

裴德村苗振亚说，一连串的富农政策，农民乐颠馅了，上至白发苍苍的老人，下至开裤裆的孩子，都咧嘴。

裴德镇 80 岁老人张玉山坐不住板凳，从古到今，“皇粮国税”哪有不交的，这回全免了，没白活。

农村喜人喜气,多喜临门,还有一喜那就是心界宽了,脑袋富了。

今年备春耕是农民百年不遇的。

抢土地。城里人和乡下人抢,本村人和本村人抢,外地人和本地人抢,抢晚了赶不上趟儿,头段日子,抢地抢"疯"了,这一抢"土地价值"疯涨。去年承包一亩土地60元,今年100元打不住。

农民会算账,一亩地减收农业税费21.5元,又直补10元,一亩地减少费用31.5元,就等于亩增收31.5元,干啥不抢。

一个城里人到青年村包地,白跑好几趟,农民贵贱没人往出包,可惜下手晚了。

青年村农民划拉周边855农场、二龙山林场、铁西林场的土地,青年村的土地达到了7.3万亩。

三组村民张福君动用民间资本6万元,到855农场包地500亩,如果按去年粮食价格加上直接补贴,今年收入15万元,一个小村包地100亩以上大户70户。

下岗工人张平,去年种地尝到了甜头,今年到兴凯湖农场包地1 000亩,举家务农。

抢农机具。农民们告诉记者,买农机具给补贴了,补贴标准30%。

密山市各大农机具市场,挤满了农民。

青年村5组农民胡保进心急,怕农机具涨价,"先斩后奏",花6 000元买了大型粉碎机养牛。发票叠好留着,等着补贴。农机一商店经理说,一天卖出四轮车200多台,出现了抢车风。平安村几天购买精量点播机200台。

抢家用电器。城乡电费同网同价,农民们全知道了,农民盼电降价,一盼几十年,盼到头了,家用电器进屋了,农民如是说。

一个青年村仅电费这一块能省多少钱,村支书告诉记者,700户农民省电费10多万元,又等于户均增收1 000元。两天时间青年村增加家用电器30多台。

同网同价这一喜讯传来,全村过年了,彩灯高挂,家家亮灯一宿,以示庆祝。

养牛户李怀宝用柴油粉碎机,油价比电价多,花了3 000元,更换一台电动粉碎机,"带电作业"。

抢种子。中央"一号文件"规定,国家重点产区农民的粮种给予补贴。哗啦一下子,密山市种子商店新进几车皮高油高蛋白大豆,几天工夫让农民兜底了。成车买,成吨买。

良种掀动了春耕生产,好政策搅热了农村生产生活。

兴水利。国家加大农村基础设施建设,抓住这一政策,青年村对裴德里河上游清淤进行勘测,架设裴德里河两座农用桥30万元,一纸报告打到了市委。

兴畜牧。为主辅大换位,农民们几家和伙,从内蒙古购奶牛,成车皮运,15个车皮的奶牛近日进村。

兴绿色。绿色白瓜、绿色水果、绿色水稻都在减免之内,密山市白瓜扩大20万亩,水果10万亩,水稻20万亩。

兴产业。兴凯镇、太平乡、富源乡农民动用资本,招商引资,兴工富农,开办农副产品加工厂20多家。

兴走出土地。农民两头富,走出去的富,留在家里头的也富。和平朝鲜族乡近日又借助就业局的平台,出韩国打工30人,去广州打工20人,土地流转本村的农民。

“一桥”飞架小康路,农民举杯话“桑麻”。

用中央“一号文件”备耕,备出了减负、备出了增收、备出了小康。黑土地的泥土正吱呀吱呀的开化,等待着播种。

(2004年4月8日《鸡西日报》二版)

天然石　生态路

——游蜂蜜山见闻

蜂蜜山在密山市境内，海拔578米。

传说，这里原本是一片海，地壳变迁而成山；山腰有一只几十吨重的船锚；几十万只蜜蜂在山顶安巢，蜂蜜顺着山石流淌汇成小溪；听守山的老人说，山里有几十万吨军火，是日本鬼子留下的；这里有非常之观，林木茂密，奇石兀立，骆驼峰、斧劈涧、仙人床、罗汉石、十字天、古栈道，鬼斧神工。

5月27日，带上神往，记者登山。林间隙道，崎岖盘旋，曲径通幽，山腰处，闻水声，如鸣佩环，心乐之；走一步，回首，显山之陡峭；仰视，古树倾斜，山巅近在头顶，这时号子声飘入耳边，路遇铺石阶的石匠。

小憩与工人搭讪。

"包工头"王福仁告诉记者，密山市去年投资200万元，修石阶250米。今年，刚化冻，就破土动工，50多名工人吃住山上，又修石阶200多米，还差400多米台阶没修完。

铺台阶的石头是花岗岩石，是从山脚下齐心石场采来的，石质坚硬，是少有的石料，工人说。石阶更见天然。石阶宽1.6米，弯弯曲曲，路绕树行，树环路转，有几颗老柞树就镶嵌在石阶中央。工人告诉记者，修台阶以保护植被为主，小心施工，没有损坏一枝一叶。工人打开话匣子，一问一答，啥时候竣工？10月前石阶通到山顶；山石、水泥如何搬运？近者，车运；远者，人背肩扛。几百斤的石头用木杠抬着上山。

可敬汗流浃背的工人。

据记者了解，密山市对蜂蜜山旅游景点进行了规划，将投资近千万元，对蜂蜜山的基础设施进行改造，三年后，蜂蜜山将对游人正式开放。

下山又见一景，几位女士向游人吆喝，"别把垃圾扔在山上"。随即，下山男女，手拎着方便袋，边下山边捡垃圾。大山感动了，古松传神，多俊俏；鸟儿捎话，鸟声啾啾，好一幅人与自然和谐图。

听修台阶的工人说，打开春，天天有登蜂蜜山的游人，双休日人多，有一些是单位或家庭组团登山，多则上千人。登山后，大多在山顶野餐。

未到盛夏，蜂蜜山旅游景点就热了，热在哪？热在历史、风景，更热在天然！

（2006 年 5 月 31 日《鸡西日报》一版）

秋景醉游人

走哇，看秋色去。秋游的人络绎不绝。

看万山红遍。10月15日，晴。200多人登蜂蜜山，拾阶而上山顶。完达山，山峦起伏，层林尽染。人们禁不住内心的喜悦，对着大山喊，声音在空旷的山谷回荡，回归自然的乐趣让游人乐此不疲。人们用相机、手机摄下大山的景色。牡丹江游客张志东告诉记者，蜂蜜山秋景胜似“九寨沟”，敢于黄山媲美。大多游人在山顶午餐，或与山对饮，或吟诗作赋。

看大田收割。游人路过田地，停下来。15日，白泡子乡劳动村路口，游人手捧着金黄的豆子，放在手心上，与农民分享秋的收获。哈尔滨游客李山拿过用来收割“边角”的镰刀，非要割割地，找找感觉。他告诉记者，他种地、割地都干过，看到农业机械化了，一顿感慨……

走黄金隧道。车行驶在公路上，窗外的景色格外迷人，一位游客说。路两侧白杨的金黄叶片，随风飘飘洒洒，地上是金，树上是金，满眼是金色。透过树隙看山，五花山的秋色，望不到尽头。

兴凯湖100多公里的湖岗，秋色更浓。这天，观赏湖岗秋色的人达400多人。二闸打鱼点的渔民告诉记者，今年，湖岗通了水泥路，双休日游人多了。湖岗物茂树奇，植被繁多。看紫色的野葡萄枝叶凌乱地挂在树间；看紫椴、旱柳、山杨、蒙古栎等古树的千姿百态；看不同颜色枫叶的飘动；看野鸡过道，看野鸭成群，听林间鸟语。走在左右两侧树梢相扣的湖岗上，色彩斑斓，曲径通幽。佳木斯市摄影爱好者组团拍摄，见景抓拍，拍摄百公里。一位游人告诉记者，秋天兴凯湖真美，不虚此行。

住农家旅馆。入秋以来，游人落脚农家院，吃住一体。15日，老侯婆饭庄车满院、人满屋，接待游人60多人。“巧嫂”任淑杰告诉记者，一打上秋，游人也没断流儿。一位游人告诉“巧嫂”，冬天还来看兴凯湖的千里冰封。

据了解，仅15日，看秋景的达1 000人之多。

（2006年10月17日《鸡西日报》一版）

开湖鱼上市

密山市蔬菜大市场南，有个百米鱼市儿，人称“湖鱼一条街”。

5月1日开湖，从第一网开湖鱼的一个多月，鱼市火了。

湖鱼一条街名声在外，哈尔滨、双鸭山、七台河等买湖鱼的人，都认准这条街。

湖鱼一条街顺脚，在东安大街北侧，一条直路，处繁华地段。

湖鱼多。大白鱼、二白、三白、麻鲢、鳡条、鲫鱼、嘎牙子、胖头、鳊花，记者从南数到北，40多种，还有不知名的；杂鱼也多，乌苏里江及界河的鱼，水库的鱼，河沟的野生鱼，颜色不同，大小不一，体形各异，这条街成了鱼的集散地。

早晨，天刚放亮，鱼市有了动静，几十辆三轮车卸鱼。

6月1日早4点，记者和小贩子拉话。小贩子说，到湖边鱼点儿买鱼是头一天下午4点多钟，买完鱼“冷处理”后，第二天到鱼市上开价。鱼贩子多吗？小贩子笑了，买鱼的人比鱼还多，买鱼靠关系，靠预订，否则，放空车。近的鱼点儿，小贩子包船，一口价，别人别想撬杠子。听小贩子说，湖边100多个打鱼点儿也挺热闹。

早晨，4点30分，鱼上来了，人也上来了，买鱼的、逛鱼市的，人推不开，搡不开，鱼市正热闹的时候。

市内几个鱼馆的老板来“抓”鱼，这一“抓”，掀起了鱼价。

嗬，这鱼，15公斤的大白鱼真稀罕人；20公斤的大胖头像小猪；一条25公斤的“鳡条”引来了人围观。

今天鱼价高。大白鱼1公斤180元，大胖头1公斤120元，兴凯湖大鲫鱼1公斤80元，嘎牙子1公斤40元，最便宜的是小麻鲢1公斤20元。价为啥高，小贩子说，昨日风大，下湖的船少；外地买鱼的人多。

正好一位哈尔滨市外贸局的买鱼，卖鱼人大方，抹抹零，4条大白鱼花7 200元。卖鱼人拿出一个白色硬塑箱子，用塑料布包好鱼，上面放些冰块，简易的保温箱保鲜，卖鱼人说。

记者观察，停在路边外地牌照的车有10多辆。

20元1公斤的小麻鲢抢手,三大堆,100多公斤,1个小时疯抢了。腌咸、晒干,炸麻鲢,一道特色菜。

近万公斤鱼,两个小时各走东西,卖鱼的口袋鼓了,买鱼的乐呵呵,买卖之间互动"双赢"。

记者一句话让卖鱼人给否了,这么多鱼啊。这鱼还多,你没看见多的时候。不知怎么,鱼一年比一年少,放空船,放空车的时候也不少。

记者思忖:兴凯湖那么大水域,鱼为什么年年渐少……

(2006年6月3日《鸡西日报》一版　2006年6月15日《中国水产报》二版头条)

兴凯湖畔“白洋淀”

——国家地质公园兴凯湖湿地见闻

国家地质公园兴凯湖，卧居在北大荒。

荒凉、湖泊、沼泽、湿地成为兴凯湖主要地质遗迹。

湿地，成为人们休闲、度假、养生的新向往。

走进兴凯湖湿地，走进了芦苇荡。

小兴凯湖西口，被湖水分割出5 000多亩的苇塘，称之“西大泡子”；湖南口，被柳树、茅草分割出7 000多亩的苇塘，称之“南大泡子”；湖东北口，一处漫岗分割出3.8万亩的苇塘，称之“东北泡子”，三处泡子的苇草茂密区与白鱼滩、新开流、八里洼等苇塘首尾相接，形成了湖周围180 公里、30 多万亩浩大的兴凯湖芦苇资源。苇草生长在湖边浅水区，串根生长，苇草丛生，一堆一片，密得隆起像山。

走进兴凯湖湿地，走进了原生态。

草木繁茂。柞树、曲柳、核桃松、紫穗槐……龙胆草、苍耳、乌拉草、修氏草……这些稀贵植物，奇形怪状；鸳鸯、苍鹭等水陆鸟类繁多；荷花，菱角等水中的浮萍遍及湖中，湿地水茂草丰，湿地地大物博。

走进兴凯湖湿地，看神奇。

苇草游动。十几处湖边飘筏上的芦苇，随风飘动，在湖中栖息，在风中摇曳，是一道流动的湿地风景线……

睡莲谱曲。盛夏时节，小兴凯湖中央几十片水上的睡莲绽放了，黄花浮在水面，波纹道道，起伏上下，像一道道五线谱，风吹草和的乐曲从湿地传出……

栈桥通幽。兴凯湖湿地壮观之景之最是芦苇荡。为了让人们尽览小兴凯湖芦苇风景，兴凯湖管委会在西大泡子入口，在芦苇丛中筑起2 800延长米湿地栈桥，栈桥九曲直达湖中心。栈桥上分布着将军亭、观鸟亭、沉鱼亭、落雁亭……桥左、亭右被芦苇拥簇，站湿地栈桥上，鸟瞰芦苇拔节，看鸟儿衔草筑巢，看蜻蜓荡打秋千，看长脖子老等叼鱼，看鸬鹚、白骨顶、白鹭凌空，看得目不暇给，看得心襟开阔……

划船赏景。新开流码头开船了，大小船十几只，游人赛龙舟，小船在芦苇荡中穿行，深入湿地中间，用手触摸水中的菱角，摘片苇叶，吹响口哨，在芦苇中藏猫儿……令人愉悦的游憩活动让游人兴致淋漓。

沙雕点缀。黑龙江省2009年中俄兴凯湖沙雕艺术大赛，鸡西市第二届养生度假旅游节在兴凯湖揭幕。以兴凯湖湿地为背景的几十座沙雕矗立在兴凯湖岸边。黑龙与白龙的传说、东方神鹰的猎猛等沙雕，在湿地中孕育而出，传承着兴凯湖远古的文明。

走进兴凯湖湿地，听故事。

每一处景点，一段传说，一段故事。

兴凯湖水产养殖场书记王克说，到兴凯湖湿地赏芦苇，要到10月份，是芦花、蒲棒扬花飘絮的季节，一眼望去，芦花像雪片、像棉絮，在空中洋洋洒洒，飘落在湖面上，飘落在游人的身上，就是降下几分吉祥。那时，看芦苇飘花的游人多了起来。人们站在岸边，触景生情，这就是兴凯湖畔的“白洋淀”！

兴凯湖村一位老人说，兴凯湖湿地边上有几处日伪时期留下的“炮楼子”遗址，老人听他的爹说，日本兵曾在这里驻扎过，岸边的渔民为了抗日，在芦苇荡里与小日本鬼子打过游击战，由此推断，这就是兴凯湖畔的“沙家浜”！

走进兴凯湖湿地，生敬意。

兴凯湖湿地以其胸怀哺育了生灵。她让动植物在这里安居乐业；她让地貌、气候、水质那么原始；她让人们可持续利用。以芦苇为原料年产10万吨的省级造纸龙头，北大荒纸业崛起在兴凯湖畔；兴凯湖鱼虾成了人们的绿色大餐……

游人对兴凯湖湿地留下感怀：美哉！壮哉！胜景一处。

打开“兴凯湖网页”，游人的游记，诗歌，散文，感慨与湿地照片挂在网上，兴凯湖湿地在时空中传播。

据了解，重游兴凯湖湿地看“白洋淀”，听“沙家浜”的游人达万人以上，兴凯湖年接待游人达18万人次。

（2009年7月23日《鸡西日报》二版）

公路三千里筑强经济圈

——密山市农村公路建设纪实

从2006年开始,密山市农村公路建设进入实战、决战阶段。

江西赣州路桥公司及省内外38家施工单位,5 000多人,1 200多台筑路机械,1万多农民"南征北战",建设在农村公路的主战场上。

38个拌和场,53个石场、沙场、水泥厂分布在村边、山边、路边,拌和场总占地22.8万平方米,最大的料场储存原材料15万立方米。

历经4年,密山市农村公路纵横东西南北。接轨俄罗斯;贯穿中俄边境线;合拢大通道;辐射周边地区。

完成总投资6.18亿元,建设各级公路1 703公里,建设农村公路178条1 589公里。

消灭了瓶颈路、尽头路、泥水路、老少边贫路。

公路通到最远的村屯,裴德镇红岭村76公里;通到最远的林场,三道岭林场70公里;通到最远的煤矿,密山矿一井二斜井口50余公里;通到最远的农场,兴凯湖农场90余公里;通到最远的山沟沟小学,新村小学45公里;通到最远的驻军某部,龙王庙六连110公里。

密山市公路建设总指挥,密山市市长盘点公路建设积攒的成果:

密山市16个乡镇全部实现"乡乡通";154个行政村全部实现"村村通";5个国营农场、10个国有林场全部实现"场场通";10个旅游景区全部实现"条条通";98个村实现"组组通";33个村实现"户户通";9个矿井实现"井井通"。密山市在黑龙江省率先实现了"乡乡通"、"场场通"。

2006年10月,全省农村公路建设现场会在密山市召开;2009年6月,省公路局公路建设"三年决战"推进会在密山市召开;密山市农村公路建设资金投入、建设里程、建设速度"三个之最",列全省农村公路建设的首位;密山市连续3年被省委、省政府授予"全省农村公路建设先进市"。

178条农村公路,受益人数达44万人。

178条农村公路,成为为民路,成为和谐路。

178条农村公路,成为资源路、开放路、致富路、振兴路、发展路。

178 条农村公路，成为助跑密山市经济发展的经济走廊。

178 条农村公路，涌动出一个又一个经济增长点。

1 589公里农村路，推动“三农”。

农民用掩饰不住内心的喜悦描述农村公路，农村公路让每亩耕地降低生产成本 15 元，土地增值多少这是一本“天账”。这是信息路，这是增收路，这是幸福路，这是直通农民兄弟家门口的“农村高速”。

4 000多位农民换脑子，换身份，买车收粮，拼缝。

白泡子乡农民张光亮说，过去烟叶落上厚厚一层灰，烟叶卖不上等，通了公路，烤烟叶大叶肥，每公斤多卖 1 元。

富源乡富国村农民李金福说，我们这个村是个路障村。车开不进来，粮卖不出去，路通了，粮食在田间地头就卖了；裴德镇青年村农民李怀勇说，公路建成后，上海、河北等外地客商直接在村里设点收购。

农村公路修到的地方农民栽树，建房，修边沟，建设新农村，公路承载着车流，人流，物流，资金流流向农村，农村动了，活了，火了，农村和“外面”近了。

48 公里矿山路，增加税收。

珠山煤矿离密山市 53 公里，山路崎岖，大坑大辙，拉煤的车动辄扔进沟里。原煤憋在山里头。密山市委、市政府决定，用公路换资源，用资源换能源。投资 300 多万元，修矿山路两条 48 公里，公路在山间盘旋，直通珠山煤矿、金源煤矿、双密银河煤矿、战麒金沙煤矿、密山煤矿一井二斜等 9 个井口。

珠山煤矿副矿长樊新维告诉记者，珠山路让司机闹心、头痛。30 公里的路，拉煤车要走一天，掉进沟里说不上几天，原煤积压多达 1 万多吨。今年 10 月 1 日通上了水泥路，大平头排上了长龙，1 个月时间运出原煤3 000多吨，原煤紧张了，大车两天排一个号，运费低了，煤好卖了。密山市副市长告诉记者，一个月运出原煤 1 万多吨，增加税收 400 万元，2010 年，预计运出原煤 60 万吨，增加税收将达3 000万元。

185 公里的旅游路，吸引游人。

密山市为了打造旅游强市，建成 500 多公里环兴凯湖，绕蜂蜜山等 10 大景区旅游路。

新增白泡子乡湖沿村，兴凯湖乡兴凯湖村等 100 多户农家游。

2009 年，接待国内外游客 150 万人，比修路前增加 50 万人，旅游收入增加 1 亿多元。

52.6 公里林场路，催生产业。

密山市林业局局长告诉记者，通向山区的 9 个国有林场，1 个苗圃，原是沙石路，下雨天，一条路将山内山外隔开，投资2 655万元，建成了10 个社会主义新林区。

珠山林场这个“天山鸟飞绝”的地带，原来走一趟大约两个多小时，这回缩短到 45 分钟。1 800立方米的木材运出了山，销售收入2.7万元；生产“森缘”山泉水每吨运费降低 10 元，每年运费节约3.5万元，2009 年 10 月 1 日公路竣工，多运出山泉水 500 吨，增加产值 56 万元。

133 公里农场路，优势互补。

密山市与农垦牡丹江分局场市共建，从建路开始。国有投入2 261万元，密山市出资2 520万元，农场出资 970 万元，建 855 农场、857 农场、8510 农场、双峰农场 8 条农场路 133 公里。路为媒，地方与管局融洽；路为弦，弹出了“家和万事兴”的乐曲。

2007 年，场市共建农场 4 连公路 2 公里；2008 年，场市共建双峰农场 2 连、3 连公路7.4公里；2009 年，场市共建牡丹江农垦分局现代化牧场公路3.2公里；共建 5 公里裴德镇至双峰农场山里坳公路。近 4 年，场市共建公路投资5 750万元。

5.2 公里畜牧路，通到了密山市种畜场，种畜场借助交通上的便利，投资120 万元筹建密山市梅花鹿繁育改良基地。

38.7 公里边防路，通到了百公里外的龙王庙哨所，公路强军，筑牢了中俄边境线。

密山市交通局局长刘景云告诉记者，密山市农村公路建设感动了“上级”，承担起省委、省政府的 26 项重点公路建设项目之一，省道富密公路宝清至密山段全长 114 公里，投资2.9亿的公路建设，明年 10 月竣工通车。密山市公路建设比“十一五”计划提前两年完成任务。

（2009 年 11 月 30 日《鸡西日报》一版头条）

含笑迁新居　含泪谢党恩

——密山市实施“贫者有其居”民心工程纪实

为了低保户，为了贫困户，为了他们能够住上房，住起房，密山市历经两年，打响了一场关乎民生的“贫者有其居”攻坚战。

一些农民告别了泥草房，危级房，漏雨房，“下井”房，棚户区。

他们的期待成为现实，圆了几辈子的住房梦。

他们“满载”着关怀，走在充满希望的大道上，嘴角哼哼出“共产党好”……

一场泥草房革命在农村开始，扒掉3 390栋泥草房，拆除面积18.6万平方米，新建“砖瓦化”3 390栋，新建面积28.4万平方米。

据统计，密山市154个村泥草房达几千栋，这些泥草房大多是泥草结构，破、旧、乱，成为新农村的反差。

新农村建设先建设泥草房。

国家、省、市投资8 760万元，作为泥草房改造资金，对农村泥草房拆、扒、建。

农民抓住这一政策，顺势而上。

兴凯湖乡把农村泥草房拉出名单，一户一户“推敲”，一时间，农民扒房子、打地基、上房梁，扒掉泥草房537栋，建“砖瓦化”540栋。

马家岗村四组朱云财说，今年是个幸福年，这幸福雨真的下到了俺头上……

朱云财的房子在兴凯湖旅游公路北侧，这是爷爷住过的老屋，他一住几十年，房顶的苔藓告诉人们这房子的历史，又破、又冷、又漏。

想扒掉翻盖，就是差钱儿。省、市投入2.3万元，补了他盖房子的缺口。在省、市、乡三位一体的支持下，建起了一栋180平方米的“砖瓦化”。

白瓷砖挂面，绿瓦盖，基础高出地面一米的大房子十分显眼。它成为农村“泥草房改革”的建设性标志。

同村农民刘志平、葛运朴也“申请”，“报告”批下来了，每户给2.3万元，刘志平建房140平方米；葛运朴建房60平方米。挂锄的时候，农民扒房、建房，一入冬住进了新房。

太平乡庄内村是省级贫困村，又是新农村建设推进村，这个村从改造泥草房上推进新农村建设。

2008 年，扒掉泥草房 35 栋；2009 年，扒掉泥草房 26 栋，三年间，扒完了泥草房，消灭了泥草房。人均住房均是“砖瓦化”。

“泥草房革命”仍在继续。2010 年将扒掉泥草房 220 栋，建“砖瓦化”220 栋。

“泥草房革命”从农村到城市，一场“住房翻身仗”开始了，建经济适用房 3.6万平方米，600 多贫困户有了房产证；建廉租房 32 套，32 户低保户有了居住权。

密山市副市长告诉记者，经济适用房的分配严格执行经济适用房的标准，符合本市城镇户口、无房户、收入 2 万元以下的困难户，“三查两审一公示”后，一些“真实的”困难户住上了楼。

建设经济适用房，政府主动“埋单”。出资、减免、降低收费，以降低楼房的整体造价。

密山市四街二委齐宝玉，这位 36 岁身体残疾的下岗工人，他说，摇号那天，真是太突然了，“中奖了”，“中”了一套 3 层 60 平方米的房子，每平方米1 395 元，房子价格为9.2万元，与市场价每平方米差 805 元，这栋房子少花4.8万元。

他说，这锅盖大的雨点降到了俺的头上，满腹感谢的话说的太多了……

密山镇二街十委居民薄力分得一套 6 层 57 平方米的房子，少花4.5万元。他的“感慨”，令人心酸。

他说，夫妻双双下岗，爱人患眩晕症，从结婚，就租房，搬家 21 次，租房 20 年。

有了属于自己的房子，两口子一宿没睡觉，这是真的吗？几天转不过这弯儿。

2010 年，密山市将开发经济适用房 3.1 万平方米，增加廉租房 50 户。

“泥草房革命”，“住房翻身仗”又引发了一场“城市大建设”。2008 年，10 多位本地、外地房地产开发商强强联合投资 2 亿元，改造棚户区21.6万平方米，2009 年，投资1.2亿元，改造棚户区9.8万平方米。

密山市建设局局长王国忠告诉记者，近两年，密山市将招商引资扩大到房地产开发商上，以棚户区改造招商，共引资3.2亿元，建 21 栋商品楼，4 850户居民迁入新楼。

棚户区改造工程最大的当属密山市新城小区，开发面积 22 万平方米，密山市第一个 21 层高层拔地而起。

同心家园小区，投资2亿元，开发面积2.8万平方米，432户居民入住。

中韩家园小区开发面积1.6万平方米；平安家园小区开发面积2万平方米；荣恒二号小区开发面积4.6万平方米。

一座座楼群高低错落，造型各异，增加了密山市城市的韵味。走进由绥芬河凯莱房地产开发公司开发建设的馨源小区，温馨的感觉扑面，徜徉在甬路间，仿佛走进了安居乐园。

开发商丁艳玲说，馨源小区一期、二期工程建楼15栋，建筑面积10万平方米入住1 500户。

密山市这个最大、最破的棚户区被改造成为馨源楼区，一些动迁户破房换新楼，住上了花园小区，享受着温馨带来的愉悦。

小区绿地3 300平方米，庭院灯20多盏，各种灌木100多株，电子探头30多个，健身器械40多种。乐园、长寿园、休闲亭别样，刷卡进出，小区夜如白昼。

高档、文明的小区与原来密密麻麻、乱七八糟的棚户区一比，一个破败一个漂亮，一个天上一个地下。一位居民说。

2010年，密山市将再改造棚户区24万平方米，又将有4 000多户市民，迎来乔迁之喜。

（2009年12月30日《鸡西日报》一版）

走进卡缅　握手海参崴　驻扎莫斯科

对俄贸易“一脚踏着两只船”

——密山市外经贸工作纪实

2009年11月,正值中俄运输车队奔驰的时候,一场30年不遇的大雪,30年不遇的低温,阻断了中俄边境线上近500多公里的贸易路……

大雪阻不住中俄的往来;低温冻不住中俄的热情……

中俄千里“盟约”:联合扫除中俄贸易路上的雪阻……

中方、俄方动用大型推雪机,一同从各自的城市出发,24小时推雪,三天时间,中俄清雪的人马在密山口岸“接头”,路通那一刻,他们用不同的手势和呼喊声,以示祝贺。打通了一条白雪覆盖着的中俄贸易走廊……

雪片、烟炮儿中的车队,又在卷起几十米的雪埃中穿梭……

据海关统计,虽是逢节日,逢大雪,但是口岸过货仍在继续。每天仍有3~5多辆俄罗斯大卡出入境,20多名游客出入境。

密山市商务局局长告诉记者,密山市对俄贸易形成三点一线。以口岸为门槛,以密山市为始发站,对俄贸易一脚踏着中国,一脚踏进卡缅、海参崴、辐射莫斯科。

密山市成为俄罗斯的百货,建筑装潢材料、大米等出口基地。

俄罗斯卡缅等三座城市成为有色金属、木材等进口基地。

40多家从事中俄贸易的老板在中俄贸易路上巡回买卖。

中国“莫斯科太平洋”国际旅行社驻扎在莫斯科,为经贸团体提供信息,为旅游团体提供便利。

密山市商务局一份报告显示:印有中俄文字的黑龙江金达利塑料制品有限公司生产的塑料编织袋销往莫斯科周边的部分码头、港口。

密山市龙冠经济贸易有限公司出口玻璃,进出口贸易额520.80万美元;密山市天瑞经济贸易有限公司出口日用百货商品,进出口贸易额2 281.62万美元;鸡西兴凯土特产品有限公司、黑龙江新华新食品有限公司出口白瓜子,实现贸易额845.57万美元;密山市金丰经贸有限公司出口建筑材料,实现贸易额1 334.01万美元;密山市润达经贸有限公司进口有色金属等,实现贸易额131.89

万美元。

密山市又以口岸招商，引大财团，大企业进驻口岸。2009 年，黑龙江省邦诚有限公司等 5 家公司在密山市注册、周转、进口、出口、纳税。

十几家旅行社发传单，打广告，推出七日游，十日游；密山市同俄卡缅政府劳务合作，向俄输出农民工 30 人，承租俄土地 500 公顷。

百亿超市、家家乐超市、东粮商厦、大世界商城等大型商城对俄开业；钢材、建材大市场建设主体完工；星光外贸园区大通道开始启动，形成了对俄贸易的强“磁场”。

密山市政府工作报告，记载着密山市对俄贸易的新高。

2007 年，外经贸企业 37 家，出入境旅客 27.6 万人次，进出口贸易额1.8亿美元，创进出口货物量鸡西第一，增幅全省第一。

2008 年，外经贸企业 48 家，出入境人数 27.6 万人次，进出口贸易额3.7亿美元，进出口贸易额翻了一番，增幅再创全省第一。

2009 年，密山口岸在金融危机的形势下，逆势而上。

密山市外经贸企业达 47 家，加工型企业 6 家，年进出口贸易额超亿美元 1 家，千万美元 3 家。

出入境人数 2.1 万人次，进出口货物 2.4 万吨，进出口贸易额2.5亿美元。再列鸡西地区之首。

从事对俄贸易的卡旺等俄罗斯三家企业，成为俄罗斯、海参崴出口垄断企业。

密山市对俄贸易形成了互动发展、增长的“俄罗斯中国年”，“中国俄罗斯年”。

密山市委、市政府决定，在元宵佳节到来之际，向俄罗斯发出请柬，诚心特邀俄罗斯政府官员，贸易企业来密山市，第三次和密山人过中国年。

双方将第三次握手，将第三次大开贸易大门，将第三次增加贸易种类，将第三次渐进式拓宽俄方贸易城市，将第三次延长中俄贸易里程……

（2010 年 1 月 14 日《鸡西日报》一版）

旅游公路打造“金项链”

——密山市旅游公路拉动经济增长纪实

密山市农村公路建设带动旅游公路建设。

截至2009年10月，密山市11条229.2公里旅游公路贯通密山市10大景区，40个村屯，3个企业工业园，鸡西市等6个市县。

哈市一位山水田园诗人“黑水”金秋时节来密山市采风，站在山顶，瞭望山峦、漫岗、湖泊中穿行的旅游公路，大胆地形容：这有起点没有终点的旅游公路，在秋的点缀下，像一条“金项链”……

这个形象的比喻，诠释出密山市旅游公路产生的拉动力。

记者在密山市交通局了解到：近三年，是密山市农村公路建设实战的三年，是密山市旅游公路决战的三年。

密山市公路建设实现“两个轮子”一起转。一个“轮子”是提速农村公路；一个“轮子”是提质旅游公路，建设旅游公路229.2公里。

54公里密兴公路通兴凯湖；34公里密当公路通当壁镇、密山口岸、王震将军纪念馆；33公里潘当公路通白泡子乡湖岸度假区；8公里蜂蜜山公路通蜂蜜山脚下、兴凯湖岸边；40公里公路通兴凯湖乡、白泡子乡；6.5公里公路通青年水库、北大荒书法长廊；40公里公路通铁西森林公园；4公里公路通荷香园……

旅游公路将诸多旅游景点连成线、编成网、形成面。

旅游公路建设质量第一。提级，5条公路由4级提至3级，2条公路由3级提至2级；加宽，3条公路路面由6米加宽到9米。

旅游公路建成，消灭了远的景区没有路，没人来；消灭了近的景区山路、土路、泥路，少有人来的历史。

顺路走进“蜂巢”。蜂蜜山是密山市的名山，因蜜蜂产蜜顺着山崖流淌而得名，山顶几块巨石上的蜂巢，藏在深山。游人多了，人们新的发现，这蜂巢或长或圆，或深或浅，稀奇古怪，一块石头让蜜蜂“雕刻”出几千个密密麻麻、坑坑洼洼的蜂巢。

“蜂巢”这张名片让人们蜂拥而至，看蜜蜂空中衔蜜筑蜂巢。蜂巢成了蜂蜜山新的景色。2009年，5万多人登山。

顺路走进自然。铁西森林公园是密山市“原始森林”，因路远，路破，人迹罕至。而今，人们去铁西森林公园看树梢上随风摇曳的鸟窝，看完达山脉的原始生态林。2009 年，2 万多人游森林。

顺路走进科技园。走百里湖岗公路的尽头是北大荒纸业，人们看苇草造纸的工艺，看现代化工厂的气派；走“东北大”看农业资源转化；走金达利塑业，看资源再生。2009 年，走进工业科技园区游人 2 万多人。

“北大荒纸业”纸张从百里湖岗旅游公路运出；“东北大”大米从密兴旅游公路走出去……

兴凯湖乡、白泡子乡等 4 个乡镇的农副产品，借助旅游公路，运出农村……

人们抓住旅游的人流，建货栈、卖山货、开农家游……

旅游公路连通了宝地，挖掘了资源，开采了“金矿”。

过去，密山市旅游收入 1 亿元，通上了旅游公路后，旅游收入达5.1亿元；旅游公路边上的企业税收、利润实现双增长。

眼见为实。想象、回味“黑水”的比喻，用旅游公路相接零散的旅游胜地、资源产地，经神工鬼斧后，打造了一条条“金项链”。

（2009 年 12 月 21 日《鸡西日报》二版头条）

『三农』篇

在中共中央『一号文件』的助推下，密山市『三农』建设迎来了历史上的丰收，一个又一个新闻点在田埂上破土而出……

山水画　合心曲　小康图

密山市六个省级文明村，农村一处耀眼的风景儿。

“雨水”润物，万象萌动的季节，记者走进文明村，远看村庄布局，近看住房村路，再看钱袋子、粮囤子、菜篮子，看罢，满目是新农村的缩影。

果飘香，牛撒欢，一幅山水画

山顶松柏戴帽，山坡果树缠腰，山脚粮菜丰茂，树边砖房成行，水边牛羊成群，这就是杨木乡育青村。

育青村的农民过上了“小康”，人均收入达5 000元，是大山解放了生产力。

不再满足土里刨食填饱肚子现状的农民在山上栽果树，扣棚桃，庙岭山的弯曲小路成了笔直的康庄大道。

记者上山，正值桃树大喷开花，花香浓郁，弥漫大山。给桃树洒水的农民宋振清告诉记者，这是“王母娘娘蟠桃”，树上结满钱串子，亩收入2.5万元；葡萄是新疆“贝达葡萄”，亩收入3 000元；西香瓜是东北少有的“真甜”，亩收入 2 万元。一个生态园，年收入 200 多万元。

借山地气候，沟壑草原，农民建一个“天然牧场”，养牛2 000头。田园牧歌一声追一声，在山谷回音。

临金银库林场、856 农场，大包土地，1 000亩“大白板”换来了8 000张“大白边儿”。

这里的农民收入，以万元为起点。

生产大发展，小康大提速。3 户农民买轿车，10 户农民买电脑；15 户农民买大拖拉、大联合；安上路灯、吃上自来水、住上砖房，还有沉了多少年大把大把的存折。

村内外，青山绵延，野鸡进院，布谷鸣春，炊烟袅袅；果园、花园、牧园、田园，育青村满园春色。

小石桥，功德碑，一首合心曲

小桥、大桥都是石桥；村路、户路都是沙石路；柳树、垂榆都是风景树，这就是杨木乡金星村。

金星村的农民户户挂上“金星”，资本是“地大物博”、笨猪满圈、山鸡满架，人均收入达4 500元，生活富足的村庄孕育着浓浓的村风。

景观之一，进村是金星村党支部修的防洪防涝利民大桥。管志进，村里的文化人，把村民的心声刻在石桥上，用“历史背景”嘱予后人以记之。40多座桥，桥桥都有一个吉祥的桥名。连心桥、功德桥、致富桥、农牧并进桥、步步登高桥、风景如画桥、锦上添花桥、荷塘月色桥等等，桥的侧面刻上一张张花鸟鱼虫、竹林、草原等生态图。乡村文化随处可见。

景观之二，村路两侧红砖竖立路边，多少户村民就是多少块红砖，砖上刻写村民的名。砖与砖之间的路，村民负责铺路和管护，一段段形成对比，“自扫门前雪”已成了村民讲卫生、爱干净的自觉行为。

景观之三，村民的小院，门口的花园，与家对应的路，是村民分担区。埋汰一点，按村规民约的“法规”办。家禽圈养。一日，一鸡上道，村长王江一棍子打死，摆在路边，谁家的谁认领，罚款30元，原来是弟弟家的，自己的刀削了自己的把儿。这些土办法让那些不守规矩的人没辙了。

金星村已是小桥流水；和气、合心的家园。

大住房，星满墙，一张“小康”图

大院套、大门脸，进门登台阶，房子像阁楼；沙石路、铁栅栏、石砌明排……这就是连珠山镇新忠村。

村妇女主任徐晓春告诉记者，连珠山镇新忠村是省级文明村标兵，是文化部、全国妇联“美德活动”在农家示范村。村里妇女参加了“十星级”美德家庭评比，涌现出了政治星、小康星、诚信星、美德星、卫生星、教子星、学习星、守法星等星级户200多户；干净一条街4条；干净农户300多户。

走进村顺脚、顺眼、顺心。孙忠艳家门上挂着卫生标准户、五好家庭户、共产党员户三块“奖牌”，112平方米的大房子，水泥院、防盗门，进屋换鞋，墙是保温的，地是地热的，大理石灶台，电磁炉，大吊柜，一日三擦，一看就是过日子的人。

记者发现主人用塑料袋子缝合的大布兜抱柴草，主人说，这样不拉拉，家家都用上了“专利”。

人均收入4 500元的新忠村富在农家、美在农家、乐在农家。雪地大秧歌、乡村大舞台发出了建设新农村的动员令。

洁净、美观、祥和的新忠村折射了文明村的精神风貌。

二人班乡爱国村，人称花园村；黑台镇共裕村，人称山庄别墅村。六个省级文明村，风景各异，独具匠心。在文明村引领下，全市涌现出64个鸡西市级文明村；在文明村引领下，建设新农村出现了东西南北“大比拼”的好势头。

（2006年3月21日《黑龙江日报》二版头条）

流动超市进乡入村

——密山市实施“万村千乡市场工程”纪实

【新闻背景】“万村千乡市场工程”是继“一免两补”之后，商务部实施的惠农工程。建立上连厂家、商家，下连农家的“流动超市”。形成市、乡、村三级连锁配送网络。把市场搬到农民的家门口，让农民足不出村闯市场，让农民享受到城乡同类商品同价。便利农民，让利农民。

（一）

2006年3月，密山市被列为“万村千乡市场工程”试点市。密山市供销合作社成为领办、创办单位。

转眼一年，密山市“万村千乡市场工程”由点及面，由近及远，由小到大，117个农资超市，143个日用消费品超市遍及154个村，连接6万多农户。

富源乡富民村、杨木乡兴安村、裴德镇红岩村等15个偏远村屯有了“超市”，二人班乡新星村等10个贫困村有了“超市”。

“万村千乡市场工程”为农村添上一道新风景。

新观念。农民不出村，领着妻儿逛“商场”，城里人吃的，用的东西，摆在了超市架子上。开架售货，电脑结算，开了眼界。

新消费。农民不出村，和城里人一样消费。各类小食品成了大人、孩子的牙祭，肥皂、洗衣粉、方便面等一些生活用品，品种齐全，货真价高的“精品”进了农村。

新时尚。农民不出村，备春耕。农资超市超标准，除了农药化肥之外，还代售种子、农膜等，农民买春耕物资不再张张罗罗的大小车辆了，而是缺啥少啥，现抓都赶趟儿。

新景观。农村“超市”这一新兴事物点缀农村，达到墙白、地白、棚白、灯亮“三白一亮”标准，取代了小卖部，小食杂店。牌子显眼。一顺水的牌匾，一样的标志，走进“超市”，就像走进了商品大世界。黑台镇北方日用品农家店处在镇中心地带。这个“超市”与城里超市一个“模子”。“两大一多”构建了大超市格局。牌子大。十几平方米长方形大牌子挂在大门上,超市临路,更加引人注目;面积大。“超市”面积300多平方米、库房1 000多平方米;库存商品储备多,2 000多个品种,100多万元的商品满足供应。

市供销社主任成善军告诉记者,260个超市都够“条件”,这条件指环境、面积、库存、价格、服务。一个个指导、一个个验收,合格一家,开张一家。

(二)

大型配送中心与农家超市“连锁”。

密山市金大地生资公司是农家生资超市物流配送主渠道。大库存。中农磷酸二铵等各种化肥、农药100多种,占地1.1万平方米的库房满满的;大物流。117个农家生资超市与这个配送中心“加盟”。送货的车排成队,每天几百吨的货送往农村。金大地生资公司经理周君告诉记者,近一周,下摆农家生资超市3 000多吨化肥,农民开四轮车进城买化肥的很少见。

密山市供销商场日用消费品配送中心直供全市100多家农村日用消费品超市。业务人员巡回农村,3台货车“吃紧”,订货、催货电话“告急”。不得以加车,不得以扩大库存。

由一级配送“派生”出二级配送,黑台北方日用品农资超市又与村级超市挂钩,每年,给30多个村级超市送货达几百万元。

配送直接,配送及时,配送齐全。配送中心与农家超市“连锁”后,农家超市出现了“六统一”,统一标志、统一采购、统一配套、统一管理、统一价格、统一服务。

(三)

农家超市解决了农民买难。过去,偏远村的小卖部十分“传统”,只卖一些柴米油盐,城里一些稀奇古怪的商品稀少,缺东少西,影响了农民生活质量。

农家超市还要解决卖难。凭借“万村千乡”这一稳定、巩固、扩散的网络,要挖掘一网多能的作用,利用协会把农民的农副产品收上来,统一加工、统一品牌、统一销售。

农家超市,改变了农村消费不方便,消费不安全,消费不实惠的现状。

近日,记者在杨木乡兴安村看到,农民育秧苗,出了门,上了道,走十几米,买2袋化肥,农民说,方便多了;农家超市杜绝假冒伪劣。近一年,未发生一起农资坑农害农现象;农家超市商品城乡一价。记者在农家超市记下15种商品价格,与城里超市比较,同品牌商品价格一样一样的。

农家超市给农民减负。白泡子乡一位农民算账,往年买化肥、农药愁够呛。多者,进城;零星的,也得进城,误工、误事,还搭费用。到城里雇车一次运费60元,加上车费,饭费,一趟多花70多元,今年买化肥省了100多元,里里外外是170元的账。

农家超市促农增收。新治村农家超市,由小卖店扩建而成,面积增加到300平方米,品种由原来60多种增加到1 000多种,注重薄利多销,销售额由原来每天80多元增加到300多元。

走农家超市,看到了农民为之高兴的笑脸,还听到不少佳话。

市领导和供销合作社领导走农户"踩点"、"蹲点"、"试点",为了6万农户的利益,他们劳顿了一整年。

(2007年3月19日《鸡西日报》二版头条 2007年3月21日《农民日报》二版)

万顷田野一片金

——密山市机械化村秋收生产见闻

稻海涌金，豆浪簇银，玉米抱双穗……

田地边，张成山老汉难掩内心的起伏，今年雨水均匀，又赶上“自老山”，是个十成年。

近几天，天气晴好，在农村所及的是一道秋收特别的风景。

“康拜”撒欢，“拖拉”奔跑，农民欢歌。从田间地头到农家小院，是一条秋收流水线，是一条增产增收产业链儿。

“康拜”唱起丰收歌

大坝山下收割忙。

青年村卧在大坝山下，被山环绕。山下两台“约翰迪尔”大型联合收割机吞下站秆的黄豆，几里地的垄头，一溜烟儿打个来回儿。

刷刷刷、轰隆隆，这富有节奏感的声音在村边响起，在山谷回声，一首丰收的曲子回响在人们的心头。

和永成村长手指着“康拜”道白：好天儿、好政策、好年景。

好天、好年是指今年气候、雨水适宜，又没下霜，庄稼子粒饱满。

好政策是指青年村是省机械化村，今年，省下拨大型农业机械100多万元，大型收割机、大型推土机、液压翻转犁等20多件机械。开春儿，开进了青年村，秋天用上了排场。

村党支部书记赵德轩告诉记者，今年秋收下手晚，一直在等霜，可是秋收速度却快。

9月25日大田收割，近15天，割黄豆10万亩，再有七八天，黄豆收割结束。

村里一台“1018”水稻收割机，跨地区作业，到852农场、853农场收割水稻，18天收割3 900亩，收入10万多元。

机械化村增加了土地。农民听说被批准为“机械化村”，便走出去大包土地，包周边的二龙山林场、铁西林场及农场土地3万亩，全村耕地达5.3万亩。

机械化村增加了机械。农民补缺，呼啦一下子购买机械，购黄豆放片机200多台，小型脱粒机100多台，脱瓜机500多台。地里人少车多。近十几天时间，青年村收割3万多亩。

“拖拉”趟出增收路

兴凯湖岸边收割快。

白泡子乡长林子村、蜂蜜山村是密山市最早的机械化村，这里的秋收，农民编了一句顺口溜：不见镰刀飞，只闻五谷香，千亩丰收田，不足半天忙。

南北两个机械化村10多台大型收割机挨片收割，比收割质量，比收割速度。

单说“拖拉”，田间地头耍威风。大拖拉机、小拖拉机，在地头等粮、运粮；收割机这头吞下，那头吐出粒，收割机桶里喷出金黄色的大豆，装进了“拖拉”的拖斗，油门一踩，上了村道，哪家的送哪家，农家小院豆堆成山，卸完一车，又返回，再等下一车，累坏了“拖拉”。

“拖拉”一台接一台，在村路上对流奔跑。蜂蜜山村吴书记卸完一车豆子，刚要喝口水，喘口气，那边来了电话，快呀，豆桶满了，又挂上挡，急坏了“拖拉”。

蜂蜜山村今年秋收比每年提前10多天。再过几天，就秋翻整地了。

一整地，“拖拉”更忙了，忙起烟垄，忙秋翻地。

“拖拉”大贡献。今年，蜂蜜山村烤烟大丰收，“拖拉”打基础，“拖拉”起垄，卧底土深，地不板，商情好。全村1 400亩烤烟，收入150万元，户均收入2万元有“拖拉”的份儿。

长林子村小“拖拉”带上玉米脱粒机，扒苞米棒子。在小院、在地头，苞米棒子填进漏斗，这头扒出了光棒子，脱完这家脱那家。王天成说，种24亩玉米，人工扒棒最少一个月，用“拖拉”两天扒完了。忙完了秋收，出门打工。

农民跳起欢乐舞

边境线上歌飞扬。

二人班乡爱国村与俄罗斯、8511农场地头接地头。收割机在国境线上显神威。

全村2万多亩大田，再有5天收割告捷了。今年秋收早，今年速度快。

大型收割机省人省力省时，留下几台收尾，7 台大型收割机跨区作业，农民以各种方式庆祝丰收年。

在田间地头，点起篝火，扭上二人转，与机械奔忙，构成了一幅丰收图。

笑脸、笑声、鼓点、鼓乐、红绸带飘起，红扇子翻动，一片喜庆，一片安康。

欢快的节奏像建设新农村的脚步，悠扬的乐曲，随着风而起，随着云而飘，飘出国界……

村党支部书记吴崇斌告诉记者，农民为了表达心声，几家聚一块吃“喜”，有的打电话、发短信，句句是感恩。免了农业税、粮食直补、农机补贴、良种补贴、建了机械化村，热了农民心坎，鼓了农民腰包……

（2006 年 10 月 11 日《鸡西日报》一版头条）

山水村庄景怡人

——密山市白泡子乡创建社会主义新农村见闻

密山市白泡子乡9个村4 260户，坐落在蜂蜜山脚下，兴凯湖岸边，这里山环水绕，乃江南佳境。

记者走近白泡子乡，浓郁的大年气氛把村庄浸染得格外和谐、格外安康、格外喜悦。

走进村庄看“小康”

这是一幅“小康图”。水泥路通到家门口，大砖房，小别墅，依山傍水而安居；牛羊撒欢儿，稻谷成山，红辣椒、谷穗子挂门口，还有那质朴的农民……

早在十几年前，白泡子乡就是省级公路示范乡，路笔直，树参天，树梢相扣，村与村之间形成一道绿色走廊。

而今，水泥路环村。一条50公里的潘当公路，从6个村农户的门口穿过，连蜂蜜山、兴凯湖、莲花泡、密山口岸四大景区。乡党委书记告诉记者，这条增收、旅游、对俄贸易三位一体的通乡、通村公路，拉动了农业、旅游、劳务经济的同比增长。其余几个村的通村公路，今年开春动工，白泡子乡实现了公路村村通。

农民住宅砖瓦化。近两年，新盖100多栋砖房，红瓦盖，白瓷砖挂面，落地大门窗；大房，大院套，铁大门，铁栅栏，小桥流水，一个小院一个方圆。

临湖边的农民“不按套路出牌”，不当农民当老板。开办20家农家游，“刘老根山庄”、“民兵餐馆”、“彪哥餐厅”一些稀奇古怪、洋溢着土腥味儿的农家游十里飘香。农家游独具匠心的“打扮”，一搭眼便知，这里的农民生活挺好的。

临蜂蜜山脚下的农民，与其他几个村的农民“才艺”比拼，比房子款式，新盖的房子仿古、仿欧式；比谁家的小日子过得酷，村民立“擂台”，叫着号上台“打擂”。比出了谁不服谁的精神，农民过上了城里人的生活，烧上了暖气，铺上了马路，用上了煤气，小车进户，宽带进村，进屋还得脱鞋……

村村是小康村，村村是市级文明村，齐心村是省级文明村。冬日的白泡子乡，又添一景，车流、人流，资金流、信息流一个劲地流动。

走进农家看富裕

山遥遥生金，水悠悠产银；山是摇钱树，湖是聚宝盆。

山脚下的沟壑成了百亩草原，农民大力发展畜牧业，奶牛存栏200头，肉牛存栏2万多头，羊4万多只，鸡鸭鹅30万只。

湖北涝洼塘成了千顷绿色水稻基地。近几年，投资上千万元，加大对农田水利设施的改造，修桥涵150座，挖沟渠40多条100多公里，栽植防护林40公里。

借黑土地及气候的独特，形成万亩烤烟乡，增产又增收，260户烟农增收500多万元。

湖沿村、临湖村、莲花村农民临湖，渔业兴，日子兴。青斗笠，绿蓑衣，冬夏打鱼忙；百只船，千片网，渔民的生活步步登高。

走出的农民挣大钱。去韩国、日本及省内外打工200多人，一年400多万元的收入。他们用汇款、信息、见识给小村以活力，农民不再坐井观天，小富即安，开放的脑瓜儿与时代快节奏和拍。

长林子村是密山市第一个机械化村，铁犁卷起千层浪，千亩丰收田，不足半天忙，农民增收100多万元。

农民登山采山菜、挖药根，齐心村出现20多名“药匣子”，山之灵气给农民带来了财气。

农民又偏得一块。近两年，减免农业税，粮食直补，粮种补贴，大型农机具补贴，9个村的农民直补700多万元。

地上产的，山上挖的，水里捞的，外头抓的，国家给的，内因加外因，米袋子满了，钱袋子鼓了，腰板子直了，人均收入达到7 000元的标准，好一个密山市首富乡。

走近村民看村风

村务公开凝民心。9个村从村财务到农民的油米柴盐，人来往份儿都公开，拆掉了篱笆墙，农民少了怨气、多了和气。

“十星级”评比聚民心。致富星、助人星、孝顺星……群星璀璨，家家挂上了星。

捐资贫困顺民心。党员亮出标志，党员与贫困农民组建扶贫联合体，为贫困户拔掉穷根；乡党委成立助学爱心基金会，每年资助10名大学生，每人1 000元；每年资助20名小学生，每人500元，贫困的学生无一人辍学。

医疗保险赢民心。乡党委、村干部广泛动员村民参加农村新型合作医疗，百分之百的农民上了“保险”。

宣传政策稳民心。十多支农民大秧歌队，巡村演出，把党的政策编成小品、顺口溜，党的亲农、爱农的声音荡漾在农民心间；村里的图书馆人聚堆，看农业专题片，农民忙充电，赌桌成书桌。

走出了白泡子乡，喜悦的热浪追出村外，开心的锣鼓敲出新年的喜讯，大红灯笼映出丰收的好年景……

（2006年2月24日《鸡西日报》一版头条）

超越音符的变奏

——密山市建设社会主义新农村见闻

建设社会主义新农村的春风拂过，完达山下、兴凯湖畔绿染大地。

踏着春色，走上田埂，巡回农家，感受到了新农村建设的滚滚春潮。

政策惠农、资金到位、人心激荡、蓝图展开；村村通工程、低产田改造、农家游升温，一串串亢奋的数字奏响了新农村建设的强音。

12 万立方米料堆像山

4 月 20 日，密山市白泡子乡湖沿村至长林子村等 5 个村的村路封路！

省建工集团、牡丹江亚泰公司等施工单位正秣马厉兵。

劳动村、长林子村四个村的沙石料是去年秋天备足的，为的是“抢农时”。

5 月 2 日，10 多台挖掘机、平地机、压路机；20 多台大翻斗车，在公路上“沙场点兵”。

挖边沟、打地基、上料碾压，机器声轰鸣震耳。

劳动村是新农村建设试点村。国家投资 200 多万元，修村路8.5公里，6 月，将实现组组通。又争取省农业开发资金，实现铁栅栏标准化、厕所标准化、农田路标准化。

农民侯海江手指着料堆，眼里都是笑，再过几个月，出门就是水泥路了。哈哈，笑声回荡。

白泡子乡乡长说，湖沿村、临湖村是农家游的重点村，重点村重点建设，强调的是质量第一，速度第一，在 7 月旅游旺季之前，村级公路将竣工通车。

到 10 月份，白泡子乡 9 个村将实现公路村村通，36 公里的环村、环组公路通向了“新农村”。

据了解，今年，密山市修白色通村公路 40 多条，市财政投入 500 万元，引进资金6 085.9万元，改造白泡子乡、兴凯湖乡等 13 个乡镇 40 多个村的农村公路397.9公里。

3 万亩涝洼塘生金

白泡子乡长林子村、湖沿村等 5 个村,3 万亩涝洼地十年九不收,农民心焦。

国家基础设施建设重点转向农村的政策,让农民欣喜若狂。农民张智勇告诉记者,今年国家给这个乡投入 800 万元改造资金,从 4 月 28 日开始就进行了低产田改造。

5 月 6 日,记者在湖滨涝区看到挖掘机挖排水沟,农民打稻田埂,引水、泡田、耙地。

乡长告诉记者,挖沟 4 条 20 多公里,这涝洼塘将变成绿色水稻基地,500 多户农民可增收 500 多万元,新农村的政策让土地增产了。

密山市水利部门的领导透露,建设社会主义新农村,国家、省、市将投入大量的基础设施建设资金,对 14 个村的农田基础设施进行根本改造。

40 户庄园客满门

一首歌谣在湖边流传:农家大门开,城里人吃鱼来,大白鱼,拌湖虾;山野菜,柳蒿芽;笨鸡笨猪笨鹅鸭,光看不吃馋掉牙……

农家游用歌谣打广告,农民又发帖子、又印名片、又上镜头,一个劲儿地露脸;学习待客礼仪,培训厨师,忙了一冬又一春。

一开春,农民们就拾掇这拾掇那。刚开化,于天祥就打机井、挪草垛、铺地砖、搭灶子、备餐具。

农民一个劲地打扮农家。老侯婆饭庄用竹坯子编墙,农民呼啦一下子都用竹子做栅栏。

湖沿村农家游一条街,路镶边、竹栅栏、红灯笼、大辣椒、苞米穗子,一走一过,满眼是农村土特色。

5 月 1 日这天,陈老四渔阁、老侯婆饭庄等 40 户农家游早晨 8 点零 8 分开业,图个"发发发",图个轰动。

农民迎来了农家游"五一"黄金周,近千游人吃住农家,看风景,7 天长假,农家游火了农家院。

近日,鸡西市委、市政府,密山市委、市政府又召开农家游推进会,出台一系列优惠政策,农民开办农家游鼓足了劲儿,城里人开办农家游 10 多家,农家游将达 100 家。

300 名农民身价增

长林子村是机械化村,剩余的 100 多个劳动力走出土地。

湖沿村、临湖村的农民“近水楼台”,打渔户近百户。莲花村等 4 个村的农民,在兴凯湖岸边建凉棚、烤鱼虾,当上了“两栖”农民。一些农民打短工,育苗、插秧、在公路施工队当“小工”。

密山市农委发布一条消息,近 5 个月,密山市农民就地就近,跨国、跨省打工6 000多人,出现了兴光村、新华村等 6 个打工村。

密山市建设社会主义新农村的强音响起:测土施肥、大田开犁、栽花种草、焊接栅栏、打扫院落……激昂的旋律不绝于耳。

(2006 年 5 月 31 日《鸡西日报》一版头条　2006 年 6 月 30 日《黑龙江经济报》一版头条)

农家游热了农家院

城里人到农村休闲，远离市区，亲近自然。鸡西旅游出现了新“消费”，到农村度假去。

天热，热了农村、农庄、农户。

时下，城里人抱团儿游农家。

城里人玩得轻松，农村人鼓了口袋，内心自乐。

农家游传出亲农、爱农的佳话。

鸡西市委将农家游列为“1234510”工程之一。

鸡西市委书记走农家，推进农家游。

鸡西市妇联捐助近2万元，鼓励6家兴凯湖“巧嫂”开办农家游。

密山市领导沿着湖边走，帮农民踩点。

刚开始，农民不认，界壁儿一看人家一天不拉桌，几百元进腰包，眼红，由几户增加十几户。

一条青山相间的兴凯湖旅游公路直通兴凯湖村农家。

一块百平方米“兴凯湖农家游”广告牌立在市区，一眼可及。广告刚立，农家游的电话响了，市内旅行社询问“第一手资料”，说俄罗斯有一个团儿要去游。

临兴凯湖村公路收费站给农家游助力，收费顺便递上农民的名片。农家游的线路图，随着车流走。

几天时间，农家游的消息，哈尔滨、佳木斯、七台河、勃利等周边都知道了。

农家游起啥名，能产生视觉冲击力。农民转动市场脑瓜，要起一些带土腥味的，翠花旅馆、彪哥驿站、胖大嫂客栈、乱炖餐厅等，稀奇古怪的店名本身成了看点，出了卖点。

这几天，农民正忙往大门上挂苞米穗子、挂串红辣椒、挂大红灯笼、搭葡萄架子。

兴凯湖村，临水。

办农家游有条件，游完兴凯湖，游人顺便歇歇脚，住农家，到农村找找感觉，这样旅游才丰富呢，农民叼住理儿，一个劲儿圈拢城里人。

巧嫂孔繁玲的农家游，100 平方米大房子，落地大门窗，100 平方米的大院套，南走 1 公里是湖，左走几步是农田，驻足农家，可览小兴凯湖；拿起弯钩锄，体会“锄禾日当午”，开上小四轮感受农村的变化；晚上，坐在土炕上，光膀子，大碗茶，大碗菜，大锅饭，够香、够味、够刺激。

近日，巧嫂孔繁玲满脸喜气。开业第一天，来了一拨人，4 道鱼，1 盘笨鸭蛋，1 盘小笨鸡，1 桌 100 元，城里人吃得甜嘴巴舌，一个劲地说比旅游景点便宜、便宜。

好吃不撂筷。

临走扔下话，要领妻儿来游，偏住土炕，偏吃土特产。

孔繁玲的农家游，游人打广告，几天名声在外。

湖沿村，临山。

湖沿村乃湖边，抬脚上湖，小村北倚蜂蜜山，游山游水，再游农家，旅游大餐多了一道“菜”。

陈德军，脑袋大脖子粗，既当大款，又当伙夫；早上打鱼，近晌午收网，鱼儿满仓，活蹦乱跳，直馋你；你让杀哪条，就杀哪条，让城里人花货真价实的钱。

胖媳妇会做鱼，用湖水炖鱼鲜亮。咔、咔、咔，几十分钟，酱炖嘎牙子、炸麻鲢、清炖白鱼、杀生鱼、凉拌虾上桌了，味道好极了。

院子里一口露天大锅，胖大嫂围裙一扎，露出绝活，“三烀一炸”，烀土豆、烀茄子、烀玉米、炸辣椒酱，城里人吃出了火候，吃出了味道。

养 100 只小笨鸡，腌1 000个笨鸭蛋，种一亩地“开花面”，一亩地早土豆。游人挽上篮子，园里一转悠，采一筐小毛葱、小辣椒、小白菜，小菜蘸大酱，守着大锅吃饭，满实在。

乡间路、小风拂，绿叶萧萧酒一壶。

坐在炕上看湖，心绪飘飘，天南的地北的，侃大山、讲段子，开心，洒脱，尽兴。

胖大嫂告诉记者，今年修潘当公路，差点劲儿，但是绕远来的也不少。近一个月，来了 4 伙，3 个土炕不够，又加了床位，一顿饭百元消费，一个月收入5 000多元。

将归不思归。

一伙七台河游客打算住一宿就走，玩“野”了，又住一天，又扔下 5 张“大白边儿”。

农家游略显“拉动力”。咸鸭蛋、鱼坯子、鲜虾、小笨鸡、大馇子、玉米面，一些农家土特产下“货”了，大筐小包装上车带回城。湖沿村几天200多只小笨鸡买走了。

农家成了香饽饽，城里人过农村人的生活，图的是新鲜，特别是中、老年人找找从前的影子。

田地环绕村庄，碧水偎倚村落。黑土地的气息是一张“请柬”，相邀那些城市人。

游这次，想下次。憨厚的农民哥儿、直言快语的农家嫂那质朴爽朗劲儿，农村的小康生活更是独一处——游不完的景儿。

（2005年8月25日《鸡西日报》二版头条）

大苞米　大产业　大增收

——密山市玉米产业链拉动农民增收纪实

密山市大华酒业、三合糠醛公司一落地，几十万亩的苞米地成了原材料车间。

打造了一头连地头，一头通龙头的经济增长链条。

链条拉动，密山“龙”字号苞米增加 15 万亩，苞米农户增加 800 多户。

链条拉动，苞米真正成了“玉米”，价格 1 公斤增长0.10元上下，农民捧上了“金棒子”。

链条拉动，大苞米产业越做越大。

引资3 600万元的大华酒业，是一个以玉米为原材料加工工业酒精的企业，2005 年 9 月生产。

企业增产。公司负责人曹宗亮告诉记者，生产普及酒精3 000多吨，生产 DDGS 饲料1.2万吨，企业上缴税金39.4万元。

生产的普及酒精一路销往省内外酒精厂，作为乙醇汽油的配料；一路卖给周边酒厂，生产至今零库存；饲料大部分被完达山乳业统收，作奶牛饲料。

农民增收。一条产业链儿解决了农民卖玉米难。3 个多月收购玉米1.65万吨。近日，记者在大华酒业看到，开着三轮车、四轮车的农民排出长队。黑台镇村民李同告诉记者，1 公斤卖1.16元，比去年价格提0.30元左右。检质，检斤，兑付，从笑脸上看出了农民的满意。李同 40 亩玉米卖 2 万多元，卖出了这么多年的“天价”，多亏了这么个“买主”。大华酒业一天收 200 多吨玉米，电视播出广告，农民把握商机，开车卖粮。

昔日稀烂贱的玉米，而今身价陡增，成了“香饽饽”。

一些农民“大胃口”，还在等价，因为他们打听到，大华酒业年收玉米 5 万吨。近段时间，又来了不少外地客户收玉米。拖拖再说。

三合糠醛公司又让玉米每亩增值 15 元，“苞米胡子”又值钱了。

三合糠醛公司是以玉米芯为原材料生产醋酸钠的企业。去年，收玉米芯7 000吨，今年，一个月收玉米芯2 000吨。

近日，记者在三合糠醛公司看到，1 万多吨库存的玉米芯像山隆起，长 20

多米,高30多米。工人告诉记者,这些只供一个月生产,这几天加紧收购。

正赶上农民卖玉米芯。太平乡青松村农民宋传贵的四轮车,搭上“跨”,一袋袋用网袋装的玉米芯几米高,拉了整整一大车。

卖玉米芯,1袋3.5元,查出袋数就算出了钱数,142袋卖近500元,亩收入16元。

太平乡立新村农民部玉国告诉记者,这两天卖完苞米又卖“苞米胡子”,亩收入达610元左右,是大豆亩收入的1倍。

玉米产业又是一条循环经济链儿。

一位农民说,以往用玉米秸烧火,灰大火苗小,不开锅不热炕。

密山市奶牛这几年可不少,一些奶牛专业户把玉米秸冬贮了,1亩地玉米秸又卖20元。玉米秸、玉米芯、玉米粒都卖钱,农民把玉米棒又叫“金棒子”、“钱棒子”;把玉米粒叫做“金豆子”。

农委同志告诉记者,密山市大华酒业、糠醛公司是两大玉米产业的龙头,还有一百多个大大小小的酒坊,又是小龙头,大小龙头争嘴,这样把玉米捧上“天”了,看样子价格还要上涨,面积还要增加。

玉米产业链条引领新潮流。疯抢种子。种子公司几十吨玉米种子几天卖完了;疯抢土地。一些农民外包土地,扩大玉米种植;疯抢农机具。一些农民到农机总站打听,托关系,找门子要买收割玉米的大型农机具。

农民编成一句顺口溜:大苞米,抢手了,粒儿饱,价儿高,搂着苞米棒子睡大觉,一宿到天亮,醒来奔上小康了。

(2007年1月12日《鸡西日报》二版头条)

蘑菇下山抱“金砖”

秋日，采蘑菇的季节。

大人、孩子身挎竹篓，戴上伞帽，三三两两，在树荫下穿梭，这是记者近日在蜂蜜山南坡见到采蘑菇的情景。

蜂蜜山村农民张发告诉记者，今年雨水、气候适应，山里的蘑菇多得是，记者拨开草棵，见野蘑菇萋萋，一股香味扑鼻。

张发手指着筐里的蘑菇说，这是花脸蘑，炖小鸡是农村的一道硬菜；这是榛蘑，在榛柴树下生长，榛蘑炖粉条味道鲜亮；还有圆蘑，它长在柞树下；还有松树伞，它长在松树林里；也有人们说的“蹬腿蘑”，也就是毒蘑，但很少见。他说，打小在山脚下长大，什么蘑菇，一打眼儿就认出。

记者了解到，从入伏开始，山边挂锄的农民就采伏蘑，入秋了，就采秋蘑，一伏一秋，靠天采，三四千元的收入；下霜了，就采榛子，采山葡萄，加一块是七八千的收入。

密山市“三山”的地貌，给农民以增收。人们编句顺口溜：“蘑菇下山抱金砖”，记者晓得这“金砖”指的是“票子”。

密山市公路边，多了几十个蘑菇点。从山上采下的蘑菇，鲜着呢。这边采那边上了“地摊”，卖给过路的、旅游的，成为旅游公路上的一道大餐。

潘家店村公路上，蘑菇摆在路边一流儿。妇女边摘蘑菇边谈笑，蘑菇不论斤，而论筐、论兜卖，大估景，1 公斤卖 5 元，大约一筐一兜卖 10 元。潘家店村妇女李金萍和丈夫一起上山采蘑菇，早晨 3 点多钟上山，踏着露水走，大约 9 点钟左右，采下的蘑菇摆在路边了，丈夫仍在山转悠，一个采一个卖，“产销”一条龙，一天 50 多元的收入。卖不了咋办，晒干，冬贮卖干蘑，1 公斤能卖 20 多元。

知一南山、金银库北山、大砬子山，密山市地域的大大小小山头出蘑菇了，农民告之，农民上山，每天大约几千人。

（2006 年 9 月 22 日《鸡西日报》一版头条）

黑土地尽现“黑白花”

——密山市发展奶牛业纪实

忽如一夜，密山市遍地“黑白花”。

山边、水边、路边、村边，一朵朵“黑白花”与山花对应。

“黑白花”，奶牛的代名称。农民又称“富裕花”。

密山市倚完达山，临兴凯湖。山水、气候、草原是奶牛的天然牧场。

2003 年，密山市将农民奔小康定位在“兴畜富民、主辅换位”上。

一年的光景，奶牛由 500 头噌噌长到7 898头，“7898”吉祥的谐音，农民一发再发，一“发”不可收。

政府、机关、单位三合一的合力，给农民助力，出现了大换位。

给足政策。100 多名机关干部养牛，发工资，留位子；25 个单位分流人员养牛，工资连升三级；300 多名下岗工人养牛，给贷款3 000多万元；20 多名外商养牛，牛舍、土地免收费；4 000多户农民养牛，划拨机动地5 000多亩，“劲风”尽吹，农业经济，牛坐了“庄儿”。

注入资金。信用社砍出一块奶牛资金3 218万元；引域外资金 579 万元；农民又动用“定期、活期”资本6 619万元。

渐成规模。一家一头，一家几头是旧皇历。10 几头牛是少的，100 头奶牛场 50 多个，20 多个专业村。联合体、股份制等奶牛小区 54 个，牛舍面积 4 万平方米。

牛价陡升。牛价，一指身价。吃的是绿色。春夏秋冬喂青贮饲料，绿色饲料产绿色奶，验奶仪一卡，上等奶；住的是瓦房。水泥地，大门窗，电暖气，暖屋子长膘又出奶；玩的是“潇洒”。几百平方米，几千平方米牧场，小憩、遛弯儿、走两步，休闲自在；听的是流行歌曲、轻音乐、迪斯高。谁说“对牛弹琴”，随着音乐的节拍，牛乐得直尥蹶子；戴的是“光环”。每头牛都有代号，花花、大大、胖胖，时间长了，叫谁谁知道。这牛你看我，我看你，乐得可地打滚；牛价，指价格。一头产奶牛就地卖1.2万元，小母牛一落地3 000元。

给牛上“保险”。密山市是牛的栖息地，健康的乐园。防止“杂牛”滥竽充数，在 4 个对外路口，设检查站，一个个免费体检；16 个乡镇 100 个村屯检疫员，围着牛转，测体温、量“血压”，体检一次，上卡一次，一头牛一个户口。

信息便捷。市政府借助农业“110”信息、手机短信、电视公告平台公布牛行、奶价及疫情防治信息，养牛户成了专家，一搭眼就知道这牛缺啥补啥。

龙头拉动。完达山乳业生产线，农民“近水楼台”；希诺乳业公司一天20多台奶车下屯，农民足不出户，牛奶产加销，牛吃香了。

“黑白花”成队、成排、成堆、成片，风吹草低的时候，“黑白花”在绿色田野里成为一道流动的风景。

“黑白花”闪动出小康。

看外商，腰板溜直。韩国客商俨铁仲回兴凯探亲，扔下150万元，说养牛是个好买卖。

看农民，鼓了腰包。头几年，养50头奶牛的何玉成是鸡西奶牛大王，现在，一年存栏50头奶牛户是中游。翟士显奶牛170头，饲料地450亩，青贮玉米300亩，一年自繁奶牛30多头，一年收入多少，牛主人笑而不说，卖奶时候，挨号的“大白边”一沓沓进了口袋。

看专业村，奶牛成主业。裴德村养牛1 000头，农民土地转包，家家养牛。

养牛，使1 000多户贫困户奔上了小康，1 400多户农民盖上了大砖房，1 800多户农民有了存款。

奶牛扩张，促动畜牧业。新增肉牛2.5万头，羊3.4万只，生猪3.5万头，大鹅71万只，狐貉8.5万只，奶牛业链条又“派生”出生猪、肉牛出口产业链7条。

奶牛扩张，促动土地增值。青贮喂牛，奶高产，粪肥地，地生金。一位养牛大户算了一笔账，2亩地大豆收入近800元，2亩地青稞饲料喂一头牛，一头牛收入7 200元，一亩地增值3 200元，差得悬乎。

（2005年8月25日《鸡西日报》二版头条）

合力助推新农村

——省市单位包扶东发村建设新农村纪实

方虎公路兴凯段2公里东发大岭下，东西两座小山之间，卧着一个300多户的村庄，这就是东发村。

东发村，临公路，路生财；依山脉，山生金；靠乳业，乳生银。小村与“东发”吻合，人均收入4 500元，是密山市十强村之一。近日，被列为省级新农村建设试点村。

一个试点村，引起了省、市部门的关怀，让农民胸口发烧。一位农民说，人家和俺没啥“干系”，却不住地帮，让人吃不消、睡不着啊。农民的声音，随着风儿飘，顺着人流走，扩散出一段浓浓的帮扶情。

攀亲戚。

7个单位包扶新发村。省军分区、鸡西市检察院、驻军某部、密山市委办、密山市民政局、林业局、武装部、地病办。

村民说，刚开春，村里来人了，说是对接的。省军分区的领导，密山市市长等20多人和村民面对面。军分区的领导说，咱们是一家人，咱们是亲戚，以后咱们一起建设新农村……掌声响起来，这掌声将互不相识的人心聚在一块儿。

村民说，他们走村串户，看地形、看农户，里里外外看个遍，找农民谈，说是考察，天黑才走。

大约10多天，一个消息让村民鼓掌，这掌声充满干劲，充满期待，充满向往。要修路、要栽树、要打井、要建信息站、要盖文化休闲中心……让村民议一议，村民举双手一百个拥护。

动真心。

4月28日，4台军车开进东发村。

驻军某部官兵在村边搭起炉灶，100多名解放军战士拉线，挖坑，植树。

林业局拉来了垂榆、云杉松3 000株，6米宽的村路太窄，按图上标记拓宽。

头几天，村委会广播喇叭一喊，村民听吆喝，拆栅栏，缩围墙。

村民李伟说，去年村委会打算拓宽村路，几个钉子户挡道，没辙，后来黄摊子了。

这回为啥这么顺,一位钉子户说,拿心比心呗。

官兵栽树“水到渠成”了,村民沏上热茶,送给战士热乎乎的大碗茶暖暖身子,村民送来了鸡蛋驱驱风寒,午饭时候,让村民更感动,战士蹲在村边、路边吃上一口,村民疼在心上。

村民扔下农活,和解放军一起栽树。官民和谐,笑声朗朗。村边,园边、房边铺满盖严,栽树14.5公里。

第二天,修村西主干路。挖边沟,上沙石,又干一天,一条2.5公里的泥洼路平坦笔直与公路垂直,农民出入顺脚,直上大通道。下午临行时,全村“万人空巷”,为解放军送行。

5月1日,驻军某部9名军医到东发村农民的炕头上义诊,为300多名男女老幼听诊,赠送2 000多元药品。

5月1日,市地病办领着打井队来到东发村。

东发村后屯160户20年吃不上水,地病办放心不下。

市地病办拿出1.5万元,打机井,到7月,农民将吃上自来水。

5月20日,网通公司来到东发村。拉来4台电脑,开通宽带,送来农业科技书20多册。

民响应。

新发村建设新农村的热潮几天就达到了高潮。

农民也行动了。

虽是农忙,农民们却规划自己家的那一块,挪草垛,搬粪堆,垫院子。

临路边几个破草房,是新农村建设的“败笔”,农民自己也觉得不顺眼。扒倒,盖红瓦盖,白瓷砖的大房,给东发村增色。

6月5日,记者正赶上李海林打地基。李海林告诉记者,这房子还能挺几年,但是建设新农村了,就提前两年盖房子。

4户农民把养牛场搬到了村外,说是怕埋汰村庄。

3户贫困户种不上地了,缺少种子、化肥,缺少人手,大家闷头一起帮,借钱、出人、出工。

小村,爱心浓了,劲头足了,顺眼多了。

(2006年6月16日《鸡西日报》二版头条)

“铁牛”欢奔黑土地

——密山市组建农机合作社促农增收纪实

大型机械在田地里撒欢，地南头、地北头，出尽了“风头”，农民直了眼儿。那场景儿，是相当的有派。

机械当家，农民“下岗”；牛马、犁杖、锄头、镰刀、木锨，老的家把式已放“南山”，一个农民种几十亩、上百亩地轻巧，大型机械捞了头忙。

密山市农民实现了“农业的根本出路在于机械化”的梦想！

庄户人家谈机械化的变迁，谈出了历史的推动。

在早先，牛马犁杖，一头牛，一副犁，一人种几亩地，挺费劲。

上世纪70年代，组建了村集体机耕队，54型、75型拖拉机一两台，机器笨重，车少地多，指望不上。

90年代，小四轮、小型农机具大批量进农家，减小了劳动强度，农民挺乐，但成本太高。

现在用上了大型机械，农民连想都不敢想的事，摆在了家门口。

一场农村机械化革命，促动了农村生产发展、生活宽裕，加快了构建社会主义新农村建设的速度。

二人班乡爱国村农民吴崇斌一个劲地感恩，都是党的惠农政策给农民带来的福分。

密山市，农业大市，耕地160万亩，全国100个产粮大县之一。

商品粮基地的密山市的“地况”与国家的支农政策和拍，国家拨一块316万元，村里补一块200万元。从2003年开始，杨木乡朝阳村；白泡子乡蜂蜜山村、长林子村；二人班乡爱国村等6个村组建了农机合作社。

大型1004拖拉机、大型1042收割机、大型悬耕机、大型浅翻深松犁等60多台带有国家补贴的大型机械，开进了村。

农民喜爱的不得了。6个村给大型机械“筑巢”，农民在大钢筋举架的仓库大门上挂上“某村农机合作社”的牌子。

大型机械与小型机械对比，大的吃香，小的失宠。

大型机械耕作加深土壤厚度，打破小型机械作业的犁底层，打破土地板结，增强了土地松软,抗旱防涝;连片作业,增效降耗。

大型机械大作为让土地生金,农民转产。蜂蜜山村农民算出了大型机械“贡献率”。

增产。与小型机械比,1 亩大豆多产 20 多公斤,亩增收 50 多元。

节本。大型机械亩费用降低 3 元,白泡子乡长林子村 1 万亩大豆节约成本 3 万元。

连片。几十亩地耕作,不够油钱。土地转包,大包,土地流转,小户向大户集中,土地连成片,土地集约化。

创收。长林子村 465 户农民,有 300 个劳动力从土地分离出来,土地外的收入 150 万元。

大型机械成了农民的摇钱树。二人班乡爱国村秋收 10 天告捷,比以往秋收提前 15 天;6 台大型机械组团儿外出“打工”,一个秋天 20 多万元的收入。农民又补充大型机械的家族,用 20 多万元的“外快”购买了一台三行直走玉米机,大田作物春种秋割一条龙了。

大型机械让农民开了眼界、活跃了思维,农民自家购买大型机械的劲头十足。他们看新闻,看报纸,听广播,盯住国家“关注三农”,“构建社会主义新农村”的政策,2005 年,农民购买大型农机具 190 多台,总金额2 000多万元。

杨木乡种粮大户许传宝一次购买 1048 大型收割机 3 台,享受国家补贴 10 多万元,大型农机具达 10 多件,种地5 000亩,年收入达 150 万元。

以往种地多的农民一开春,愁种;一上秋,愁割,到农场雇车,这回,本村的、外村的活干完了,到周边农场“拉活”,去年割农场地 100 多万亩。

大马力、大型号的农业机械为农民奔小康开足了马力。农民发现,在不知不觉间,农业、农村变样了。

(2005 年 6 月 15 日《鸡西日报》一版)

农民新身份　新作为　新形象

——密山市农民转换角色侧记

近日,记者发现,密山市一些农村住房闲置,土地流转,农村劳动力明显减少,一些农民走出土地,身份发生了质的变化。

农民成庄主。农民将土地转包,种地不再是零星耕作,几十亩、几百亩、几千亩连成片,土地集中了。杨木乡朝阳村农民许传宝,家中三个劳动力种60亩口粮田,年年持平。到农场包地5 000多亩,购买大型机械10多台,春种秋割一色儿机械化,一年150多万元的收入,生活富足了。

记者调查:密山市包地成风,每亩租金由80元增加到120元。像许传宝一样的农民到农场、林场及周边市县包地的农民5 000多户,外包土地100万亩,相当于又造一个密山市土地总量。这些农民收入大多以万元为计算单位,外包土地增加,促动了传统农业向现代化农业的转变。

农民成股东。杨木乡农民张玉山到农场包地4 000亩,10户农民入股,股份制农田保证每亩地最低收入700元,成了零风险的保收田;二人班乡爱国村组建农业机械合作社,村民入股55万元,补充大型机械外,大型机械到周边割地,按股金多少,把创收的这一块分给股民。

记者调查:密山市1 000多户农民入股大包土地,实现了土地经营权入股,对调整农业产业结构,转移剩余劳动力,促进农业产业化起到了推动。4个机械化村吸收农民股金200多万元,大型机械跨地区作业,促动农业增产、农民增收。

农民成工人。和平乡兴光村是"打工屯",200多名农村劳动力到韩国、深圳、广州打工,出现了打工族。农民挣美元、韩元、卢布。在深圳打工的农民张玉东,在一家电脑公司从事软件工作,他像上班的一样有了工资卡。

记者调查:走一户带一村,密山市农民外出打工4万多人,分布在10多个国家21个省、市,打工总收入上亿元。打工产生了社会效益,资金流促动了农村生产生活的变化。为了给农民搭设转移、分流的平台,密山市大招商,新上项目112个,形成了农民就业链条,吸收农民工近万人。

农民成"两栖"农民。知一镇农民杜兴权经营100亩地,农闲时,他用自家三轮车收农副产品,一年收入 3 万多元。

记者调查:农民忙半年,闲半年。忙农活,忙买卖。冬闲时,收农产品。形成了知一农副产品一条街等 100 多家农副产品货栈,为这些“两栖”农民提供了销售网点。还有一些农民进城倒短,搓澡、开三轮、出劳务达1 000多人。

农民成老板。承紫河乡农民隋海波由一个打工仔变成了拥有上百万元资产的大老板。在青岛开办了北大荒餐饮公司,头段时间,回密山市招工 210 人。

记者调查:密山市农民当大老板、小老板的3 000多人,自有资本与民间资本集中后,开办工厂、商场、奶牛厂等等,促动了社会的发展。

农民成“理事”。赵德轩是裴德镇青年村农民,村白瓜协会理事。每年,组织瓜农统一购种、统一销售,协会为农民承担风险,农民卖瓜子形成民间组织行为。万亩白瓜的青年村,农民每年白瓜收入 3 万多元。

记者调查:为了解决卖粮难、收入难,密山市组建养猪协会、西红柿协会,白瓜协会等专业协会 52 个,行业协会 9 个,协会会员发展到4 000多户。协会直接与市场对接,形成基地 + 农户 + 协会的增收渠道。

农民成经纪人。黑台镇庆先村农民鲍利峰,人称猪贩子,又称经纪人。充当山东金锣集团、吉林盘石火腿肠集团的采购员,联系、拼缝,为两大企业年收猪1 000头,年收入 2 万多元。

记者调查:经纪人是农民的代言人,与大企业、大集团签订单,农民销售直接,少了麻烦事。密山市涌现出农村经纪人3 000多人。

(2006 年 5 月 19 日《鸡西日报》二版头条)

好政策过上好日子

——密山市裴德镇裴德村见闻

好政策,在农村成为冬天里的热气息。

近日,记者到裴德村采访,听到的是对好政策的叫好声,看到的是农民脸上挂不住的喜悦。

坐在村支书苗振亚的炕头上,农民打开话匣子。

裴德村地处穆棱河北,完达山南,全村566户,耕地1.6万亩,2006年,人均收入5 200元,是远近闻名的小康村标兵。

第一本账是减免48万元。头几年,1亩地交农业税20元,村提留款1亩地20元,加上两工一车费,全村应交税费48万元。

第二本账是直补53万元。旱田1亩地直补23元,水田1亩地直补33元,良种补贴10万元,全村直补43万元。

第三本账是增收115万元。减免、直补等于增收,省、市又给新农村建设试点村直补14万元,修路、打井。全村共增收115万元,户均增收2 031元。

这是大账,再算一家一户的小账。

三组村民张明福120亩地,减免4 800元,直补2 760元,增收7 560元,等于过去一年的收入。农民李松波插嘴,还有一本"医疗保险账"。

全村参加新型合作医疗453户,一户10元钱,有啥大小病给报销,农民手拿医疗本,心里拖了底。2006年,全村25位农民住院,报销医疗费4万多元。村民冷阳富胃病一年住三次院,报销4 700元。4 700元对一个贫困的家顶老大事了,李松波说。

李松波忽地又想起来了,还有一本"低保账",贫困户王宏友,一年给补助420元……

这账那账都是助农增收的账;啥事,听"党"的,那是一百个"准儿"。

村党支部号召村民,用直补"扩大再生产"。一吆喝,大家都听,村民出资16万元,对村南那片涝洼塘旱改水500亩,亩增收400元,增收20万元,户均增收5 000元。村民又要投资,明年,再旱改水500亩。

再不富,对不起"党",农民说。

用直补包地。全村到双丰农场、855农场跨地区包地1万亩。全村包地收入400万元。刘海林到农场包地，种水稻100亩，收入9万多元。

用直补当盘缠。全村外出打工100多人，到省内外跨地区打工，全村打工收入100万元。

好政策让农民粮满仓，钱满兜。农民几天跑一次信用社，存款。

眼下，正值裴德村杀年猪的日子，农民杀猪庆贺。吃杀猪菜，"小烧"一下肚，话匣子又打开了，没完没了，话里话外都是好政策、好日子……

（2006年12月7日《鸡西日报》二版头条）

昔日“涝洼塘”而今变良田

——密山市白泡子乡农田水利促农增收纪实

白泡子乡湖边涝洼地3.5万亩，又称“涝洼塘”。

湖沿村、长林子村、白泡子村等5个村屯，受灾户1 000多户。

地洼，四周尽是岗地；地涝，雨天洼地成河。

长林子村罗有余说，洼地，旱年头也是七成年，涝年头，百分之百绝产。

1991年，发大水，洼地涨水，湖水倒灌，淹了村庄。

涝洼地成了农民烦心事。“大干快上”的时候，几个村的农民治水，几条水沟挖成了，由于涝洼地几万亩，小水沟承载不了大流量，大水仍在肆虐，农业减收，水土流失。

人心散了，受水气几十年，几十户人家因涝洼而迁居；生活贫困了，十年九不收，2001年，3.5万亩涝洼地损失达400多万元。

农民苦不堪言，乡党委领导坐不住了。

治理涝洼地成了乡领导关注“三农”的举动。

一纸报告打到了省政府、市政府，白泡子乡1 000多农户因3.5万亩涝洼地一年减产400多万元，惊动了省、市，治理涝洼地块列为省农业开发项目！

2002年，开始治水。

挖掘机、推土机、小四轮，上千农民上堤，治理涝洼地的大声势、大力量、大会战打响了。

乡党委书记穿上靴子，扯绳拉线，挖渠心急；乡水利站站长“大禹治水”，他的事迹上了中央电视台新闻联播；乡村干部、党员、团员、妇女戮力合心。

三年，投入800多万元，修主干渠56.2公里，主渠、支渠200多道，形成井字形水利覆盖网。

如今堤上垂柳相依，堤下水底沙石依稀可见，56.2公里的排水堤映衬兴凯湖百里沙岗，游完兴凯湖又游“爱民渠”，人们在这里伫立，感受这“爱民渠”显现出的“执政为民”。

白泡子乡涝洼地达到了旱能灌、涝能排的农田水利建设的高标准。

渠修成了，农民加紧对涝洼地改造，3年时间，洼地改水田2.4万亩。

农民的笑声就是和谐社会的音符。

低产变高产,农民增收,湖沿村等4个因水而贫的贫困村,成了小康村。

喜看稻菽千层浪。

2004年,2.4万亩水田,农民增收1 500万元,户均增收1万多元。涝洼地临湖边,水质、气候的独特,使涝洼地成了省级绿色水稻生产基地。

白泡子乡长林子村7组王久军靠40亩"低产田"日子抬头。绿色水稻绿色价儿,一年收入3.2万元,三年增收12万元,还上了饥荒,怀揣涝洼地里长出的"剩余价值"走了。包地200亩,3年又是16万元收入。

水到渠成,风调雨顺;水到渠成,好景年年。

(2005年3月16日《鸡西日报》二版头条)

农民　商人　老板

——密山市密山镇新华村农民外出打工纪实

密山镇新华村一些农民,不当农民,当商人,当老板。

大大小小商人 200 多人,大大小小老板 30 多人,全村打工 300 多人。

当商人的,当老板的开货栈、开批发、干餐饮、搞经贸、办砖厂,啥来钱,琢磨啥。还有一些倒短的,立足本地,图个短快。新华村农民把搂钱的耙子伸向外边。

新华村因打工而成了繁华村。小村堪称三个之最:人的脑瓜最活,打工人最多,小村最富。全村人均纯收入5 748元,打工收入占2 128元。成了密山市人均收入十强村,社会主义新农村建设试点村。

信息搭设对外平台

新华村,离密山市区 2 公里,方虎公路从小村横贯而过。

小村有地缘。离路近、离城近,抬脚进城,抬脚上路。

小村有人缘。城里人不少与小村的农民是亲戚,是近邻,多少年来,礼尚往来,走动频繁。

地缘、人缘让农民"见异思迁","好高骛远"。走出的,进来的,带来信息,让农民视野开阔,见识多多。

这里的农民开放、时髦、新潮、现代。

一些农民随着人流、车流、信息流向村外走。

走一个带走一帮

第一个走出的是曹玉庭,时间是 1985 年,哥仨到林业货场扛木头,一个月揣回2 700元,给二哥娶了媳妇。

第一个当工头的是赵宝友,与市里城建处的亲戚挂上钩,领着 50 多名农民打工,修边沟、扫街路、修上下水,1988 年的时候,一个人月收入就达 800 元。

第一个组建工程队的是赵玉堂，瓦匠出身，后来甩手，注册企业，城建局第二工程队。铺人行道板、修水泥路，工程队60多人，尽是本村的农民。

第一个跨区域作业的是赵洪亮，在青岛打工三年，便举家搬迁青岛，回村领走34个农民去青岛自来水厂，当上了工人。农民拿着工资折领工资了。这34人中的宋海忠等3人，又单干，开起4家东北餐馆，回到村里领走小青年20人。

第一个大老板是翟友财。由一麻袋大豆起家，起初用三轮车倒粮，后来组建了车队、货场，在全国十几个省、市设粮食销售点，组建了东安经贸有限公司。从事农副产品产加销，公司获得对外贸易经营权，一位农民固定资产达1 500万元，一年纳税300多万元，公司雇用本村农民60多人。

小农民工大效益

1 000亩土地流转。土地由一家一块，零星耕种，走向了集约化，走向了机械化。

增大对社会的贡献率。为社会提供几百个就业岗位，稳定了社会，促进了和谐，加速了小康。

小村发生了变化。新华村农民种地不用贷款，反而向周边“民间借贷”；村容整洁、街道宽阔，红顶白墙的崭新民居被绿树掩映；轿车开回村里，信息反馈村里；农民那副打扮，比城里人还酷；他们的思维随着市场跳跃。最近，村委会又组织农民外出考察，一些农民准备“跳槽”。

原本是农民，现在成为商人、老板的新华人，分布在全国各地。但根儿在新华村，一逢年过节，商人、老板回家了，车满路，人满院，那派头给小村添彩儿。

（2006年5月23日《鸡西日报》二版头条）

杀猪过大年

风调雨顺，喜事重重。

裴德镇兴利村农民早早地把丰收的喜悦和对新年的憧憬挂在脸上。

一进腊月门槛，小村就不平静了。

腊月二十，记者走进兴利村，好一个地理位置。600 多户的村落卧在水库与群山之间，一条水泥路从村中央横穿而过，又与大通道相接。看居住，看打扮，看农民的精神头便知这里的农民奔上了小康。

正赶上农民冯国义家杀年猪请客。开化的天儿，一点不冷，农家小院屋内屋外尽是人，左邻右舍的农民过来吃猪肉，迎新年。

足足放 4 桌，一大桌子的杀猪菜，酸菜炖猪肉，蒜泥血肠，排骨……大碗菜，大碗酒，冯国义举杯整几句：丰收了，过年了，杀头 300 斤大肥猪，大家吃好喝好……一杯“小烧”下肚，一大堆知心话，语无伦次的拜年嗑……

推杯换盏，喝得脸通红，喝得腿打摽。喝醉了的农民，朦胧中体会的是生活幸福与甘甜。

村支部书记单志国告诉记者，兴利村 630 户，家家杀年猪，东家请西家请，天天吃杀猪菜，天天过大年。

杀年猪是小村的风俗。吃不了的，浇上水，挂上一层冰后，用雪冻上。

近几年，日子好了，农民舍得吃。头 10 年，农民过紧巴日子，杀猪户少，杀一头的，吃一半卖一半，或几家合伙杀，分着吃，近几年，一家一头。

谈过年，单志国“偷换概念”。

兴利村农民人均收入达4 400元，是个富村。

富在“政策”。“一免两补”这一块 80 多万元，户均“增收”1 269元。

富在“地利”。小村依山傍水，气候适宜，土质肥沃。

依水养鱼。全村 700 亩鱼塘，收入 70 万元。

依水养貉。全村 260 户养貉户，养貉收入 300 多万元。

依水种水稻。全村水田6 000亩，年产水稻 30 万公斤，成为密山市绿色水稻基地，水稻收入 50 多万元。

依山种烤烟。全村烤烟2 000亩，收入20多万元。

富裕的农民，享受生活，讲究吃的，杀年猪，杀出了过年的气氛。

办年货，办出了过年的花样。记者问冯国义，年货办得咋样，打开冰柜，鱼肉满满的；亮出存折，晃一晃；拿出十几幅对联，让记者看，“春雨润春苗，春风阵阵，春临家；喜鹊传喜讯，喜事多多，喜盈门”。这幅对子恰是兴利村小康人家的写照。

走出村，过年的喜气随风而起，鸡鸣狗吠传递出兴利村猪年的好兆头。

（2007年2月9日《黑龙江经济报》二版头条）

滚滚信息流奏响强市兴农曲

——密山市网通公司助推新农村建设纪实

这是一道看不见的风景。

信息在天空穿梭，过群山，跨湖泊，给农民搬去市场，给农民送去安康。

网通人关怀到农民的家门口，信息促进了农村生产大发展。

时下，网通公司员工，又是风来雨里，脚步遍及村屯，把心血洒向农家……

点鼠标看天下

信息兴农。

网通公司员工奔忙于村屯之间，在154个村开通农业信息“110”基础上，再扩大信息渠道。2006年，又投资350万元，在154个村建信息服务站，新架光缆50多公里，宽带进了农户。农民说，这回网速快了。

记者在裴德村农业信息服务站看到，满墙上挂的是政策指导农业生产、天气情况预报、化肥种子农机具介绍、市场行情预报等各种信息；网上编的是中国农业信息网、中国大豆网、中国养殖网等27家网址。一点鼠标，尽是全国各地农业信息“集锦”。

近日，正值大田开镰的时候，农民偷空网上忙。

看近日天气，看大豆、玉米、水稻行情，大量信息装进了农民的脑子里。

网站一开通，一些农民成了“网迷”。裴德村农业信息服务站，29日，上网的农民40多人；解放村信息站信息员张志伟告诉记者，4月初，网站开通后，6个月，上网农民3 000多人。

网站一开通，一些农民长了见识，解放村农民林春庆种5亩五味子，春天苗害病，一下子“麻爪”了。点击“中国种植网页”，按网上说的喷药，5亩五味子苗齐苗壮，少损失2万多元。

当壁镇庆利村农民徐成刚，按网上菜单“下手”，养貉子50只，种地200亩，再加上按网上粮食的差价收粮，一年4万多元收入，网络成了“帮手”。网站一开通，一些农民兴起电脑热。手头宽绰的农民，自己买电脑，全市2 500户农民买电脑,1 808户农民上宽带。

网上卖粮,网上交易成了农村新时尚。

网络促动生产发展,促动乡村文明,一些迷恋麻将的“赌民”成了“网民”。

打电话连市场

电话富民。

将电话覆盖边、少、穷地区。

近一年,为二人班乡贫困村架线 71 公里,安装电话 120 部;为大山里珠山村架线 120 公里,安装电话 140 部。今年 10 月,投资 40 万元为裴德镇中兴村架线 100 公里,附近 9 个山村,10 月末将开通电话。

近一年,为太平乡、二人班乡等 9 个乡镇建小灵通基站 70 个,又多了信息的传送渠道,小灵通成了农民获取信息的移动电话,全市农民小灵通业务达 3 982户。

珠山村农民李成林说,通了电话,离市场更近了;又上了宽带,网上购物、网上聊天,脑瓜活了,路子多了。今年,10 亩地土豆,网上签订单可增收2 000多元。

一部电话带活振兴村。打一个电话劳务输出到天南地北,劳务输出达 400 多人;电话打到俄罗斯,张山成了跨国的粮贩子;电话打到了大连,李云东成了经纪人,几车生猪运往大连,赚了一把。

东方红村农民印成电话号码簿,联系方便,谁家卖粮了,粮价多少,大家通气儿,小贩子收粮,唬不了农民。

电话,农民生活的一大件,缺了不可。一位农民说,离了电话,就抓瞎。

架线路为安商

架线安商。

近几年,密山市招商达 171 户,这 171 户企业大多是电话空白区。

外商企业,选址在哪里,第一时间,第一速度,线路就跟到哪里,信息亲商、安商、富商、乐商。

旺达米业刚开工,网通人就上门了,架电缆2 000多米,安电话、上宽带,电话、网络同时开通。信息兴企,网上报税、网上销售,企业年收购水稻 1 万多吨。收购临近的发展村、新发村、新忠村等十几个村屯的水稻,解决了农民增收难。

新华新食品有限公司电话开通后，直接与农民签订单、谈价格，密山市40万亩白瓜与这个龙头对接，1万多户瓜农增收。

金达利塑业有限公司电话开通了，新架电缆5公里；华香清真肉类有限公司电话开通了，建小灵通基站1座，新架电缆10公里。这些企业安置农村劳动力2 000多人。

信息纵横东西南北，蓦然回首，惊奇地发现一道新的风景：新农村里的新农民、新村庄、新气象。

（2006年10月13日《鸡西日报》二版头条）

风正　心和　业兴

——密山市裴德镇裴德村村务公开纪实

裴德村566户,大事小事不少。

村委会将这些大到机动地对外发包、宅基地审批、粮食补贴发放;小到贫困户油米柴盐、生活救济等大事小事,凡事都对村民公开,不掖不藏,不躲不闪,摆在桌上,阳光作业。听村民说,把知情权、参与权、监督权、决定权让给农民。这一公开村民心稳了,气顺了。

一块公示板,架起连心桥。村党支部有块大的村务公开板,挂在走廊内,一眼可及。计划生育公开、征用土地补偿公开、救济救灾款物公开、粮食直补公开、机动地对外发包公开、财务收支公开、债权债务公开等等,一些农民关心的、不放心的热点问题都公开,给村民亮底儿。连村干部的手机号码也公开。退耕还林补助的时候,虽是涉及几家的事但也公开,逯晓建,生态林17.8亩,应补粮款2 492元等等,村民说,什么事,生怕村民不知道,打开天窗和村民说亮话。

一块明白卡,热了村民心。离村部近的农民凡事早知道,有事没事,到村部转悠转悠。远的村民怎么办,村委会决定,村务公开达到百分之百的面,让566户都知道。村委会成员、村代表把村务公开制作一张卡片,下小组走农户的时候,送给村民。村务公开,公开到了村民的家门口,公开到了农民的炕头上。老党员张玉山70多岁了,离村委会几里的路,冰天雪地路滑,行走不便,村支部书记苗振亚怀揣明白卡上门“请示”、“汇报”,全村4个远一点小组的农民都知道村里这事那事。

村务公开不定日期,有事了,广播喇叭一通知,80名村民代表坐在一块儿,村委会把要办的事原因及结果说给农民听,大家一事一议,最后形成“决议”。

2005年,这个村村务公开项目38项,召开村民代表大会27次,议事30多次。

为解决自来水不足的大东头、大西头的百户农民吃上水,这事一公开,村民代表大会通过。开春儿,村委会拿出1万多元,打机井3眼,下自来水管道1 000延长米,解决了农民吃水难;七沟里桥坏了,几百亩地成了涝洼塘,土地减收。农民拉地,车总打误,村长帮助抬车。不修桥不修路,还当啥村官儿,连夜召开村民代表大会，村民同意后，村委会拿出5万元，修一座“增收桥”。村民代表议，村路和农田路问题。近两年，修农田路1万多延长米。村里安路灯，召开村民代表大会，又安灯10盏，修石砌明排水2 000延长米。

村委会把村民的位置放在第一位。事定了，钱谁花，钱怎么花？村委会有“辙”，管事的不花钱，花钱的不管事，花钱了，白条子不入账，一色儿是正规发票，连发票也对村民公开，村民到村委会，一切账目随便翻，随便看，时间长了，村民放心，让看也不看，为啥，是诚信。

这一公开，心齐了。告状大王朱加富，告前任村委会“十大罪状”，记者问他，现在还告不告了，他脸红了，告啥，尽为农民办事，没有告头了；贫困户大家帮，刘洪军病逝，村里送去丧葬费1 000元；蔡德仁癌症晚期，送去500元；临近春节，给15户贫困户送去大米、白面、猪肉，这东西由村民和村干部一起送。

这一公开，小康提速了。眼下，正值冬闲，可到裴德村看不见打麻将、串门子，扯东家走西家的，40户农民忙打苇帘子，200多人到药厂、完达山乳业打工，忙抓钱；参场村20多户农民召开了“赛牛”大会，看谁的牛产奶多，在村委会副主任王海赢的引导下，借山地资源，一年养奶牛107头，收入30万元，户均1万元。仅一年，裴德村盖砖房10多栋，农民人均收入达4 500元，成了远近闻名的小康村。

这一公开，小村和谐了。头段时间，村换届选举，村长满票当选，村支书满票当选；裴德村路直街靓，这个曾“灯下黑”的村庄，夜里一片灯火；还有村干部与农民，党员与农民之间的近乎劲儿、默契劲儿。

（2005年11月21日《鸡西日报》一版头条）

包农场地　发增收财

——密山市农民外包土地纪实

密山市地缘特别，与农场为邻。

境内有855农场、857农场、8511农场、兴凯湖农场等四大农场。远者，几十里；近者，门对门，道挨道，地头搭地头。

农场，人少地多，千垧万顷的剩余土地，成为农民的钱罐子。

农民种自家的，包人家的，土地大片耕种。

一些农民多了一个心眼，在粮食未直补的时候，就和农场签约，一签10年或20年。那时，一亩地才80元，土地增值了，农场人想打耙，不赶趟儿了，这些农民占一大便宜。农场人说，地方的农民"鬼道"。

今年开春，又兴包地风。以每亩100元至120元的地价包地，农民一哄声，盯住农场。

全市近1 000户农民包地50万亩，外包土地置换了身份，农民成了庄主，成了"土地商"。

杨木乡与857农场近邻。

4 990户农民包地11万亩，占全乡耕地四分之一。人均多增收400多元。

朝阳村是包地大村，600户农民外包土地300多户，包地6万亩，等于又造了5个朝阳村；许传宝是种粮大户，一听吓一大跳，种地5 000亩，在全省也是头子。人家种地机械化，大胶轮、大平头、大型悬耕机、大型收割机，车成队，粮成山，钱成捆，一年是几百万元的收入。

郑万红包地380亩，增收的喜兆从天而降，今年是10多万元的收入；姚兵，包地，风调雨顺，换来了好年景，老婆孩子乐了，左邻右舍也跟着乐。

青年村与855农场、二龙山林场是界壁儿。

农场人不稀罕山坡地，可是农民拣了个剩儿，山坡地成了绿色白瓜基地。

"大白板换来了大白边儿"。

本村1.8万亩土地，480户农民包地2万亩，又产出一个青年村。

王福生包地500亩，种白瓜200亩，收入1.6万元；赵德轩包地200亩，种白瓜20亩，仅白瓜收入1.6万元。包地100亩以上的达200多户。包地包富了青年村。

石嘴子村、兴凯湖村与兴凯湖农场隔几十里。

300多户农民贪大,自家的土地看不上眼了,转包,再出去大包。外包地5万多亩,举家迁到农场,成了“农场人”。

富源乡400多户农民到855农场包地6万亩;二人班乡爱国村到8511农场包地1.5万亩;承紫河乡200户农民包地2万亩……

包地大户,青年村农民赵德轩告诉记者,包地,大投入也是大收入。原本一家一台车,几十亩土地,春种秋割是几天的事,闲半拉儿膀子;包几十亩、几百亩、几千亩过瘾又解渴,都是机械化,种地也十分轻巧。

刚忙完秋收,包地的农民就到市农机总站报名,300多户农民报名,要买大型农机具;几百号农民见缝插针,到农场打听,哪家的土地合同到期了,好撬杠子。时下,包地风、抢地风又起。

包地大户买电脑、买大型农机具、买轿车、盖大砖房、盖二层小楼,还有那些别人不知道的大把大把的存折。

(2006年5月15日《鸡西日报》二版头条)

玉米高产奖“四轮儿”

——密山市“密丰杯”玉米高产大王颁奖现场侧记

10月30日早9点，来自密山市及周边市县、农场近千名农民聚集在密山市种子公司，等待着密山市“密丰杯”玉米高产大王开奖那一刻。

4台头戴大红花，印有“密丰杯”玉米高产大王竞赛的四轮车，15台“博克”洗衣机，15台“海信”电视机，20台金正小霸王“VCD”，摆放在院中央，这是此次竞赛的奖品。

广播喇叭里唱起了“好日子”，响起了“丰收曲”。场面人心激荡，谁能赢，农民有的打赌，有的猜来猜去。

市种子公司经理张福君告诉记者，这是密山市第二届“密丰杯”玉米大王竞赛，去年，评出特等奖一名，奖励小四轮车1台。今年，增加奖励金额达20万元，奖励农民54人。竞赛的目的是鼓励农民推广优良品种，实施科学种田，加快农民奔小康。

这次竞赛标准，凡是在种子公司购买“四早113”，“绥玉10”，“龙单25”，“庆84－2”玉米种子的农民都可以参加，每次以20穗玉米为单位，当着农民的面，量长短，比粗细，称分量，从25日开始，近三天时间，有1 000多名农民参与。

裴德镇青年村农民孙佳军从袋子中抽出1尺多长的大玉米棒子告诉记者，来晚了，取消了比赛资格，十分遗憾，过年这个时候，一定比试比试，点儿高了，也许也中一台小四轮儿。

9点30分，公布比赛成绩，人们屏住了呼吸。

一等奖名单，知一镇崇实村蒋延明，密山镇新华村刘承强，农民把玉米棒子抛向空中，不自主地欢呼雀跃，喊出了丰收的年景，喊出了满腹的喜悦，喊出了党中央“三农”政策在黑土地上的回音……

一等奖获得者，蒋延明皱纹舒展，笑得灿烂。他告诉记者，我选择了“四早113”，施用农家肥，又赶上风调雨顺，玉米棒子又大又粗又重，30亩地“四早113”，15亩产玉米2万公斤，收入2.2万元。又中了一台小四轮车，财从天降啊……

获奖的开上了四轮车，骑上了摩托，拉走了电视，抢走了“VCD”。没得奖的，一是羡慕死了，二是不服气，等着明年再看谁的玉米穗子大。

蒋延明、刘承强、王文龙、董景林身披大红花，上了戴着大红花的四轮车，打着火，挂上挡，踩离合，加油门，按喇叭，拐了弯，上了路，一点点提速，在秋风里，走在了奔小康的大路上……

（2007 年 11 月 1 日《鸡西日报》一版）

"钱生钱"鼓起钱袋子

——密山市富源信用社贷款支农纪实

"信用社支农让钱打滚,让钱生钱"。这句"谚语"在富源乡农村流传……

贷款户孙喜顺告诉记者,1 亩地大豆投入 180 元,收入 600 多元;1 亩地玉米投入 200 元,收入 500 多元;1 亩地白瓜投入 150 元,收入 900 多元,钱在生钱。

据了解,2007 年,富源信用社投放贷款5 300万元,2008 年,投放贷款7 370万元。近1.3亿元贷款在"繁衍"中打造了真正的"富源乡",打造了真正的"富强村",打造了真正的"富民村",打造了真正的"民富村"……

1.3 亿元贷款让富源乡成为大豆之乡、玉米之乡、白瓜之乡、产粮大乡。

1.3 亿元贷款让3 000多农户装冒了米囤子,鼓溜了钱袋子,过上了好日子……

农民说,贷款是农业的基础,是农民富的源头!

富源乡乡长告诉记者,富源乡 12 个村4 300户,位居山区,土地多是山坡地,土地薄,霜期早,产量少,可富源乡临农场、林场,农民要吃周边大片土地这碗饭,但包地是一笔大炮钱,信用社及时、足额贷款让农民有了底气,农民怀揣着贷款,到农场、林场包地,"一拍"几百亩。

富源乡土地11.7万亩,外包土地 11 万亩,等于又造了一个"富源乡",又造了 12 个自然村。

"一证通"让土地增加。

民富村农民孙志业原授信额 2 万元,新包地 20 亩,上调授信额度为 4 万元;周广柱原授信额为 2 万元,新包地 100 亩,上调授信额度 1 万元。为2 000多农户上调授信额度6 421万元,贷款在上调,土地随之"增幅"。

"一证通"让土地增值。

民富村会计杨和林告诉记者,"一证通"贷款是"民富"贷款。

以民富村为例,每年 11 月大粮下来,要是往年,农民为了还贷,少付息,急三火四地卖粮,小贩子抓住这一"弱点",压等压价,农民没有等卖时间,"一证通"贷款给农民主动权,缓冲农民卖粮时间,农民可抓住了粮价。

2007年，全村产大豆225.5万公斤，11月，大豆每公斤价格3.2元，2008年2月，大豆价格上涨到每公斤5.68元，1公斤价格差2.48元。价高的时候，农民一齐卖粮，全村大豆增收300万元。这里有账外账，就是240万元贷款换来300万元增收；全村8 000亩地白瓜，农民贷款240万元，农民到2008年1月卖白瓜子，又增收160万元。

农村传出笑声，笑声尽是甘甜。

农民为了过上好日子，给村庄起名的时候，带有祈祷，什么富强、什么民富、什么富新……但是就是富不起来，如今贷款自由，贷款充足让农民真的“富强”了。

农村传出笑声，笑声尽是憧憬。

农村，成为新农村，农民，成为新农民。农民买上了轿车；农民开着大型机械收割；农民视频聊天，上农业信息网；农民盖上砖房；农民学会赶新潮、赶时髦。

农村传出笑声，笑声尽是礼赞。

富源乡村多是山路，每逢开春，信用社人员翻山越岭，跋涉几百里，走遍5 000多农户。

4 000多笔粮食补贴、种子补贴、农资综合补贴发放的时候，他们坐窗口一坐十几天。

农村传出笑声，笑声尽是和谐。

贷款让富源乡与农场场市共建达到密不可分。

8511农场12连农户张连清说，我们这个连队是个“四不靠”，富源信用社“雪中送炭”，为农场户贷款1 618万元。

农村传出笑声，笑声尽是双赢。

富源信用社是“存款大户”，2008年，储蓄存款2346万元，1 000多位农民成为编外储蓄员。实现资金良性循环。2007年，放贷5 300万元，收回5 300万元。

富源信用社是“实力大户”，2007年，利息实现520万元，实现利润120万元，上缴税金16万元。

富源信用社是“盈利大户”，是密山市信用联社基层社标兵，是鸡西市第十九届劳动模范先进集体。

（2008年11月17日《鸡西日报》二版）

旅游线上的新农村

——密山市农业开发办支持劳动村建设新农村纪实

白泡子乡劳动村,位于兴凯湖北岸。

劳动村是密山市第一个公路通组村;2006 年,劳动村是省农业开发办新农村建设试点村;是密山市农业开发办建设新农村的"对子村"。

近三年,密山市农业开发办引领、助推、建设劳动村,与劳动村 525 户农民一起用劳动打造了一个"生产发展、生活宽裕、村风文明、村容整洁"的新农村。

一个被绿树、鲜花、山水环抱的新农村成为兴凯湖风景中一处特别的生态、田园、农家风光。

游兴凯湖,顺脚再游新农村,构成一条兴凯湖旅游精品线。

走进劳动村,新农村建设像三伏天的热浪扑面袭来,顿时感到"三农"发展的脚步;触摸到农民的火热生活。

在田垄上,市农业开发办主任李侃瑞告诉记者,劳动村准是个丰收年。

一看劲头。为了劳动村的新农村建设,农业开发办的脚定在了劳动村,心放在了劳动村,情洒在了劳动村,不换面貌不回头;二看苗情。玉米抽穗、大豆插墒、水稻抽穗、烤烟叶肥;三看形势。劳动村是瞬间发展,变化一箩筐。公路通了、砖房多了、口袋鼓了、腰杆壮了、村民乐了、村子美了,变化得翻天覆地!

劳动村的变化,是劳动村几代农民多年的希望,是市农业开发办圆了几代劳动人难圆的梦想!

村党支部书记马吉财,这几天太忙。市农业开发办给他揽个大活儿,给农民修门口桥,他去城里拉水泥管刚刚卸完车,就迫不及待地"感恩",拍拍良心坎,说说良心话,没有农业开发办的支持,就没有劳动村的新农村。

近三年,市农业开发办给劳动村投入新农村建设资金多达 400 万元。

机械化投入 120 万元。2006 年,省农业开发办把劳动村列为农机合作社村。三台大型收割机、两台大胶轮、一台拖拉机及水稻收割机、悬耕机、深松浅翻犁等十几套机械列队进村,机械化作业,奠定了劳动村优质高效农业的基础。

库房投入 15 万元。农民爱机械就像爱护自己眼珠儿。机械住"别墅"。盖起 360 平方米,高十几米,钢架结构,彩钢瓦的大型机械库房。劳动村,真正实现了农业的根本出路在于机械化。

机械化让农民减小劳动强度；让农民扔掉弯钩锄、月牙镰；秋收提前10天；农民倒出身子打工年收入300万元。

机械化让农民增效。农民割大豆外雇机械，每亩节省11元，全村节省11万元。

大棚投入20万元。大豆、玉米、水稻是大田经济，守家门口扣大棚是庭院经济，农民的园子长出了农业经济增长点。农民形成大田经济、庭院经济一同收获的链条。18栋大棚，30亩地黄瓜、辣椒、西红柿、茄子、西香瓜，在青黄不接的时候，大棚开园，卖给农家游。西香瓜1公斤卖10元、小辣椒1公斤卖7元，地成了聚宝盆。

牛舍投入10万元。农民在北山建牛舍600平方米，黄牛存栏70头，卖牛32头，山成了摇钱树。

生产发展的新农村乐曲在村庄响起，在新农村乐曲的吹拂下，农民开始打造宜人居住的村庄。

铁栅栏投入30多万元。党员关云喜说，以前的木杖子七扭八歪，这一换，顺眼、顺心。

小石桥投入10万元。这几天农民下桥管，每户门口一座小石桥。石桥上要刻上农民的心声与愿望。小康桥、通心桥、劳动桥、湖光桥、致富桥等等，这些石雕成为乡村文化的点睛之笔。

挖渠投入100万元。挖壕4条1万延长米，直通兴凯湖，1.6万亩的湖滨涝池塘，成了绿色米大仓，年增收400万元。

劳动村人均收入达到6 500元。

劳动村，鸡西市小康村；劳动村，鸡西市农业、农村工作先进村；它镶嵌在兴凯湖山水之中，它静谧、它富庶、它璀璨、它气派。

（2007年11月3日《鸡西日报》二版）

路平渠直打造米粮川

——密山市农业开发促农增产增收纪实

密山市耕地263万亩，农业产粮大市。

密山市地处北大荒，历史形成，农业生产基础设施薄弱。农田路，路破，路少，有的田间地头根本没有路；农田渠，渠窄，渠浅，淤塞；涝洼地，临山根，水泡，湖泊的中低产田几十万亩，农田产出效率低。

农民种地难，管理难，秋收难，增产难，“四难”卡住了“三农”。

省、市农业开发部门直接对口支持“三农”，加强“三农”，助推“三农”。

农业开发被农民称作是中国农业的战略工程；是惠及“三农”的第十个“中央一号文件”。

密山市农业几年间出现了粮食稳产、高产，农民增收。打造了密山市农业强市，推动了密山市优质高效农业的进程。

科学发展观落实在田埂上

密山市几十万亩涝洼地，动不动被洪水浸泡，年损失达几千万元。农民白瞎了种子，白费了人工，白忙了一春。兴凯湖乡兴凯湖村涝洼区，都禁不住小的洪涝。1.5万亩农田颗粒无收。村里没有一座砖房，村民没有一笔存款，部分农民搬家，留下遗憾，留下抱怨，留下无奈。

农业开发便民、利民。加大农业开发是省、市农业开发部门站在最广大的农民利益上，站在田埂上落实科学发展观的实际行动。

古语说，“民以食为天，民以食为安。”农业开发关乎民生。

省、市农业开发部门以农为本，加大对密山市农业投资，一颗亲民、爱民的心留在田间地头，热在农民的心坎儿；加大对农业的投资，从根上治理了“四难”。科学地利用土地，科学地利用水资源，科学地利用科技，实现了向荒地要粮食，向荒地要丰收；实现了农业可持续发展，实现了人类挑战征服自然的决心。

特别是近几年农业开发，密山市增收粮食4亿公斤，增加农业产值4.1亿元。昔日的荒地、水塘边长满了"绿洲",昔日的涝洼地成了米粮仓。

农业开发让全国一百个产粮大县(市)密山市,全国商品粮基地的密山市,粮食对俄加工出口的农业重市名不虚传。

农业开发形成粮食产业链,串起了工业效益链,以农促工,以农兴工。

据统计,密山市年农业税达4 000多万元,农业税减免之后,以粮食为主体的粮食工业实现税收1亿多元。农业反哺工业,农业反作用工业。

开发力度像铁犁开垦

近几年,农业开发总投资达1.5亿元。开发范围遍布12个农业区,10个乡镇80多个村,5 000多户农民。改造中低产田31万亩,复垦撂荒地4万亩,营造农田防护林1万亩,退耕种牧草2万亩,种果树1 000亩。

挖渠130条500公里;修农田路80条240公里;修桥、涵闸300座,修混凝土衬砌渠10条15公里;建电灌站3座,建补水井60眼;建育秧大棚35座,建棚室蔬菜基地35亩。

农民说,农业的根本出路在于农业开发,农业开发成了农业丰收的命脉。

农业开发的地块,像一处建筑大工地,机器点兵,声势浩大,开天辟地。站在水渠堤上,一条条水渠像一条长龙卧在田地间。渠宽,渠深,渠长,给人以震撼,人们把开发渠称作是密山市的"长江三峡"。

开发给农民满心喜悦

农民谈新农村,不自主地先谈农业开发。

全市100多个农业开发的标志图案印在村旁,桥墩,渠上,井边。

白泡子乡一部分土地处在湖滨涝区,山水,湖水,河岔水,泡地,淹地,农民苦不堪言。近几年,农业开发办投资470万元,加上市乡投资103.6万元,农民集资234万元,银行投资271.5万元,总投资达1 000多万元。改造中低产田8万亩,其中,旱田改水田1.5万亩,复垦宜农荒地2万亩,营造农田防护林0.4万亩,修渠1.5万米,12条水渠分布在田地间。十年九不收的土地打粮了。农民一口气说完了一肚子的话,农业开发让我们有吃,有穿,有住,有钱花……

长林子村老书记黄明连说,2003年,1.4万亩洼地,旱年头产水稻仅产200万公斤,还挺罢劲,开发后水稻总产达3 500万公斤,农业总产值增加7 700万元。长林子村的人均收入增加到6 500元,硬是把贫困村"开发"成为小康村。

连珠山镇东方红村,1.3 万亩耕地没有一条排水渠,没有一条可走的田间路,乱灌,乱排,成了乱了套的“烂八地”。农民背种子,背粮食,背机械,背的农民心凉。农业开发7 米宽、21 公里的沙石路垂直相接。农民说,这路基础牢,质量好,宽阔平坦,春种秋割方便,省力,省时间,抢农时。

太平乡庄内村4 000亩水田渴水。农业开发办投资110 万元,修混凝土衬砌渠10 公里,上接富密灌渠,下通连河排干,灌溉及时,延长生长期,形成旱能灌,涝能排的良性循环,4 000亩低产田成了高产田。

据统计,治理长林子村、劳动村、白泡子村、湖沿村低洼地块,裴德村水田改造,东方红村水田改造,太平庄内村水田改造,和平乡良种场村水田改造总计30 万亩……

投资建成的太平乡庄内村农业开发蔬菜基地并排43 栋通片钢骨架大棚,方阵排列,土地生金了,成了供应俄罗斯远东地区的菜篮子。

农业开发建蔬菜、水稻育秧大棚114 栋。连珠山镇解放村16 栋水稻育秧大棚引进新技术,采用水稻超早育苗;引进新品种,选用空育101,农业开发引领了现代农业。

风景镶嵌大地间

走近农村,一眼可及的是田成方,林成行,渠成网,路相通的田野风景线。

田、渠、路、桥与田野与村庄相依,好一处农业开发的生态图。秋收时节,一眼望去,稻菽万顷,渠长千里,美哉,田野!

渠让土地增产,路让农民增收,农业开发提升人们的“幸福指数”。

太平乡农民说,有了衬砌渠,灌的快,排的快,还节水。

裴德村党支部书记苗振杰说本质,衬砌渠年节水百分之四十,年省电4 000元。

兴凯湖村低洼地成了一片片绿油油的水稻区,亩增收158.7公斤,人均收入增加197.8元。因水灾背井离乡的农民又迁徙回来了,几年,都盖起了大砖房。

裴德村付炳勋举例子,裴德村旱改水800 亩,原来种大豆亩收入500 元,改种水稻后,亩收入1 100元。同是800 亩,而今多收入40 万元。

农业开发让农民钱厚了。裴德村人均收入达6 500元,庄内村人均收入达6 400元……农业开发让村子亮堂了。过去一整拉地,种地,满村,满身是泥巴,农村成了大屯子。现在农民盖新居,焊栅子,栽花草,农村成了小城市。

农业开发让机械普及了。农民说,车到山前必有路,有路必有大机械。这回享福喽,大型机械安家落户了。长林子村、劳动村等10多个村成为机械化村。

农业开发让农村发展了。农业开发促动了生产发展,生活宽裕,乡风文明,村容整洁。涌现出大批的小康村、文明村;农村成了城里人向往的人居环境。

听,一曲曲以农业开发为主题的新农村乐曲在田野中飞扬……

(2008年6月15日《鸡西日报》二版)

一份晴雨表　报告丰收年

——密山市气象助推“三农”发展纪实

春播时节，密山市出现了旱情。

据密山市农业部门调查：部分地块芽干、芽瘪、芽死；湖、泡、库、渠、堤水位下降；2.4万亩水田泡不上秧……

裴德村农民“杞人忧天”，站在田埂上，用手打着遮儿，望天……

天气预报“12121”台，被农民打“爆”了，那是农民干渴而沙哑的声音……

气象局全体秣马厉兵，枕戈待旦，自动观测，人工观测两个“轮子”一起转……

局长与工作人员走地块、爬山坡、穿林地监测大气温度、湿度、风向、风速、气压，对密山市旱情进行“天地间”考察。

培训指哪打哪的十环炮手。

运回415枚降雨炮弹。

欲穷千里，关注云层，寻找云团聚集的一刻。

5月31日至6月1日，密山市上空出现空气强对流，抓住火候，人工增雨。

气象局、杨木乡等炮弹发射点，万箭齐发，19枚炮弹飞入云层，炮声，雷声震动了天公……作业区降水达14.2毫米，达到中雨程度。

下雨了，下雨了，农民欢呼起来……

下雨了，下雨了，干涸的禾苗吮吸着……

这是及时雨，这是增收雨，这是党和政府播撒的阳光雨露。

这是气象局与天公一道奏响的一曲热爱“三农”的颂歌。

“三农”的基础是气象；“三农”的依赖是气象；“三农”的命脉是气象。气象局副局长姚远说。

气象局每天向全市人民发布一天、三天、一周天气预报，电视台播出，短信播报，网上粘贴，速递给人们。

天气预报报平安。2009年3月10日，密山市气象局发布“中到大雪”红色预警预报：21日至22日白天，密山市将出现一次雨夹雪转中到大雪的天气，预计48小时降温8～10度……

气象局将天气信息报告密山市新建村，黑台镇庄内村的大棚农户，农民们未雨绸缪，对大棚加固，大雪过后，无一大棚破损，天气预报给农业生产上了一道安全“保险”。说天气预报，庄内村农民张思友说，天气预报作用大。去年开春一场大雪，农民没把天气预报当回事儿，这大雪把全村20栋大棚压塌了，损失10多万元。这回棚室生产听天气预报的。

密山市气象大事记记载：2006年5月开春，一场掐脖旱，一个月降雨是密山市有史以来最小值，密山市气象局在5月30日实行人工降雨，7.8万亩旱田解除了旱情，一次降雨为农民减少损失1 000多万元。

2007年秋季，正值秋收的时候，一阵大雪即将来临，气象局大雪预报家喻户晓，天气预报催促农民快抢收，秋收抢在了大雪来临之前。

天气预报报“农时”。密山市10万亩白瓜分布在山区，山区雨多、雹多，气象局在山顶上观天气，观日月星辰，观风云阴晴，气象站设在田间地头，设在农民的家门口。为1 000多户白瓜户提供《白瓜种植天气预报》，旱涝、阴雨农民早知道，农民抓住了整地、播种、铲趟的最佳农时。

天气预报报丰收。密山市白泡子乡烤烟万亩，临兴凯湖、完达山，是一个独特的气候，气象局将观测站建在湖边、山上、地里，每天给农民报告天气情况，并制作了《烤烟苗期冻害预报》，《4～8月气候对烤烟的影响报告》，农民按“报告单”育苗、假植、管理，烤烟年年增产。

天气预报报“火险”。近几年，兴凯湖国家自然保护区的天气预报是个空白点，因一部分归农场管辖，保护区植被繁密，鸟类繁多，加上春秋气候干燥，是火灾易发地、多发地。气象局天气观测到千顷湿地、百里湖岗，报告出兴凯湖国家自然保护区气候特点及植被干燥度火险等级，用天气预报给动物建造了一个生长、栖息的平安乐园。近几年，兴凯湖国家自然保护区未发生一起火灾。他们又对兴凯湖国家自然保护区进行气象论证，为兴凯湖保护区申报国家地质公园，为兴凯湖国家自然保护区申报世界人与生物圈自然保护区提供了翔实气象资料。

土壤干旱检测情报；寒地水稻天气预报；烟叶种植天气预报；森林火险天气预报；防洪天气预报；超早、及时、新准，直系农业生产。

一份份天气预报，报告出涝年头的风调雨顺，报告出旱年头的五谷丰登。

（2009年6月22日《鸡西日报》二版）

“大白板”换来“大白边儿”

——密山市裴德镇青年村白瓜丰收侧记

青年村白瓜万亩，尽是“大白板”。

秋收时节，记者在青年村见到大坝山下，大路西侧，大个头的白瓜密密麻麻，像金蛋蛋，成堆成片。

青年村临大坝山，独特的山地、气候，是白瓜“繁衍生息”的土壤。种瓜几十年，以“白瓜村”出名。

白瓜形成产业是近几年。头几年，虽是年年种瓜，但是“遗传基因”的关系，瓜小子瘪，收成不咋地。为了给土地倒茬，小打小闹，每户种上几亩。2001年，密山市将以青年村资源为依托，作为国家级白瓜基地，引进“大白板”，“大白板”，瓜大子大，小商贩们认“大白板”，是市场抢手货。今年粮食直补，政府又每亩补10元，“大白板”达万亩基地。

是日，白瓜地头。记者亲历农民收白瓜的情景，和以往用刀开瓜，用手掏子，农民手裂疲惫的记忆却“谬之千里”，几个人拣出车道，四轮车上带一台脱粒机，用叉子叉瓜，往脱粒机上一卡，瓜进子出，这么简单、这么便利、这么直接、这么轻松、这么机械，农民管这叫机械化收瓜。去年，农民王福生3 700元买了一台，这台机器收瓜的时候，抢上了，今年几个月购买脱粒机500多台，差不多一户一台。

小村添一景。户户房顶上、屋檐下、院子周围尽是白瓜子，用木桩支起的铁网、纱窗将瓜子摊在上头晒。近几天阳光充足，一上午就晒个大半干，三天就晒个响干；晒干不急卖，再用手选、磨光，1公斤可卖14元。费费手1公斤就增值4元，农民周武说。

瓜农说，头些日子，瓜在地里，小商贩就“指腹为婚”，先口头签订单，生怕别人“见缝插针”，给价1公斤10元。按这价“推理”，瓜农又掏上一把。今年的白瓜出奇地长。主要是按照绿色白瓜工艺操作，适时喷用生物绿色复合肥，主辅大换位，1 000头牛、8 000只羊、2 000头猪产的农家肥肥了土地，从开花到结瓜又风雨调和。

再过十天八天，“大白边儿”就进腰包了，农民心里偷着乐。收入2万多元的瓜户300多户。

白瓜让农民富足。先看“点”。唐天强每年种瓜100亩以上，包地到二龙山、铁西林场，百亩瓜地年年5万元的收入打不住，种瓜10年；王福生种瓜每年300亩，一年都是15万元的收入，白瓜换回了“捷达王”小轿车，牵回了50头奶牛，一头牛是1.5万元的价，那是75万元的“家产”，还有30多台大中小型农机具；再看“面”。村支书赵德轩告诉记者，直观的是户户砖房，一色儿白瓷砖挂面，大多是落地门窗。“微观的”是户均存款1万元以上。白瓜收入占每户收入的一半，人均收入今年可达4 800元，超过小康的收入标准，都是白瓜打的底儿。

（2005年10月12日《鸡西日报》二版头条）

老街大胃口　日吞千吨粮

——记密山市知一农副产品一条街

知一街路,东西走向2.5公里。

路两侧,100多家农副产品货栈林立,这里是远近闻名的农产品集散地。这条街解决6万农户卖难,这条街富了商人、富了农民、富了财政、富了周边。

时值秋日,走在这条街上,目不暇接。

看广告,一顺水的广告牌,一个挨一个,广告简单明了,一块牌子立在路边,上写:收购白瓜子、红小豆、紫花芸豆、大豆……

看户标,吉祥相随。顺安、盛达、百吉、鑫源、繁华等100多块不重复的店名,直撩你的眼,感受到这里有一种活动的商机。

看车流,早晨3点到午夜,一天"不拉桌",每天200多台三轮车、四轮车"重载"送货。太阳偏西的时候是车最多的时候,阻断交通,时常车碰车,是事故易发区。

看夜色,这条街是"不夜城",彩灯映着不同颜色的牌匾,色彩斑斓,每个货栈的小院中央,几千度的大灯泡子贼拉地亮,卸车、筛选连轴转。

看"打扮",几千人聚在这条街,有商人,远的新加坡,近的哈尔滨,一位广州大老板带来汇票300万元,坐着收农副产品;有农民经纪人,他们割完了地,掏出万八千的,小打小闹;有下岗工人,一年忙几个月,一万多元的收入。有些人弄不清是收货的,是看货的,还是看热闹的。

看"资产",农民开的,工人开的,单位开的,股份制、联合体等货栈形式不一。街20米宽,太窄;道2.5公里长,太短。货栈大门脸,大"装备",大型精选机、大型运输车,多少家底?几十万打底。双胜贸易货栈,前院是收购点,后院是贮藏库,大型机械十几台,雇用钟点工40多人。

看"景色",街里的地盘不够用了,又向东拓展出1公里,形成"向化收购一条街",18栋以欧式风格见长的货栈,形成一道风景。像一座聚宝盆,更像一条作业的"流水线"。

看场景,一个感觉,钱挣的痛快,小贩子张广,红小豆1公斤卖到7元,比去年多卖1元,一天收两车600元进兜。白瓜子1公斤卖9.6元,是几年最高的价，开着车，整个高音喇叭，录上音：收白瓜子……一来一过，就收一车。一个不让说出姓名的货栈，一天收大豆30吨，红小豆10吨，赚多少钱，说啥也不说。

100多家货栈，24小时收购，一天收购农产品1 000多吨，日周转金3 000多万元。

忙坏了铁路，每天几十个车皮，车皮吃紧；忙坏了公路，大平头、长厢大板，四个轮不停，一位香港老板说，应建个机场，空运才能缓解公路压力。

税收达300多万元，2 000多名下岗工人就业，1 000多名劳动力转移。

百年古街知一镇，原是老东安省，曾繁华过，因历史沉淀或地处穆棱河边的缘故，而今古街更见出火。穆棱河南片的粮食大口吞下，不饥不饱，又吞下了穆棱河北片的粮食，佳木斯、穆棱等市县粮食也向这里“归队”，是因为这里是投资者的洼地，是因为这里商机多，资金多，富翁多。

难怪，天天是这个样子，车成队，人搭肩，钱成袋子滚，买卖声一片。

（2005年11月2日《鸡西日报》二版）

瓜农的日子顶呱呱

保安村产瓜。

出连珠山村南走右拐再左拐 8 公里,达保安村。

7 月,卖瓜吃瓜的时候。

10 日,记者路过瓜园,闻瓜香,引出“馋虫”,喊瓜农下瓜。瓜农地角一磨磨,拎来一筐瓜,白瓜、绿瓜、花瓜,用拳头轻轻一磕,一道裂痕,轻轻一掰,瓜开瓤出,瓜入口,如吃糖,似吮蜜。

瓜农自夸:管打管叫个保个,又脆又甜又起沙,不吃馋掉牙,吃的“甜嘴巴舌”。

瓜农又夸:小村南临穆棱河,河床冲击土,沙土地,地肥,保温,适合种瓜,是东北的“吐鲁番”。

瓜农再夸:保安种瓜 60 年,爷种瓜、爹种瓜、儿子种瓜,子子孙孙种瓜。

吃一口瓜,这并不是“老王婆卖瓜自卖自夸”。这瓜真让人吃一个,想下一个……

记者问价,刚开园卖缺货,一口批发价 1 公斤 4 元,快罢园的时候,1 公斤还卖1.6元呢。

拉话间,地头停了三台三轮车,小贩子抢瓜。

记者上问,哪路人买瓜,一个是宝清的,一个是七台河的,一个是本市的。

三人抬价,1 公斤卖 1.8 元。瓜窝棚里钻出三个人,都是左邻右舍的一起帮下瓜。

一袋烟功夫,装满了几大花筐,用塑料布一系,上秤、点钱,卖瓜 350 公斤,瓜农大度,抹抹零,1 250元进了瓜农的口袋。下瓜为啥不擦擦,瓜农有理儿,有点土一看是农村的瓜,绿色好卖。

记者插空探问,种瓜是啥成色,瓜农笑哈哈,品种是“珍甜”。6 月 15 日下瓜,1 亩地产瓜3 500公斤左右,卖价不等,平均亩收入 1 万元上下。

瓜分棚式瓜,裸地瓜,棚式瓜早卖 10 天。6 月初就下瓜,卖 20 天瓜,亩收入1.1万元,裸地瓜亩收入与棚式瓜差1 000元。卖完大棚的卖大地的。

这位瓜农叫李增春。3 亩地瓜刚开园就卖 2 万多元。

瓜棚是看点。田间小路两侧，大大小小瓜窝棚密密麻麻，一位瓜农用手指着东边一大片瓜窝棚，整个大估景，全村 400 户种瓜1 000亩。

车流是卖点。已近晌午，四轮车，三轮车，客货 30 多台来到瓜地头，瓜农说，车多是过了晌午。记者等车看卖瓜。“时辰已到”，七八十台车将瓜窝棚围住，看瓜买瓜，人多了直拉。车为啥下午来，瓜农说，上午下瓜，露水大，下午下瓜，瓜闷一宿第二天卖好瓜口。一些瓜农见买瓜人多了，就拿一把，不说开价，只等人家给价，好定价。瓜农真鬼道，市场脑瓜。

广告是热点。一进村口，各家各户门口都立起了广告牌。开始瓜农自个上市场卖瓜，去了人吃马喂不划算，几户瓜农一呛呛，打广告，用纸壳、木板写上“卖瓜”，或在自家房子大山墙上、木栅栏上写上“卖瓜”，简陋的广告村边立，甜瓜俏起来，引来了周边小贩子，一天几百人热了这瓜地。农民守家待地不经意间闯入了市场。

村长冯殿才告诉记者：你只看到了瓜地一半，再走一里多地，小村西头，临穆棱河更近，又是1 000亩的西瓜地，“心红宝”西瓜，最小的十几斤，绿皮花道大西瓜再卖半个月，这一个多月，瓜农卖完甜瓜卖西瓜。

瓜农靠瓜富。10 多户瓜农开回了小轿车、小招手车、小半截子车，存折有多少，村长不说怕露富，反正存款户占大半。

吃瓜买瓜，记住了，去连珠山镇保安村。

（2005 年 7 月 19 日《鸡西日报》二版）

养牛　倒牛　真“牛”气

兴凯镇农民养牛，那是“头子”。

一说龙头兴牛。

临龙头。龙头，全国明星企业完达山乳业坐落兴凯镇，10 个村将龙头半包围，日收鲜奶1 000吨，近日，又新上一条日处理 300 吨鲜奶生产线，农民近水楼台，就是万头奶牛天天撸奶，也供不上龙头的“嘴儿”。

二说草原哺牛。

倚完达山。沟壑、山坡是牛繁衍栖息的桃园。草原一眼望不到尽头，风吹草低的时候，牛的叫声告诉主人，草原还是太小了。近年，扩充了“人工草原”。不种田种草的是农民刘民伟，他玩了一把心跳，10 亩玉米地种上鹅头草，这一种，种出了效益，牛奶哗哗的，止不住流儿，这一下子，农民“弃耕了”，真门菜、小叶章、鲁梅克斯等一些牧草补充了草原，又退耕还草。山坡地是牛饲料，连片的青稞玉米形成青纱帐，和千亩牧草、万亩草原相接，兴凯绿茵无垠，这天苍苍，野茫茫像呼伦贝尔大草原。初秋时节，记者看到一个独特的画面：湛蓝的天空几朵白云下，牛羊满山坡，牧童反骑在牛背上，牧笛吹出了小康的曲调，山谷回音：牧农的生活走向了富庶。

三说政府扶牛。

靠“大树”。农民借政府这棵大树乘“荫凉”。养牛的政策一个劲地给，种一亩地饲草免收 10 元农业税，建青贮窖每立方米补 15 元等等一减、二免、三补、三优先；又加码儿，给农民买了一台青贮收割机，一亩地少收 20 元。地南头割，地北头分装，拉到家直接贮存，不用二次粉碎，农民管这儿叫直收；再鼓捣，228 户奶牛户加入奶牛协会，协会购买了奶质检样机，啥奶质自已测，收奶的时候，什么价心里有三分。协会为奶牛户清欠奶款18.6万元，购牛、养牛、检疫、配种、售奶为一体。

四说农民真“牛”。

十个村有多少牛？先看：牛舍一排排，青贮窖一个挨一个，满眼牛群、牛队儿，满眼“黑白花”，那牛悠然自得，身上的牛毛发着亮光，要不是“对牛弹琴”，记者非让牛谈谈感受不可；后听：牛声一片，人们估摸着，像是牛在唱歌，像是呼朋引伴，像是牛妈妈招呼小牛回家；再数：兴凯镇副书记告诉记者：要挨家一头一头地数，得数几天，到底多少，露出了底数，2 500头。

兴凯镇奶牛一年增长几百头。2001 年，奶牛1 300头，2002 年，达2 029头，2003 年，2 500头，今年 1 ~ 10 月，增加奶牛 510 头，忽如一夜间，家家户户盛开了"黑白花"，人们把"黑白花"叫"富裕花"。

奶牛拉得 GDP 直直走，财政贡献直往上穿。10 头户是小的，百头养牛厂造了好几个，养牛户富得岗尖岗尖的，那牛劲，穿西服扎领带开小汽车，手机刚兴的那阵子，人家拿个万八千的买一个不打奔儿。存款一沓子，密码尽是 666、888、999 一色儿吉祥数。

头几年，鸡西市养牛大户何玉成是个"大手儿"，现在排不上号儿了，最大户当是宏亮村翟士显。近日，记者驱车 20 公里去了翟士显的庄院，真真切切地看到了一个农民养牛富成啥样，占地1 000平方米双排牛舍标准化，意大利挤奶设备标准化，饲养技术标准化，两个1 000立方米的青贮窖大局势，翟士显再不是一身泥腿子了，雇了钟点工，支支嘴，把把舵，跑跑外，上上网，人家成"庄主"。

他告诉记者，2000 年，养牛 10 头打底儿，到现在 113 头，建 500 立方米青贮窖，不够用了，今年又投资 3 万元，又建了一个。种 450 亩饲料地，50 亩黄豆饲料地，205 亩青稞玉米，十亩八亩的饲料不够牛 10 天吃的。这几年走点儿，一年下母牛 20 多头。9 月，下 5 头小母牛，母牛一落地5 000元，三年下母牛 60 多头。头几天，家里开个会，树大要分枝吗，老翟"撵"出两个儿子，一个儿子给 30 万养牛。过三年，老翟和儿子的奶牛数要达到 300 头，再过 5 年要达到1 000头牛场。谈收入老翟那腰板贼直溜，113 头奶牛，一年卖鲜奶 170 多吨，收入近 30 万元。一个农民一年几十万的收入，让人花眼。头几天，密山市烟草公司搞第三产业，上门给 120 万元，他直摇头不卖。

一年收入 20 多万元的农户多少？50 多户，这是一个农民偷偷告诉记者的。

东发村 150 户养牛，收入 10 万以上的占去了大半。去年受灾看出来了，养牛的没咋地，没养的陪了本，今年都盯住了牛。户户养牛，三年间，奶牛富了穷东发，人均收入由 900 元增加到3 500元。

牛的叫声传出几里，兴凯成了养牛，买牛，卖牛的集散地，周边及外省的来买牛，不管是买，还是卖，还是养，玩的是快的来钱道，见钱就走，买了再卖，卖了再买，这一买一卖追求的是效益最大化。说是"牛贩子"农民不乐意听，说经纪人那才对劲儿,东发村每天走出十几人,至周边农场或去内蒙古买牛,牛成车皮走。白启云、王远征、姜喜玉一年买卖牛10几万元的收入,白启云告诉记者,这几天牛涨价了,一头1.9万元,牛的行市在心里头。

兴凯养牛、倒牛成气候,成主业;牛场、牛市、牛业大发,这里农民真够"牛"气,到啥程度,钱一把一把的,花钱不当刀了。

(2004年9月25日《鸡西日报》二版 《农民日报》五版)

搬掉神龛位　挂上小康图

过去,老祖宗留下的习俗,供上财神,日子富足,这是希望。虽说“时过境迁”,请财神供财神的也不少。

如今,在兴凯湖乡农家,记者看到,“财神”位上,挂上了“奔小康计划表”。农民称之为“小康图”。

农民改掉这旧习俗,石嘴子村周宝林有说法,这财神一供几十年,天上还是掉不下馅饼,日子越过越穷,封建迷信这一套不灵,骗人的把戏,都给人整愚了。

去年开春,兴凯湖乡政府的干部住农家,因户而宜,破除迷信。帮农民找出奔小康的道道,和农民一起制定“农民奔小康计划”。列项目,打表格,张贴上墙。农民孟凡明挂上这“小康图”;按“图”生产,增加羊 50 只,增加金乌壳 50 亩,增加美国向日葵 20 亩,一年纯收入 2 万元,小日子一下子富有了。

前有车,后有辙。呼啦一下子,农民们都搬掉了财神位,换上了小康图。

小康图让农民有了盼头,有了奔头。

图上写:农户基本情况,2004 年、2005 年总投入、总收入,农业耕地面积及收入,畜牧业收入,图上前后有个比较,有个参照,有了努力目标。

看看石嘴子村隋明发的“小康图”,2005 年,增加 10 亩,羊增加 30 只,黄牛增加 10 头,增加大型农机具一台,外出包地 50 亩,2005 年,预计纯收入37.020元,比 2004 年增长1.7万元。今年,隋明发就按“小康图”计划扩大再生产。

兴凯湖乡2 500户农民挂上了“小康图”,按着图上的目标喊着号子、甩开膀子、迈大步子,向小康铆劲。

（2005 年 5 月 21 日《鸡西日报》一版）

边境线上的漂亮村庄

——密山市二人班乡爱国村新农村建设纪实

爱国村,地处密山市南46公里,属"内陆村",与俄罗斯接壤。

春种秋割的时候,爱国村农民与对过的俄罗斯农民近在身边,互相用手势搭讪。俄罗斯农民看到了爱国村大型农业机械车队深翻、收割的气势,看到了绿树掩映下的爱国村的外景,禁不住竖起拇指!

爱国村新农村建设引起邻国俄罗斯的关注!

爱国村新农村建设的热潮波及到了俄罗斯!

提及爱国村,村党支部书记吴崇斌感慨满怀,他说,是党的一个又一个"中央一号"文件构建了爱国村的新农村。

鸡西市文明村、鸡西市小康村的爱国村,2006年,被列为鸡西市首批新农村建设试点村。

从此,2006年、2007年是爱国村新农村建设年。

从此,政策、资金像大雨,骤降爱国村,"灌溉"爱国村。

从此,爱国村迎来了从未有过的机遇。

从此,爱国村的村民焕发出潜藏多少年的劲头。

爱国村350户农民像燕子衔泥筑巢,一点点地打扮爱国村。

这是个生产发展村。机械当家。在10台大型机械基础上,又"配套"一台玉米收割机,本村作业,邻村作业,跨农场作业,一年收入20万元。

农民离家。100多户农民"空巢"。土地转包,外出打工,分布全国10多个省市,小村增加收入100多万元。

水利发家。村民"大禹治水",钩机挖沟,人力清淤,全村20多条水渠纵横在田间,旱年头也罢,涝年头也罢,十九八准丰收年。

这是个生活宽裕村。村党支部书记吴崇斌有一本"政策信息",上写爱国村建机械化村,国家投入40万元,国家投修路款25万元,自来水改造6万元,建休闲广场8万元……村投各项公益事业三年累计100多万元……

近两年,村集体积累100多万元;固定资产几百万元;人均收入由2005年4 000元增加到5 100元;新建砖房30多栋;新买农机具200多件;存款户达200

多户。农民当老板的 20 多人，迁居市内的农民 20 多家，农村经纪人 30 多人……

这是个村容整洁村。鲜花墙、绿化带给路镶边，环村的白杨给村屯挡风，铁栅栏一排排，铁大门一扇扇，石桥一座座，水泥路一条条，家禽圈养，厕所一个方位，柴禾垛一个坐向，房子一个模式。2007 年，全村填平了 100 多眼小井，吃上了自来水。

这是个乡风文明村。村民之间，未红过脸，未打过架。修路，挖渠重体力活，党员干部打头。村民不落锁，黄豆袋子院子堆，小村平静、平安。村民崔子发说，村民的生活一天安排得挺满。100 多人的秧歌队冬夏扭个不停，3 000多平方米的休闲广场，水泥地面，几十种健身器材及篮球场，排球场，天天有人晨练。村部三层小楼，村民来来往往，科技片一个劲地滚动播放，读科技书，看报聊天。700 平方米的卫生所，让农民看病不出村。爱国村的村民达到了“人有所居，人有所乐，病有所医，老有所养”的标准。100 户农民挂上了“小康星、和睦星、敬老星”。晚上的爱国村，路灯亮了，家家户户的门灯亮了，万家灯火的爱国村俨然成为邻国的都市。

爱国村，样板村，引来不少周边的农民参观；爱国村，魅力村，引来不少城里人到小村过过农村人的现代生活；爱国村，亮点村，上了电视，强力推进新农村的典型在全市推广，为新农村建设“领跑”。

发展的爱国村、富庶的爱国村，快乐的爱国村，合心的爱国村，业兴的爱国村，耀眼的爱国村。

它迅速崛起在中俄边境线上……

（2007 年 7 月 21《鸡西日报》二版）

点击鼠标 网上备耕

——密山市农民信息备春耕见闻

眼下,农历正月,密山市农民正忙。

忙上网,农民成网民;忙备耕,忙得正起劲。

全市204个农村信息站从早到晚,天天满员;全市4 800户农村宽带用户,也是没白没黑地上网。据了解,每天,密山市农民上网达几千人,几千条“时空连线”与全国乃至世界“接轨”,网络各方面的农业信息。

3月11日上午,裴德镇裴德村。

农民李贵告诉记者,自己的QQ号是“888”,户名是“大丰收”,刚和东北农业大学王教授上网聊天,专家网上支招,专家在了解裴德村气候、土质、水质情况后,给全村选定抗倒伏、高产、优质水稻品种齐稻10。他说,与教授面对面,了解不少农业知识,网络真是个好东西。

同日,记者在连珠山镇东方红信息站看到,4位农民在阅览中国农业信息网、中国养殖业信息网、中国农资信息网。农民张传明拿着记得密密麻麻的本子说,上网一看今年农资价格,二看如何识别农药、化肥真假,记在心里,别让造假的给“摇”了。

农民胡永金插话,年前年后总想发展点事业,不知干啥,上网一看,养獭兔卖毛皮赚钱,吉林、山东的买主,早在网上贴出来了,还可以签订单,抓住这一信息,决定养獭兔。头几天,网上告诉我,尚志有种兔,便买回20只种兔。秋天可以繁殖上百只,冬天就可以卖獭兔毛了。

上网,农民像站在高山上,一切尽收眼底;网络给农民补脑子,出点子,指路子,农民说。东方红村的农民通过上网,全村扩大玉米“四早113”面积100亩,因为网上给农民算账,“四早113”比龙字号玉米亩多产40多公斤;通过上网,农民种五味子30亩;通过上网,农民王伟明了解国家对大型农机具补贴的政策,刚过年,买回一台“洛拖120”,一台“约翰迪尔”大型收割机,两台机械省6万多元;通过上网,10户农民看美国二铵的价格还在涨,便先下手,买二铵70吨。

裴德村农民李继生网上买种子,10户农民去了阿城种子公司,买回带有保险的水稻、玉米种子,他说,价格低,还保真。说完,拿出了一份盖着四、五个戳的种子买卖合同。

兴凯镇东发村农民祝涛拿着从网上下载的农药、化肥说明书,他说,到市里买农资,有个参照。

知一镇加禾村农民杜晓波上网麻利,啪啪啪,敲响了备春耕的序曲。他说,“农村供求信息全国联播”上的信息最准,最全。上网看,缺啥,咱种啥,缺啥,咱养啥,抓空缺,就抓钱了。

网络培育了新农民,加速了新农村,打造了新农业;农民可以网上卖粮,网上购物,网上备耕。近日,密山市政府,市网通公司决定,在偏远的村屯建基站,加大信息覆盖,把市场信息送到农家。

(2007 年 2 月 26 日《鸡西日报》一版)

铁路边上的繁华村

——密山市裴德镇裴德村新农村建设纪实

裴德村临铁路。密山、虎林、东方红来往的列车在村后头“小憩”,旅客透过车窗往外看,水泥路、石明排、路灯杆、红瓦房、二层楼……裴德村的几分特别掀动疲倦的眼帘。

留下感叹,铁路边,公路边的一道新农村建设的风景线!

省、市农村村务公开试点村、农村党员领航工程试点村、农村“三个代表”重要思想教育活动试点村、农村基层党组织建设试点村、农村实施新技术试点村、新农村建设试点村的裴德村在党的强农惠农政策吹拂下,焕发出一片生机与活力。

成为十强村。村集体用于公共事业的资金达200多万元,人均收入达5 028元。

成为公路村。是密山市第二个水泥路通村通组通户的村。

成为标兵村。是鸡西市“五个好”党组织建设先进村;鸡西市农业、农村工作先进村;鸡西市农村“三个代表”重要思想教育活动先进村;鸡西市第十六届、第十七届劳动模范村;鸡西市先锋工程“双争双带”先进村;鸡西市农业、农村工作标兵村。

成为和谐村。干群紧密,邻里和气,相敬如宾。

近三年光景,裴德村的发展与建设一年一个速度。

裴德村有一个浩大工程,号称是裴德村的“黄河截流”。

村党支部书记苗振亚告诉记者,裴德村全村耕地面积1.8万亩,有1.2万亩是涝洼地。

村民们开始挖沟、修路、改水,这个大型水利工程一干整整6年!

2000年,在村东挖沟,村里投入30万元,村民集资25万元,挖沟两条,建电灌站两处,架线路1 000延长米;2005年,在村西挖沟,动用土方5万立方米,一条18米宽,2公里长的水沟成为穆棱河的一个支流;2006年,改造村南草甸子地,市农业开发办投入200万元,裴德村投入40万元,挖沟20公里,修农田沙石路20公里。

六条水沟纵横田间，站在十几米高的大堤上向远看去，十分气势，宛如一条长龙通向远方，一眼望不到尽头。这个工程动用人力、物力、财力创裴德村历史之最，因此，人们给裴德村的农田渠命名为裴德村的“黄河截流”。

“黄河截流”成为裴德村的建筑标志，成为裴德村向大自然要丰收的一座里程碑。

“黄河截流”把涝洼地变成了大粮仓。村党支部书记苗振亚说，南边1万亩草甸子地原来亩产250公斤，现在亩产达600公斤，1万亩水稻农民增收300万元，500户农户户均增收6 000元；村东、村西1200亩涝洼地为农民增收48万元，“黄河截流”年为农民增收近350万元。

有了“黄河截流”，不怕雨天，不怕旱天，电钮一按，旱能灌、涝能排。村长王宪华说。农民在“黄河截流”大堤上栽上树，将成为裴德村的一道景点。

水泥路通了，少了泥巴，多了便利，农民称它是小康路。

2006年，新农村建设的契机圆了裴德村农民祖祖辈辈走上水泥路的梦想！

裴德村被列为新农村建设试点村、农村通村公路试点村。农民顺势而上。国家投入17万元，村里配套19.5万元基础上，村里又多投入20万元，给路面加宽，由3.5米加宽1米，修一条3公里的东西主干路。

2007年，裴德村的村级公路建设又继续，国家投入85万元，村里投入32.5万元，修东西三条，南北四条5公里的水泥路，井字形的村路垂直交叉。裴德村实现了组组通、户户通水泥路！

修路留下了令村民至今还挂在嘴边的故事。

村里还有边边角角的80多户农民门口还是沙石路，这80户就包括书记、村长家。村党支部书记苗振亚说，有一户农民的家没通上水泥路，书记、村长的家就不通水泥路！村民至今记起。

在市农电公司的帮助下，安路灯60盏，这个黑天就抓瞎的村，成了亮化村。

路灯一亮一宿，农民乐得在村路上，在路灯下直撒欢儿。

裴德村宜人居住，是一个令人向往的别样农村。

村投资60万元，建起一座黄白相衬的二层办公楼，建休闲广场2 000平方米，有图书室、卫生室、活动室、议事厅等等，裴德村的村屯建设在2008年全省新农村建设成果展上展出。

2007年，农民新盖大砖房12幢，一个比一个气派，绿房檐，红瓦盖，像新农村建设的花朵。

裴德村临公路、铁路、靠管局、药厂，是地理位置独特村；位于完达山脚下，穆棱河岸边，是风景秀丽村；农民做买卖，打工，包地，是生活富裕村；穿戴讲究，追求时尚，是思想活跃村；又是平安村；又是开放村。

裴德村的土地生金，不少城里人到裴德村买地皮、盖房子，多了80多户外乡人。

（2007年6月11日《鸡西日报》二版）

齐心村齐心构和谐

——密山市白泡子乡齐心村构建省“十佳”和谐村屯纪实

齐心村，360户村民1.2万亩土地分布在蜂蜜山下，兴凯湖北岸，农民依山而居。

齐心村，心齐。把齐心村创建成为社会主义新农村，创建成为省级“十佳”和谐村屯。

几年之间，齐心村发生了变化。

这是一个风景村。站在蜂蜜山骆驼峰上，齐心村景色尽收眼底。兴凯湖就镶嵌在农民的家门口，直线的红瓦房民居，平行的公路两边白杨，土地成片，公路垂直，村屯十分静谧。

这是一个公路村。一条连蜂蜜山、穿齐心村、通兴凯湖的水泥路连接山水村庄，村党支部书记杜成文告诉记者，投资20多万元，齐心村通上了水泥路，齐心村一组、二组、六组水泥路通组。

这是一个潜力村。潜力在山，山沟沟成了天然牧场。全村养牛200头，养羊1 000只；山沟沟成了聚宝盆。每年采山蕨菜3万公斤，蘑菇2.5万公斤；潜力在水，山水孕育出齐心村“江南”气候，风调雨顺，年年是丰收年；潜力在人，齐心村人朴实、硬干，建村60年，村子上下左右尽是圈亲戚，大家相处得十分和气。

这是一个幸福村。“中央一号文件”提升了齐心村民幸福指数。土地税减免25万元，粮食直补20万元，良种补贴15万元，大型农机具补贴1 000万元。近日，农民又赶上了家电补贴、建房补贴，农民说，这补、那补说不上什么时候又给补贴了。村民形象地称齐心村是“阳光村”。

这是一个发展村。以新农村建设为契机，齐心村民齐心推动生产发展。少种“老三样”，多种来钱多的、来钱快的、来钱俏的。烤烟1 000亩，收入180万元；白瓜2 000亩，收入150万元；红小豆400亩，向日葵100亩，芸豆1 000亩，小杂粮40亩；多养“笨”的。3 000只笨鸡，2 000只笨鸭子，1 000头笨猪，齐心村成了农家游的菜篮子。

这是一个创造村。一些农民外出包地5 000亩，增加土地，增加收入，农民包地收入200多万元,一些农民外出打工,打工收入200多万元。

这是一个科技村。齐心村以科技兴村,在土地上增加科学含量,密山市场市共建科技园落户齐心村,老庄稼把式下岗了,年轻的科技能手吃香了,10栋西香瓜大棚,亩收入7 000元;20多个大豆、玉米品种在这里试验,培养出一个个稳产、高产的优良品种;蜂蜜山野葡萄嫁接后,成了粒大、爽口的"金元宝"。

这是一个机械村。2008年,省大型机械落户齐心村,投资1 000多万元,十几套美国、日本大型机械让农民扔掉了老祖宗传下来的弯钩锄、拐巴犁,农民以土地入股,土地集中成片耕作,300多位农民走出土地,土地再次增值。

这是一个实力村。这里农民有气质,牛仔裤、亮皮鞋、皮夹克、挎手机、玩电脑、开轿车。农民最多的存款100多万元,家有百亩耕地,家有百万资产。贷款户才30多户。齐心村2008年人均收入6 700元,全村农业总产值达1 500多万元,村积累120万元,成为全市经济强村。

这是一个和谐村。开展满意村官、满意村民、满意村屯评比;开展收入大赛、贡献大赛、增收大赛。齐心村近几年无打架、无赌博、无上访事件。

这是一个成果村。齐心村被评为鸡西市农业、农村工作先进村;鸡西市科技工作示范村;省思想政治工作示范村;省机械化示范村;鸡西市文明村标兵;近日,又被评为省"十佳"和谐村屯。

(2009年3月2日《鸡西日报》二版)

喜看“三农”喜三分

——密山市“三农”发展变化纪实

裴德村农民付春雨农闲时上网。建信箱，建博客，起名“小康人家”。网上有了自己的“一亩三分地”。网上备耕，网上购物，网上买卖，还有一大堆网友，多达几十位。远的是省农科院专家，近的是种粮大户，在网上“耕作”一年，耕出丰收的年景儿。他把一份当地气候，土质，积温，日照等资料传到了专家的QQ上，专家网上调整结构，选种5优稻3，亩产600公斤，“网上”增收了。

网络是发展的标志，密山市近1万农民走进了网络。

黑土地孕育出不少“咱村也有文化人”。一些农民为了抒发“三农”的变化，成了农村的“编导”，他们以景喻人，见景生情，他们或站在田埂上，或牧羊的时候，或锄禾的时候，或乘凉在大榆树下，侃大山的时候，侃出了一段段新农村曲目。

这带有土喀啦味的“歌儿”，在田野上飞翔，在心中荡漾。“山也笑，水也笑，庄稼人笑弯了腰，丰收的果实挂枝头，轿车开到家门口，别着手机去放羊……信息化农村，这么美妙，这么壮观”……农民谱曲，一会借用“好日子”的调儿，一会借用“走进新时代”的调儿，这不成调的歌儿，唱得农民笑声一堆。

在密山市农村流传着上百首新歌，原创是农民。

而今，走在田间地头，看不到锄禾的场景，农民扔掉了锄把、锹把、镐把，当上了现代的“车老板”，开上拖拉机，油门一踩，几里地垄头子，一袋烟的功夫，蹚完了；开上“约翰迪尔”收割，刷刷刷，几亩地的大豆，这头割，那头出粒了。大型机械耕作，护土保墒，深松浅翻，提高单产。

密山市是农业大市，是全省农机建设试点市。大型机械化村达15个，大、中型机械达8 000多台套，农机大户155户，农民农机作业合作社15个。

农民走出土地，将土地流转，这些农民捞土地外的“金子”。靠山的，买山地，植树造林，绿化荒山。铁西村农民张洪田，植树1万多亩，把一个荒山秃岭打造成国家级森林公园。农民造林达几百户；依水的，开办巧嫂农家旅馆。白泡子乡湖沿村建起了农家游一条街，农家游一个村，“老侯婆饭庄”、“王老四鱼阁”等一些农家旅馆年接待游客10万人，“老侯婆”年收入10多万元；临农场的，成了包地大户，杨木乡农民李万忠，包地2 000亩，存款百万，开上了“奥迪”。

据调查，2002 年至今，密山市农民造林达 4 万亩，开办“农家旅馆”100 多家，外出包地 100 多万亩。

太平乡庄内村农民王权说，爷爷盖的破草房，住了几十年，去年“上级”给5 000元，帮助盖起 100 平方米的大砖房，这钱给的俺直“意外”。“一免两补”了，还给这给那，现在的农民幸福喽。

共裕村农民杨宝昌说，“上面”给的太多了，市水务局来人了，把喝的水化验，说不达标，给打眼机井，全村 100 多户农民吃上深井水，打井费用，不让农民摊一分，农民感动得直点头。

富源乡民政村的农民更是喜出望外，一条路缩短了城乡差距，一条路把市场搬到了家门口，一条路把信息送到了僻壤山村。

新“农合”给了农民健康。柳毛乡农民李武，这几天，那是感天谢地。生孩子还补贴，活了 60 年，第一次听说。抱上孙子的李武，这几天托人写了封感谢信，送到了市政府。

来自有关部门的消息，密山市近三年，新建农村住宅2 000多栋 25 万平方米；又有 10 个村吃上了自来水；建设农村公路1 257公里，133 个村通上了水泥路；全市参加新“农合”15.8万人，有4.46万人得到门诊、住院补偿、医疗补偿1 600万元。

家电下乡了。去年至今，4 000户农民看上了补贴电视。

测土施肥了。再一次享受到免费。对 100 万亩耕地进行了测土、免费配方，农民按药方抓“药”。年减少化肥用量 120 万公斤，为农户节约 500 万元。

水稻超早了。用新技术引领新农业。在全市推广水稻超早育苗2 000亩。国家、省、市又一次“直补”，农民建一栋 180 平方米的大棚给予补贴 500 元，大棚其他物质补助1 000多元。据估算，2 000亩水稻超早育苗增产 40 万公斤。

基础牢固了。近几年，密山市投资 1 亿元，在涝洼地上进行农业开发，挖渠，叠坝，清淤，旱改水，植防护林，修农田路，构成田成方，树成行，渠成网，路相通的农业基础网，4 万亩低产田成了高产田。

信息通村了。全市 190 个信息服务站建在了村部，农民查询农业网页，指导农事。

用上沼气了。培训费由政府“埋单”，给予资金、建材等方面援助，全市2 400户农民用上了沼气。

管理民主了。在多个村推行“一事一议制度”。农民有了知情权、说话权、决定权。近三年，全市 154 个村共议成筹资筹劳建设公益事业项目 805 次，筹资537万元,筹劳63万个工日,化解农村债务2 000多万元。

村屯漂亮了。又一个国家投入,一个村投入25万元,新农村试点村裴德村、加禾村、爱国村建起了村部,村民修边沟,剪树形,焊杖子,挪草垛,春、秋两季是农民们打扮村屯的时候,如今,密山市21个新农村试点村,已是花团锦簇、公路阡陌,农村中的小“城市”。

村风文明了。裴德村露天舞场火爆,农民们跳舞、蹦迪、享受快乐。爱国村农民开展了秋季篮球赛,以组、以户为单位,赛势热烈;解放村开展了“十星户”、“增收户”、“文明户”评比,以活动为载体,形成了互助、凝聚、努力发展的势头。

(2009年9月20日《黑龙江日报》二版)

金秋喜开第一镰

近几天，密山市裴德镇德兴村"绿莹高丽米"农民专业合作社105名社员喜事多。

社员说，开门见喜，抬头也见喜。

国庆节，中秋节，丰收节，省下拨252万元大中型机械，四桩喜事一个接一个。

社员金长浩告诉记者，国庆六十周年，"绿莹高丽米"农民专业合作社，用亩产700公斤水稻作为一个特殊的厚礼迎国庆。

裴德镇德兴村"绿莹高丽米"农民专业合作社是全国"十佳"农民专业合作社；是农业部水稻育秧机械化技术示范推广基地；是省农业机械化推广基地。

24日，由省农机局下拨252万元大中型机械落户"绿莹高丽米"，金长浩告诉记者，这252万元的机械白给，"韩国造"的"井关608"收割机3台；东方红"1254"拖拉机1台，"约翰迪尔"354型水田拖拉机4台；高速坐式水田插秧机7台。"绿莹高丽米"从种到收达到了全程机械化。24日，机械化村社员当天给机械加满了油，看几遍驾驶说明，在大道上遛几圈，要要威风，急不可待地把机械开进了水田边，等待生产。

25日早，"绿莹高丽米"3 000亩水稻的田间路边，农民点燃了8挂鞭炮，一声令下，3台"井关608"一起开机收割。

农民用开镰庆丰收，迎国庆。

裴德镇党委书记说，让鞭炮声，机械轰鸣声作为礼炮，为国庆鸣响。

瞭望一眼望不到尽头的稻谷，看见收割机撒欢，社员那是喜上眉头。

社员于春和，是"绿莹高丽米"的农业技术员，他告诉记者，今年虽是个减收年，但是"绿莹高丽米"却迎来一个丰收年。"绿莹高丽米"开春建16栋韩式温室大棚，采取"两段式超早育苗"，增加了水稻的生长期。他拿着一株半尺长，耷拉头的稻穗，捻来捻去，这稻粒饱、稻粒成。

"绿莹高丽米"3 000亩"稻谷香一号"，亩产达700公斤，比普通水稻亩产多出300公斤。机器这头收割，那头装上了车，"绿莹高丽米"农民合作社与黑龙江省三多米业有限公司签订单，1 公斤以 4 元的价格收购，105 户社员增收1 000 多万元。

种粮大户金长浩，水稻3 000亩，他更是掩饰不住内心的喜悦，他说，是党一个又一个“一号文件”让农民富了，建大棚，扣秧苗，下拨机械，不是给钱就是给物，再不丰收，对不住啊。3 000亩水稻收入 500 多万元。一位农民，一位社员收入 500 多万元，收入达到了“顶级”。

在国庆节里，社员们开机收割，他们用喜悦告诉祖国，“绿莹高丽米”丰收了，社员腰包鼓了。

（2009 年 10 月 1 日《鸡西日报》二版）

千万贷款"堤内损失堤外补"

——密山市农村信用社支持受灾户扩大再生产纪实

密山市裴德镇中兴村、红岩村地处山区，是密山市最偏，最远的村屯。

2009年9月19日，山里的天骤变，一场霜冻，冻坏了庄稼，"冻伤"了农民。

红岩村农民王宝新告诉记者，连续十几年都是"自老山"，可是今年这年头，唉，正是大豆上籽粒、苞米灌浆的时候，老天却迎头一棒，把本来就绿的大豆打蔫了，豆角干瘪、叶子耷拉；苞米贪青、棒子水粒。这场霜冻让苞米、大豆瞎了大半。

今年开春雨多，本来播种晚10天左右；生长期间又低温，成熟期又拖后，偏在这个时候下一场苦霜，来一场霜冻，粮食减收，农民心揪啊。王宝新辛酸的诉说，让他脸上布满了愁云。

9月20日早，密山市信用社领导第一反应，第一时间，第一速度赶到中兴村、红岩村的田间地头，看着捏一下直冒浆的绿豆子、水苞米，心在抖。

听说，信用社领导来了，农民有了盼头，豆地边围100多位农民，信用社贷前调查会，生产推进会在垄沟上开，大家"诉苦"后，信用社理事长王国权说，信用社是农民自己的银行。一句话，让受灾的农民有了底气。

一份调查显示：中兴村、红岩村受灾64 200亩，玉米受灾19 669亩，大约损失600万公斤；黄豆受灾38 468亩，大约损失290万公斤，受灾户达725户。

红岩村农民王宝新，种地300亩。其中水田200亩，玉米100亩，玉米减收4万多元，水稻减收1万多元，少收入5万多元。

密山市信用社领导看见这张损失报告单，坐不住了，这些农民大多是贷款户，通过这么多年信用关系，信用社与农民十分密切，坐观不仁。这个节骨眼儿上，尽全力拉农民一把。

信用社决定，引导农民堤内损失堤外补。

信用社决定，给受灾户二次贷款，信用社承担风险。

信用社决定，降低贷款门槛，利率降低0.74个百分点。

信用社决定，抗灾贷款延期至15个月。

9月25日，是给受灾户贷款的日子。密山市信用社副主任石忠麟与信贷员一起，走百里弯弯曲曲的山道，把贷款送到村子里，把贷款送给受灾户。中兴村、红岩村村部里外尽是农民，达1 000多人，当场申请，当场填表，当场签字，当场放贷。忧愁的脸上显出几分笑意，受灾户李冬手拿着 3 万元贷款，握住石忠麟的手，握紧了，一位 30 岁的东北汉子流泪了。是第一次流泪，他哽咽地说。

这是及时雨，这是爱心助力，给农民以自信、自强、自立。引领农民走出土地，扩大再生产。

一笔 5 万元，又是一笔 5 万元，一笔 3 万元，又是一笔 3 万元……累计发放贷款 775 笔，金额1 244万元，

红光村农民王宝新贷款 5 万元，与 3 位农民一起“跑车”收购农产品。

红光村农民丁良贷款 3 万元，买牛 2 头。

中兴村农民刘再兴贷款 4 万元，“挂靠”姐姐进城卖水果。

中兴村农民李冬山贷款 2 万元，买羊 100 只，养猪 70 头。

中兴村农民李福江贷款 5 万元，买车跑出租……

信用联社副主任石忠麟告诉记者，这次放款1 244万元，利率降低0.74个百分点，1 万元贷款少付利息 380 元，信用社一年少收利息9.2万元；新增加养殖贷款6.5万元，信用社一年少收利息4.5万元，信用社一年共少收利息13.7万元。就等于给农民“一免一补”13.7万元。

走山路百里，送贷款千万，让这些远在深山的受灾农民看到了希望，看到了多年以来继续传承的“信用”。

（2009 年 10 月 12 日《鸡西日报》一版）

农机欢奔耕出丰收年景

——密山市蜂蜜山农机专业服务合作社促农增收纪实

2008 年 7 月，由省农机局下拨1 000万元的农业大型机械带着农业现代化开进了密山市白泡子乡蜂蜜山村、齐心村、胜利村。

密山市市长说，这一天，是开启农村、农业、农民具有划时代意义的一天。

密山市整合蜂蜜山村、齐心村、胜利村潘当公路北5.1万亩土地，1 260户农民自愿以土地入股，成立了密山市蜂蜜山农机专业服务合作社。

从此，连片土地 5.1 万亩成了现代农业示范区。

从此，5.1 万亩土地整地、播种、中耕、植保、收割、农田基本建设全程机械化。

从此，农民解脱了束缚他们手脚上的土地。

从此，结束了农民几辈子“一朝三秋，人憔牛瘦”的传统农业。

从此，苦了、累了的农民，享受着机械化给他们带来的清闲、自在。

从此，大型机械为“三农”领跑……

蜂蜜山农机专业服务合作社社员王忠才用喜悦的心情告诉记者，1 000多万元，20 台大型机械，20 套大型农机具，让农民看直了眼儿，让农民把党的关怀装在了心里，挂在了嘴角儿。

2009 年 5 月，由密山市政府投资 200 万元，大型农业机械车库建设动工，1 100平方米机械库房于 9 月 30 日竣工，给大型机械定心安巢。

蜂蜜山农机专业服务合作社以新机制出现。农民以土地入股成为股份制合作社，农民的身份是股民。

蜂蜜山农机专业服务合作社以新机制生产。实行“统一秋翻整地、统一播种、统一技术、统一品种、统一田间管理、统一收割、统一销售、统一核算”的生产模式生产。

从秋收开镰第一刀，秋翻整地蹚开第一犁开始，5.1万亩土地上产出效益的最大化。

粮食总产实现最大化。

2009 年，2.7 万亩大豆，平均亩产达172.5公斤，比项目实施前亩产增产

21.4公斤,总增产57.78万公斤;2.4万亩玉米,平均亩产达703.2公斤,比项目实施前亩增产79.6公斤;亩增产191.04公斤。

5.1 万亩土地农业总产值实现3 327万元,比 2007 年增加394.5万元;社员人均收入由 2007 年6 967元增加到8 200元。

潜在作用实现最大化。

白泡子乡是典型的旱作农业,春旱严重,大农机深松整地打破犁底层,加深土壤耕层,减少径流,防止水土流失,使秋雨春用,春旱秋防,就等于建造一个5.1万亩看不见水面的地下“土壤水库”。

科技应用实现最大化。

建立农机专业 GPS 定位监控系统,社员按电钮、点击鼠标通过互联网可以看见田地间机车作业地块、方向、速度,并通过视频平台掌握机车作业情况。

再增值实现最大化。

提速。20 台大型农业机械,20 套大型农机具淘汰了1 260户小四轮车1 320台,小型农机具1 000多套,大型取代了小型,合耕取代了散耕。

6 台大豆收割机一天收割大豆1 500亩,6 台玉米收割机一天收割玉米 600亩,大豆秋收只需 15 天,玉米秋收只需 20 天。秋收时间提前 15 天。

降耗。社员杨国权说,秋收快就决定丰收。2003 年一场秋雪,1.93万亩大豆埋在地里,损失 200 多万元,大型机械以快结束了秋收。5.1万亩农作物减少粮食损失43.1万公斤,为农民增收68.2万元。

节能。一本播种账:小四轮种地 1 亩地成本 8 元,大型机械 1 亩地2.6元,1亩地节约5.4元;一本收割账:外雇机械收割 1 亩地费用18.7元,大型机械收割 1亩地费用 13 元,1 亩地节约5.7元;一本秋翻账:小四轮秋翻地每亩费用 36 元,大型机械秋翻每亩费用 20 元,1 亩地节约费用 16 元。2.7万亩大豆种、割、翻共节约费用70.7万元。

分流。5.1 万亩土地流转、集中、连片,最大的地块达2 000亩,1 282名劳动力从土地中解放出来。

100 人当“白领”。合作社管理人员、司机、维修人员 100 人,社员挣月薪,有了工资折。

400 人当大户。黄牛增加 200 头、羊增加1 000只、养猪增加1 800头,畜牧业总收入增加 105 万元;3 个村临 8510 农场、857 农场、850 农场,胜利村社员外出包地4 500亩,蜂蜜山村社员包地9 000亩,齐心村社员包地4 500亩,共包地1.8万亩,等于再造了一个“合作社”。

200 人当“钓鱼郎”。买船织网下湖捕鱼,开工厂深加工鱼类产品,总收入

48 万元。

38 人当“包工头”。社员宫润福领着 37 名社员，投资 780 万元购买 15 台翻斗车，2 台挖掘机组建车队，组团儿到内蒙古呼伦贝尔神宝露天煤矿承包剥离土层工程，3 个月收入 170 万元；每台机车收入 8 万元。

400 人当“山大王”。蜂蜜山村、胜利村、齐心村居蜂蜜山脚下，农民守着聚宝盆，又找摇钱树，采山野菜、榛子等，增加收入 90 万元。

800 户社员当“款爷”。以小户为单位盘点一年的收入，胜利村社员孙云力打短工，包地收入 2 万元，加上 30 亩入股分红1.5万元，年收入3.5万元，收入 3 万元的社员达 800 多户。

机械化生产，让“三农”在机械轰鸣声中，在铁犁垦地的速度中发生变化，新农业，新农民，新生活，新标准，新理念，新作为。

（2009 年 12 月 1 日《鸡西日报》一版）

“家电下乡”惠农强农

2008年，密山市农民买彩电、冰箱、洗衣机、手机给补贴。

随即，买电磁炉、热水器、电脑、空调、微波炉也给补贴。

马上，买轿车、摩托车又给补贴。

家电补贴标准是13%，汽车补贴标准是10%，补贴对象是农民。

农民手持户口本、身份证到指定的销售网点购买家电，补贴立马兑现。

一个又一个补贴，党和政府的体贴接踵而至，补得农民直惊奇。

农民说，帮助的太多了，当农民真感到自豪。

密山市落实“家电下乡”，像落实“中央一号”文件那样，第一时间落实。

选点建网，从一切为了农民的便利出发。

在市内繁华地段，在车站附近，在农村偏远村屯选销售点，点儿设在星级商场，诚信商场，规模商场，生怕“政策”打折。

形成临街、临路、临村，城乡用品同价网络。

按选点建网，用星级，诚信，规模招投标。

密山市太龙家电商场、密山市大华家电商场，经营面积大，拥有“AAA”级信誉，临东安大街，是农民心中首选，因此，定点为“家电下乡”经销点。

密山市杨木乡是密山市较远的乡，最远的村屯离密山市70公里，农民出行不便，把杨木乡兴隆商店定点为“家电下乡”经销点。

全市“家电下乡”市内销售点27个，农村销售点4个；市内“汽车下乡”销售点2个，农村销售点3个。

在补贴的推动下，家电下乡了，汽车下乡了，党和政府的关怀下乡了。

“家电下乡”拉动消费。截至2月底，销售家电7 386台件，汽车1 205辆。“家电下乡”、“汽车下乡”销售额5 332万元，给农民直补545万元，直补农民8 500户。

密山市大华家电商场设立“家电下乡”卖场专柜。经理张宪发告诉记者，“家电下乡”销售额达700多万元，给农民补贴100万元，成为省“家电下乡”百强销售点。

兴凯湖乡新民村二组农民曲福桂说，拿着户口本、身份证买家电，便宜。头几天，买一台冰柜花1 554元，买一台洗衣机花760元，补贴300.82元。

杨木乡红旗村一组农民许兰波在杨木乡“家电下乡”销售点花3 940元买一台32吋王牌液晶电视，补贴512.2元，又省了去密山市的车费、饭费、运输费50多元。

富源乡富强村农民李德山，买台“长安”微型面包车，补贴5 000元，出租，开车种地，开车进城，真得儿。

“家电下乡”让农民感慨满怀：

杨木农民杜龙说，“家电下乡”让农民换了个活法。开上了小车，看上了“液晶”，洗上了热水澡，吃上了鲜水果、鲜蔬菜，配上了电脑，用上了空调。

太平乡农民蔡武说，扒掉了老祖宗留下来的灶坑、灶台。用上了电磁炉、抽油烟机，不用抱柴草、扒灰、掏炕了。

“家电下乡”给农村、农民带来的变化，还远不止这些……农民说。

（2009年12月4日《鸡西日报》二版头条）

路环村　景宜人　民富足

——记省“十佳”和谐村屯密山市连珠山镇解放村

冬日里的解放村，被白雪覆盖着，真像老舍笔下《济南的冬天》，上百栋红瓦盖的屋顶上卧着点点白雪……

村路笔直，铁栅栏齐刷刷，云杉松仍在放绿，100 多块挂在铁栅栏上的温馨提示语，“辛苦多一点，环境好一点”；“生产发展”；“生活宽裕”；“保护生态”夺人眼目……顿感寒风中“乡风文明”气息扑面……

几十栋新盖的鲜族民居，在寒风中摇曳饭店的幌儿，顿感寒风中“生活宽裕”气息扑面……

几十位老人在村路上清雪，十几位老人在门球场上进行雪地门球赛，顿感寒风中“管理民主”气息扑面……

解放村，城里人经常往来的村，吃狗肉，看风景，留下感言，解放村不比城市差多少。

村党支部书记俞秀延说，他是 1954 年几岁的时候来到解放村，至今 57 年了，他的朝文日记里记载着解放村家族史。他给记者“翻译”出解放村的“今古奇观”。

解放村，1949 年建村，与共和国同龄，因而，得名解放村。

解放村地理位置突出，离密山市 11 公里，背靠公路，南邻铁路，是密山市近郊村。

全村 272 户，耕地6 500亩，是鲜族村，是水田村。

解放村有“典故”。解放村东西南北落差十几米，穷怕了，苦怕了，冷怕了的农民选择这个“洼洼兜”避风的地方落脚。

穷的时候，村民有句话，“有女不嫁解放村”。村民说，那是掉进了穷坑里……

时过境迁。“三农”政策把解放村这个穷坑打造成了聚宝盆。

解放村是省民委新农村建设试点村，拨款 15 万元，用于基础建设；解放村是省农业开发办新农村试点村，拨款 100 万元，6 300亩低产田成了高产田；解放村是密山市新农村试点村，拨款 85 万元，修村水泥路 6 条 5 公里。

抢抓机遇，发展生产。村老年协会会长李春同告诉记者，解放村与韩国是亲戚，年轻人都去了韩国，老人留守解放村。对这个空巢村，村党支部决定，土地流转，统一发包，以此，解放生产力，全村发包土地6 300亩，全村包地收入200多万元。

全村272户，121户去韩国打工，80户去外地打工，解放村成了打工族，2009年，外出打工225人，打工收入1 410万元。

村民开饭馆、小卖店、歌厅10多家，2009年，第三产业收入82万元。

抢抓机遇，建设家园。村民修路、建房、栽花、种草，建5个门球场地，制定村民公约，建村定点垃圾场。

“阿伯儿”成了护村员。80名老年协会会员义务打扫卫生，义务锄草，义务为40栋空房子护院，义务为村收自来水水费，村里的大事小事都是白尽“义务”。

“阿妈妮”成了治安员。为打造平安解放村，16名朝鲜族老大妈，带上红胳膊箍巡路、防火、防盗。

村民躺在“聚宝盆”里，享受阳光雨露给他们带来的甜蜜。

2008年，人均收入达6 800元，2009年，达8 400万元，村存款20多万元，由贫困村、倒挂村成了经济强村。

电话入户率、自来水入户率、砖瓦化率、道路硬化率、医疗保险率，率率100%。

鸡西市、密山市新农村建设现场会多次在解放村召开，参观解放村的乡风文明；参观解放村的村容整洁……

每年来解放村参观的达几百人，最远的来自吉林省。

解放村成为密山市精神文明标兵村；鸡西市新农村先进村；鸡西市执法模范村；省级卫生先进村。2009年12月8日，村党支部书记俞秀延在黑龙江电视台参加了全省“十佳”表彰大会，解放村被评为省“十佳”和谐村屯。

看到的是，冬日被白雪覆盖着的解放村十分的寂静；看不到的是每天几十个来自韩国的电话，韩国的电汇；还有村民网上冲浪，还有这些老人的欢实劲头儿……

(2010年1月15日《鸡西日报》二版)

梦圆新农村

——密山市裴德镇东胜村新农村建设纪实

东胜村是省新农村建设试点、示范村。

建设新农村的号角吹醒了沉寂的东胜村。

东胜村掀起了以“生产发展”为第一要务的新农村建设热潮。

村主任张显波告诉记者，近三年，是东胜村政策落实年，是东胜村“计划外”投资年，是东胜村村屯改造年，是东胜村扩大再生产年，是东胜村瞬间变化年。

为了东胜村村积累增加，为了东胜村村民过上好日子，村委会“巧借东风好行船”，带领全体村民在山上刨金，在土里挖银，开发出经济点，经济圈，经济链。

全村土地增加2.5万亩，全村农业总收入近3 000万元。

东胜村地处完达山脉，公路、铁路边，穆棱河下游，与双峰农场相邻，全村680户，1 000多名劳动力。

全村土地1.87万亩，农民到农场又包地2.5万亩，再加上边边角角“五荒地”，东胜村耕种土地达5万亩，土地增量成了农民生存发展的根本。

村民人均收入达6 000元。

村委会会计李红光告诉记者，东胜村2007年，人均收入5 300元；2008年，人均收入达5 600元；2009年，人均收入增加到6 000元。

收入来源之一：走出去，包土地。一包几十亩，多则上百亩。村民张显涛到农场包水田500亩，旱田200亩，年收入60多万元。全村包地户达100多户。

收入来源之二：山坡上，养奶牛。过去曾有过“奶牛富了穷东胜”的说法。东胜村距完达山乳业5公里，距完达山脉2公里，村民依龙头，靠牧场，养牛400头。村委会主任张显波养奶牛50多头，年收入10多万元。

收入来源之三：到外地，跑运输。东胜村的农民，七十年代，村集体养车几十台，人称东胜村是“密山市第二运输车队”。那时，农民上山拉木头，现在，农民买大翻斗，他们给修建农村公路工地运输沙石料，全村翻斗车达15台。养车户张利，一年收入8万元；农民刘德平，买了大箱冷藏车10台，跑长途，一年20多万元的收入；外租机械，全村“约翰迪尔1042”大型收割机十几台，全村大中型机械多达100台,东胜村成了“全民制”机械化村。到周边秋收、秋整地。村民于洋,2台大型“直收”一年割地几万亩,翻地几千亩。

收入来源之四:学科技,比增产。密山市财政投资80万元,村委会拿出机动地40亩,建起75栋水稻两段式超早育秧大棚,全村2 500亩水田实行了超早育苗,亩增产100公斤,农民增收50万元。

收入来源之五:股份制,合作社。组建民缘药材农民专业合作社,21户农民以资金入股,种植五味子300亩。

东胜村民三天两头跑银行,存款,汇款,尽跟外地客户联系。有的农民资产加存款达上千万元,上百万元的农民多的是。

东胜村引来了各家银行办事机构。东胜村村民扩大再生产,一包地几百亩,一买车几十万元。密山市农行、密山市信用社、密山市邮政储蓄银行、哈尔滨银行都在东胜村竞争客户,一年放贷达2 000多万元。一位银行信贷员告诉记者,在东胜村放贷款,零风险。2 000多万元贷款,大部分是村民再生产贷款。

村办企业4家,村积累达300多万元。

村委会主任张显波说,新农村建设这几年,为了东胜村可持续发展,村委会以工强村,以农养民,“工农”捆绑快速发展。

东胜村外“盛产”黄黏土,是烧砖的好原料,办砖厂,年产红砖500万块,年收入20多万元。

东胜村头是日伪留下的战壕,用挖掘机挖深、挖宽,穷坑成了养鱼塘,100亩水面,年纯收入5万元。

东胜村村头是沙丘,挖沙子,建水泥制件厂,生产U型水泥排水槽,环保型艺术水泥栅栏,年销售收入200多万元。

东胜村村北山坡“五荒”800亩,撂荒几十年,他们在山坡上建山葡萄生态园区,栽“贝达”野生山葡萄300亩,年产山葡萄30万公斤。

翻开东胜村2010年建设规划,东胜村“生产发展”的蓝图已经绘就:2010年继续筑强生产发展的基础,投资70万元对550亩低产田改造;投资80万元,修村路3 000延长米;投资60万元,改建水泥栅栏2 000延长米;投资200万元,组建农机专业合作社;投资75万元,增加山葡萄种植面积200亩,架设动力电3.5公里。

东胜村人自豪,自信:东胜村的远景会如期而至。

走进东胜村,农家新景入画来。

生产发展的东胜村奏响了“以民为本”的新乐曲。

自来水费,农民参加新“农合”参保费,修村水泥路费用,综合活动室向村民开放，一切费用都由村里“埋单”。

生产发展的东胜村谱写了“村容整洁、乡风文明”的新乐章。

方虎路北建起的村部三层小楼，十分气派；路边整齐排列的砖瓦化，十分规整；村水泥路通公路、铁路，十分便利；村委会活动室、文化科普室、农家书屋、网络信息查询室免费为村民开放。

中宣部副部长高俊良，副省长吕维峰等领导莅临东胜村，给予首肯，给予助推。

实力的东胜村，富饶的东胜村，正在崛起的社会主义新农村，圆了几辈子东胜村人的梦想……

（2009 年 12 月 29 日《农民日报》二版）

“平原”上的新农村

——密山市兴凯镇平原村村容整洁纪实

平原村因为地处平原地带而得名。

平原村是鸡西市新农村建设示范村。

平原村的绿化，平原村的整洁，堪称新农村建设的“引擎”。

平原村的绿化起源于大自然。

平原村地处密虎交界处，裴德里河从村南流过。全村耕地6 801亩，盛产稻米。有“鱼米之村”之称。

夏秋季节，平原村被四周稻禾、稻埂簇拥着，农民坐在小石桥上，稻花香里说丰年，村民享受着大自然给平原村增添的景色，此时此景给平原村民以启示。

平原村的绿化起源于近邻。

平原村的东面是星火村，星火村是鲜族村，星火村村路笔直，庭院干净，给平原村民以启示。

平原村的绿化起源于村外的老榆树。

据平原村的老人讲，不知是哪位仙人撒下的种子，平原村村内外生长着十几棵老榆树，老榆树根深叶茂，老榆树的榆树钱落地生根，繁衍生息。满地金黄色的榆树钱给平原村民以启示。

看谁的村屯最美？平原村与星火村，一个追，一个赶。

平原村开始大手笔绿化村屯。立足点放在村屯风景与大自然风景协调统一上，放在人们追求自然、安逸、憧憬生活的希望上。以此创造绿色村屯，花卉村屯，生态村屯。

农民们用笤帚扫，用簸箕装，把散满全村的榆树钱“移栽”在家门口，几年过后，形成了道道榆树墙，经过修剪后，形成了平、直、密的“绿篱”。不用动本的绿化，让农民推广了。

新农村建设再次掀起绿化平原村的热潮。

全村统一行动，统一育苗，统一标准，统一绿篱。

村民张建告诉记者，夏天走进平原村，白杨绕村一行行，绿篱环院一排排，路两侧是绿篱墙，家门口是绿篱墙，把平原村装扮得绿意盎然。

又以绿化为契机,再次掀起美化、香化平原村的热潮。村路两侧栽云杉,栽红柳,栽紫穗槐,形成树带花廊。

兴凯镇镇长描述平原村。平原村的绿化、美化、香化,不占地、不举债、不拆建。平原村真是“绿树底下清风徐,庭院时闻花草香”。

以绿化为契机,再次掀起了道路、庭院卫生的人居环境改造。

建村水泥路12.1公里,实现了“户户通”;铺设水泥U形槽3 150延长米,下水泥涵管106处;建180平方米的标准化村部。

村屯卫生走“村民自治”的群众路线。“门前三包”,在村外建垃圾场,家禽圈养,召集村民,一起挨条路走、挨家走,看谁的脸红。平原村再也不是“柴草乱放、污水乱泼、垃圾满地、蝇蚊乱飞”的从前了。

秋天,一位卖西瓜的,在村中叫卖,把吃过的半拉儿西瓜皮扔在地上,猛然发现点什么,不好意思,又捡了起来。

以绿化为契机,开始了比生产发展的速度。

科技促农。全村建两段式育秧大棚20栋,增加水稻18万公斤。

包地兴农。全村外包土地3 000多亩,平原村水田达1万亩。

“三产”强农。打工的、养收割机的、开加工厂的,农民依托各种信息走出去挣钱。

平原村人均收入达6 000多元,一半以上户人均收入达万元。

张建盘点收入,80亩水稻收入8万多元,全家三口人,人均收入2.5万元。

张作鑫包水田300亩,收入40多万元,全家四口人,人均收入10多万元。

2009年,鸡西市新农村现场会,平原村出“现场”,密山市154个村的“头头”来到了平原村,大家说,不虚此行。

冬天,平原村被白雪覆盖着,一片洁白,一片洁净。村长张述君用手机回放平原村的春、平原村的夏、平原村的秋,真像田园诗人陶渊明对栖居的向往“孟夏草木长,绕屋树扶疏。群鸟欣有托,吾亦爱吾庐”。

(2010年1月22日《鸡西日报》二版头条)

基层篇

密山市城乡发展的足音震耳，你起步，我发展，他飞跑；出现了『号子震天，赛龙舟』的赶超局面……

“雨”润黑土　心筑粮仓

——密山市农村信用联社支持新农村建设纪实

一笔笔“三农”贷款，一场场“及时雨”，缓解“旱情”，滋润黑土，灌溉禾苗，助推丰收，打造密山市6.9亿公斤的粮仓。

这“及时雨”下的是时候，暖，农民心坎，壮，农民腰杆，鼓，农民口袋。

一个“共鸣”，那是密山市6.5万农户的肺腑感言：密山市农村信用联社是农民的银行，密山市农村信用联社是农民富庶的跳板！

泥土的气息和着春风吹颂着密山市农村信用联社320名员工爱农业、爱农村、爱农民的“三农”故事。

（一）

增长的背后是亲农！

一份报表显示：密山市信用联社2007年发放贷款52 487笔，金额78 730万元，比去年增加14 582户；2008年1～2月，发放贷款11 984笔，金额17 976万元，比去年增加2 106户。实现贷款金额、贷款户数双增长。

信用联社理事长王国权告诉记者，存款是立社之本，但是去年基金过热，股票过热，房地产过热的影响，存款“过冷”，存款下降1.3亿元。出现了存款难，贷款难！

信用联社把农民的急切与渴求放在心上，用亲和力遏制存款的下滑。

会战。300多名员工把揽储的触觉延伸到了区域外，吸收存款近2亿元。

拆借。“一证通”加大了农民贷款的需求，与存款下滑形成尖锐的供求矛盾。在这节骨眼上，联社理事长王国权左肩挑起农民的呼声，右肩挑起联社的发展，大手笔融资。拆借资金的高利息，让他犹豫了，但是农民利益就是信用联社最大的利益！在低利润的情况下，拆借资金2.1亿元，守住了多年来的“信用”。

为了农民到外边拆借，这事让农民们知道了，朴实厚道的农民说不出啥，把贷款证放在胸口上……

派生出千人、万人抓存款的动人局面。

知一镇政府全体机关干部为信用社增加存款200万元。

一些农民走出村子,到城里找亲属,拿心比心拉存款。

信用联社与农民形成了互助、诚信的和谐关系,这关系是彼此用心做纽带的。

(二)

辛苦的背后是敬农!

信用联社一位员工告诉记者,每天忙、累、苦、乐地度过,他整整度过20个年头。

放贷款,收贷款之外,每年还为6万多农户发放粮食直补、良种补贴、农机具补贴、退耕还林补贴等等,一发放几万笔,一发放几千万元。

忙得吃不上饭,忙得几夜不合眼,忙得吊瓶挂在柜台上,一手打点滴,一手敲键盘。

近日,记者在连珠山镇信用社看到,这几天正是农民贷款的日子,一个20多平方米营业厅里外是人,拥挤、嘈杂让人喘不过气,临柜人员中午不休息,为的是怕农民打回头车,白跑一趟,一切为了农民,为了农民的一切。

裴德镇信用社主任侯晓惠说,裴德信用社下辖9个村,最远的50多公里,信贷员一台摩托,一个提包,往返土路、山路之间。以跬步至千里,他们走遍5 000多农户。

(三)

努力的背后是助农!

2006年7月,密山市信用联社在裴德镇东胜村进行"一证通"试点,2007年,全面推开。2007年,"一证通"贷款授信总额达59 519万元,2008年,发放"一证通"贷款35 850万元。

这项新业务实实在在便民、利民。

农民说,一证在手,贷款不愁。

兴凯湖乡农民王景礼说,以往贷款组成联保小组后,开春,急三火四办手续,过了时候,贷不出来了,一次性贷款,年末一次性付息。有了"一证通",啥时候用,啥时候取,有了闲余钱,还上贷款,少付利息,方便、简捷、灵活、减负。

农民把“一证通”称作是没有存款的存折。

近日,记者在知一镇信用社看到崇石村农民李春华,他说,去年信用社给评定的最高授信额度2.5万元,今年开春去农场包地 100 亩,信用社马上调整授信额度到 4 万元。据了解,2008 年,给农民调高授信额度 1 亿元。

“一证通”通向了新农村。

“一证通”带活百家货栈。知一镇农产品一条街与信用社是“毗邻”,每年10 月收购季节,资金紧缺,但是借不上信用社的力,钱也不往信用社存。2007年,给 68 家货栈累计放贷款1 600万元。

农民当上老板。给农民王某累计放贷 60 万元,实现了 60 万元增值,实现一个农民身份的转化。合伙收粮、开农用车收粮、开货栈、开轿车当老板。这样的农民少说几十位,一个货栈的老板如是说。

培育经济增长点。2006 年,知一镇农产品贸易额1.3亿元,2007 年达2.7亿元。

形成资金良性循环。百家货栈百家存款户,200 多个客户把款也存到了信用社。

“一证通”塑造新农民。杨木村农民彭思宝,贷款 30 万元包地1 000亩;伊通村农民康万成贷款 15 万元,养猪 700 头;东方红村农民孙多志贷款 40 万元,到农场包地 800 亩。

“一证通”推动合作社。裴德镇德兴村农民金长浩和 106 名农民组建密山市“绿莹高丽米”农民专业合作社,“一证通”贷款,推广了水稻两段式育苗新技术,农业优质,农民增收。

“一证通”扭转贫困。去年春天,一场冰雹让连珠山镇保安村等 4 个村庄稼绝产,市信用联社党组在网上发出信息,信贷员务必第一时间赶到现场,调查后,重新发放抗灾自救贷款 725 万元。

“一证通”打造活力农村。构成了贷款、生产、再生产;再贷款、再生产的经济递增链条。农村人均收入达4 708元,比去年增加 605 元;新盖房1 100栋;购进大中型农机具2 400台套;2 500户农民买了电脑,上宽带;增加轿车 400 辆;外出包地达 100 万亩;400 户农民在市内买楼;100 户农民开办了家庭旅馆……

（2007 年 12 月 30 日《鸡西日报》一版）

“东北大”大米坐上“头把椅”

——黑龙江“东北大”有机食品集团有限公司兴农强企纪实

鸡西市金源农场4万亩草炭土稻田广袤,无际,位于兴凯湖东北湿地。稻浪簇拥,滚动出金源……

4万亩稻田被荒芜“圈点”。

4万亩稻田水阔,草丰,土肥,苗壮,粒饱。

“藏在深山人不知”。金源米呼唤着,要走出湖泊,走出沼泽,要挺进“中原”,实现“梦想”。

让金源米走出封闭,做大金源米,做强金源米,做响金源米,金源农场总经理王振的思绪在稻田里“飞翔”。

金源农场以4万亩水稻招商;知一镇以向化村南山坡废墟地招商,亲和招商,凝聚招商,知一镇党委书记与王振一起揣着“招商指南”,走动招商,引来北京软银国际投资公司投资,形成基地加龙头,产、供、销、调、存、加一体的黑龙江“东北大”有机食品集团有限公司。

北京软银国际投资公司投资1.4亿元,这1.4亿元投在废弃地上,建设“龙头”,这1.4亿元投在4万亩稻禾上,加工“金米”。

2007年投资,2008年一年时间,在知一南山坡空旷废地上,崛起了“东北大”。

“东北大”目标大。东北大米家族已经走遍全球,以其纯绿色,口感好成为人们餐桌上的“贵宾”,但是,“东北大”大米要凭借“有机”这一资本打造东北大米中的精品米,极品米。

“东北大”场地大。黑龙江“东北大”有机食品集团有限公司占地12万平方米;黑龙江“东北大”生物科技发展有限公司占地2.2万平方米,两大公司南北对应。“东北大”生物科技发展有限公司车间面积达7 000多平方米,分发酵车间,造粒车间,测土配方混配车间。生产的肥料隆起像山,运肥的车队像一条长龙……

“东北大”容量大。“东北大”有机食品集团有限公司5个钢板仓、7个席穴囤装满了稻谷。一座几十米高的烘干塔,笔直矗立,粮仓与蓝天白云接壤。十几米长的日本佐竹生产线在不停地运转。“东北大”那助理告诉记者，“东北大”仓储达 6 万吨，相当一座中型粮库。生产线日加工稻谷 150 吨，日烘干稻谷 600 吨，是年储万吨，月产千吨，日发百吨的粮食深加工企业。

“东北大”产出大。“东北大”生物科技发展有限公司生产的有机肥供应 4 万亩水田，4 万亩年产 2 万多吨水稻，再供应给“东北大”有机食品集团有限公司，形成了田间、车间生产反复的生产线。

目标大，场地大，粮仓大，产出大构成了“东北老大”，打造了黑龙江农业产业化的“龙头”。

它再生。4 万亩水稻资源，皮粮加工后，稻壳育肥，资源再生，资源效应凸显出来。

它环保。“东北大”生物科技发展有限公司生产微生物肥料酵素有机肥，采用粮食秸秆、谷壳以及猪粪、牛粪、鸡粪做原料，注册“达莱美”。在原生态 4 万亩水田施有机肥，无化肥污染，无农药残留，那么产出的大米是百分之一万的“原生态”，是比绿色还绿色的有机米。

它达效。农民增收。烧炕不起火、村头满道飞的稻壳值钱了，玉米秸、大豆秸也值钱了。1 吨稻壳 280 元，“东北大”2008 年收稻壳2 000吨，收稻壳资金达 560 万元。2008 年至今，收鸡粪5 000吨，收购资金 500 万元。“东北大”在知一镇组建“加禾”农民专业合作社，“东北大”以肥料入股，240 亩稻田成了有机肥稻田，订单收购，1 公斤高出市场价0. 10元，合作社社员增收 12 万元；企业增效。2008 年至今，生产“达莱美”生物有机肥5 000吨，2008 年至今，生产加工水稻 3 000吨。“东北大”大米是贵族米，卖天价，1 公斤卖上 60 元。北京、上海、浙江、深圳、两广、西南等地区的 100 多家超市，100 多个代理商团购，“东北大”在生产、发运、纳税中增速，增效。

它免检。“绥粳 4”、“五优稻 3”优质品种，注册商标“东北大有机米”、“东北大珍粒宝”、“东北大珍粒香”、“东北大珍粒好”及“东北大有机杂粮”，产品通过中国有机产品认证；国际有机认证；日本有机食品认证；美国有机食品认证；OCLA 认证等五大权威认证。四大商标、五大认证、10 种包装的“东北大”大米走南闯北，一路免检。

它可口。一碗米饭香四邻。这是吃过“东北大”的人对其的感觉。米饭一出锅，粒透明，香味浓，口感好，没有炒菜也能吃两碗。

它健康。4 万亩水稻成为全国有机米示范生产基地。这 4 万亩水稻以其土壤条件，气候条件，水质条件决定了“东北大”大米的独一无二。人们称“东北大”大米是“营养快线”，是因为原生态土地，有机肥料，零化肥残留，能吃出健康,能吃出长寿。

它直补。有机肥料是土地的营养大餐,会使板结的土地松软,会使缺这缺那的土地提高多种矿物质的含量,防涝保墒,保温助长。

一座米粮仓,一个“东北大”,一个“米老大”,一个跨区域的产业化形成了一个辐射国内外的经济链儿。

东北米业的“大哥大”,以其米真、米成、米纯、米香、米贵等诸多独特与许多不同坐在了东北米业家族“头把椅”的位置上。

(2009 年 9 月 9 日《鸡西日报》一版)

热血澎湃　续写辉煌

——记密山市人民检察院

密山市人民检察院,全国人民最满意的检察院。

1985 年,密山市人民检察院被最高人民检察院荣记集体一等功;2000 年,被评为“全国人民满意检察院。”

日月如梭。密山市人民检察院辉煌的一页载入史册。时隔七年,检察院全体干警以辉煌为起点,传承历史,焕发豪情,为了人民的一切,一切为了人民的满意,续写密山市检察院新的辉煌篇章。

劲头,不可挡

这是一种什么劲头,由敬业而产生的气势!

这气势,只争朝夕。检察院干警王舜尧告诉记者,检察院工作没有钟点,不用紧逼,不用加压,肩起重托与重任,向目标奔跑。

检察长高秀运在报告中提到:我们在延续历史,时不待我,乘势而上,为密山市检察院再添上浓重的一笔是我们的责任!工作再提速、再上档、再升级,打造一支“学习型、专家型、实干型、廉洁型”的检察队伍。

比着、看着,比贡献率,比人民认可的程度,比人民满意的程度。在不知不觉间,紧张、忙碌、务实、高效之风悄然兴起。

检察院干警的工作日历上,早已取消了休息日,自觉加班加点,办公室的灯光一亮一宿。

办公室的沙发是折叠的,晚上放平打个盹儿。反贪局程树军局长告诉记者,每个干警准备三套牙具,一套放在家里,一套放在车上,一套放在办公室,为了一个案子,几天不出办公室,像钉子一样钉在单位。

这气势,给死神重创。检察官魏艳玲病倒了,患上急性淋巴白血病,生命处于倒计时。检察院全体干警用敬业的精神筑就了生命防线,开始了一场生死大救助。副检察长姜东亮认为,魏艳玲骨子里的气质,骨子里的坚强,是检察院精神的永驻。

这位全国优秀青年卫士、中国“十大”杰出检察官、省“十佳”公仆魏艳玲用“工作化疗”长达七年至今,创造了工作及人生一大奇迹。

这气势,给人震撼。民行科科长翟海银,这位鸡西市“十佳”政法干警,考虑全年工作还没有完成,错过了贲门癌手术的最佳时期。从手术室推出来后,在这清醒的两个小时里第一件事,用微弱的声音打电话,询问工作情况;在病床上,给检察长发短信:“康复出征做表率。”归心似箭,壮心不已。

这气势,给人力量。研究室主任张丙华,患肝内胆管结石,带病工作三个年头,在不手术挺不住的情况下,才动了大手术。这位胆摘除、肝切除三分之一的干警,把医生的叮嘱,“休息一年”的诊断揣在了口袋里,带着流脓、流血的伤口,挂着引流袋,扶着楼梯,一步一步地挪动着上班,引流管动辄挂在桌角上,让他疼痛难忍,躲在办公室,自己偷偷地给伤口换药……

努力,无止境

检察院充满感召力,充满凝聚力,检察院敢打敢拼,敢打硬仗。

对待工作,你努力,他努力,大家都努力,努力快节奏,出现了快发展。

调研基层。预防犯罪科抓源头,抓薄弱,全体干警下单位200余次,下村屯100余个。组织国税局、地税局全体税官及部分家属到鸡西监狱,听服刑人员谈危害,说忏悔,用最直接,最现实的办法提醒。一个税官说,这是一次震动心灵的警钟,总在耳边想起;对全市400多名村支书、村主任、村会计进行预防犯罪案例剖析,预防的网络向村屯延伸。

服务心头。控告申诉科一杯热水、一把椅子、一句话让申诉人心暖,放下架子,放下身份,零距离接待,控告申诉科四次获国家“文明接待室”称号。

办案千里。反贪局干警大部分时间离家在外地。

他们苦,苦得说不出来。为了办案他们辗转全国各大省市;为了一个证据,在茫茫都市,大海捞针。脚不停地走,脑子不停地转,电话不停地打,满身疲惫,满嘴苦涩。

他们累,累得不堪重负。年前,三位干警在广州办案,买不到机票、买不到火车票,为买不到票急得直跺脚,只好走公路,一站一站地倒,倒了15个“短儿”,在路上多走两天,才倒到家,已是大年三十。

他们险,险得忐忑不安。头些日子,正值几十年不遇的大雪。一个电话就得走,车上备上绳子,铁锹,在能见度不足2米的大雪天,出发了。走到方正县,车误了;走到依兰县,车差点被大风掀进沟里;走到301国道上,差一尺就和对面车相撞。到哈尔滨足足走 12 个小时。反贪局两年办案 20 件 21 人，为国家挽回经济损失 454 万元。

一直努力，与时俱进。去年，在鸡西市检察院年终考评中，获三个第一名的佳绩；涌现出了王舜尧、郑俭、程树军等一批魏艳玲式的优秀干警；向社会捐款 2 万多元；为地方招商引资1 000多万元。

密山市检察院昂首跨越，再次引起了人们的瞩目与期待！

（2007 年 4 月 4 日《检察日报》二版头条　2007 年 4 月 15 日《黑龙江经济报》三版头条）

感动得叫你流泪

——密山市人民医院"患者至上"纪实

刀伤重度失血性休克患者,85%深度烧伤患者,急性心梗患者……都是下了病危通知书的患者,却冲出了"死亡禁区",他们流泪了。

这些医生是"华佗再世"。

边远农村患者,外市县区患者,贫困患者,呵护,减免,无微不至,他们流泪了。

密山市医院是人民的医院,名副其实。

全省医院管理年经验交流会上,全省唯一一家二级医院,密山市人民医院作了经验介绍;省、市领导到密山市人民医院检查,一次次留下惊叹;密山市人民医院成了哈尔滨医科大学肿瘤医院等协作医院;密山市政风行风评议最佳单位;鸡西市、密山市"十佳"文明窗口。

密山市人民医院以勇闯禁区、勇攀高峰、永不满足、永远争先的精神强根固体。

密山市人民医院像"120",救人危难之间。

(一)

密山市人民医院创下多个历史之最,出现了建院60年的鼎盛时期。

收入之最。年业务收入5 120万元,比2003年增加2 597万元。

门诊之最。年门诊量达15.5万人次,出诊量3 665人次,日均住院335人,床位使用率111.62%,出院人数1.4万人次。

资产之最。固定资产由2004年4 673万元增值到5 832万元,增值1 159万元。

技术之最。介入科在全省率先开展了癌肿内近距离间质性放射粒子植入术,子宫大出血介入医疗……神经科开展了后颅窝减压、枕骨大孔及寰枕筋膜松解……标志着后颅窝手术上的新突破;完成间变性星形细胞癌切除术,半年无复发现象,成为国家攻关项目……腹腔镜微创手术等一些新技术,成为密山市医疗顶端技术的“引擎”。

（二）

近日，记者到这家医院采访，所到之处，拔不出腿来。

人多如集市。门诊挂号排长队。上楼推着走，下楼穿空行。医院规定，床位300张，不得不加床100多张。妇产科门诊比去年增加5 000多人。人挤满大厅，挤满过道，挤满病房。

“赞许”满走廊。大红纸表扬信挂在走廊的墙上红拉拉的，揭了再贴上，揭下“旧符”换“新符”。一位患者，在彩喷板上写“感谢”，为的是图个长久。医生的手机短信，尽是患者发来的“心声”。元旦，医生们接到厚厚一摞贺年卡，来自省内外。

承诺大街上。市医院西侧临路，一条20米“文化走廊”是新技术介绍。

减价最低点。药品降价，检查费用降价，便利了患者，亏了医院。

脑电图、脑超声、彩超、CT、核磁共振几次降价。多项减免措施，一年为患者减少费用250万元。收费价格鸡西地区乃至全省是最低标准。

关怀暖心窝。“小红帽导诊”第一个迎接患者。急诊免挂号费，市内免救护车费。病房配上70台电视，一日清单到床头，让患者明白费用去向，明白所患疾病，明白应做检查，明白治疗方法，明白病情变化。义诊到村屯，免费为偏远农村送医、送药30多万元。

为患者垫付。设新型合作医疗办公室，农民当天结账，当天审核，当天报销。连珠山镇保安村孙会，心脏支架手术后出院，20分钟，领到医疗补助9 072.58元。他说，不用第二趟跑合作医疗办公室了。医院每月为患者垫付报销的医疗费20多万元。

花香蝶自来。患者成了传播的媒介，人们慕名就医，绕远求医，跨区域寻医。一位老大娘说，早上，她第一个来看病，医生用手焐了焐“听诊器”，听诊器不凉了，再给俺听……鸡西患者曾庆珍到密山市医院做胆囊炎腹腔镜摘除术，告诉记者，两天出院，费用低，痛苦少；虎林市杨岗镇湖北村杨玲告诉记者，打车来到密山市医院，生小孩图的是便宜，我们村有5个小孩都是在这个医院出生的……妇产科做出了“产后访”。4天、7天、21天，医生到患者家探望，42天回医院复查，妇产科固定床位50张，不得不加床25张，但是床位还是紧。院长电话、各科主任电话总响，“恳求，给加个床位吧”。难怪患者蜂拥而至，有的不得不提前几天等候……

（三）

新技术与爱心将生命托起。人们传诵一个又一个奇迹的发生、经过、结果。一产妇生产双胞胎女婴后，大出血，AB 型血告急，患者危在旦夕，妇产科、呼吸科、麻醉科等 10 个科室主任、医生全员抢救。外科金主任给喊号加油，开始了一场生死大救护，抢救 10 个小时，把产妇从死亡线上拉回来了，家人给医生们跪下……

一脑出血患者，因就诊时间错过最佳时期，当机立断，马上手术，钻孔引流，开颅手术，清醒后，向医生伸手……

一心脏病复发患者，内三科医生赵永伟给患者进行心脏病介入医疗，患者康复了……

（四）

81 颗医务明星、护士明星，“星星”耀眼。10 名主人公奖、10 名突出贡献奖是患者颁发的；医务人员用大爱无声给患者以坚强，以力量。

当医生的，苦脏累。金龙镇主任告诉记者，无怨无悔，下辈子还当医生，这么坚定。他说，再也没有比挽救生命的工作更神圣的了。

妇产科主任孙丽华忙死了，累死了，深夜就怕电话响起。

彩超室主任位景华自诩，患者左拐右拐，最后还是来到我这做彩超，他们说，我的片子图像清楚，诊断准确。

外科主任金灿日说，在手术台上一站十几个小时，腰酸腿疼。

急诊科护士梁洪彬晚上接诊，车掉进了沟里，腰椎骨折，他把第一抢救时间让给了患者。

急诊科主任李海男道出苦水。“120”冬天或夜里出车，急、冷、困，让你直上火，特别是雪天、雨天、雾天，更担心。

密山市人民医院，生命之舟，健康之神。在人们心中留下了难以忘怀的印记。感动服务，让患者不能不流下泪水。泪水在眼圈儿打转，泪水在面颊流淌，浸在床单上，洒在绿色通道上；拥抱医生，握手护士；泪，滴在脸上，滴在手上，润在心头……

（2007 年 2 月 13 日《鸡西日报》二版头条）

润物无声　桃李成林

——记密山市第一中学

7月，密山市一中“百花斗艳”。

高考佳音传回校园。987名考生本科上线393人，600分以上66人。李晓旭、朴秋红考取北京大学，李松竹考取人民大学，邢欣羿考取复旦大学，李丹丹、李兵考取南开大学，郭莹考取北京外国语学院。零表录取达140人。

全校师生难掩内心的起伏，他们通过长途电话、网上留言、手机短信，以特快专递的方式将密山市一中高考佳绩传向千里之外……

海外学子、国内十几所大学、几十名大学生给母校发来了贺电。

人们赞叹，这是一所由名师组合的名校。

九层之台起于垒土。

五年，教学一个周期，密山市一中走上良性循环。

周君，2001年，受命关注之间，组建了新一届领导班子，这位黑龙江省骨干校长头雁引领，心和校兴。2001年，1万平方米实验楼竣工；2004年，1万平方米教学楼竣工；实验室、微机室等硬件达省一流儿；全国优秀教师、省优秀教师、鸡西市优秀教师、省教学骨干达50多人；2005年，密山市一中通过了省级示范高中验收；生源扩张，周边200多名高中生慕名迁校一中；教育教学又以特色而叫响……

校园是风景与人文环境和谐的图画。甬路相间，绿树成荫，花团锦簇，蜂忙蝶舞，花香怡人。

密山市一中大门由十几只笔桶组成，高低参差，笔直向上，甬路两侧路灯呈帆状，教学楼左侧是一顶顶博士帽，右侧是一张张张开的鸟翅，高考是起点，飞出校园成为博士后是师生的希望。

教学楼名人名师栏是校园的宝藏。1 000多名密山市一中毕业生，已成为国家的栋梁，他们是目标，师生正向目标努力；教学楼内有几分“奇观”，六层楼楼梯两侧是名言，古诗词佳句。拾级而上，仿佛在书山上攀登，一层楼“千里之行始于足下”与顶层楼“会当凌绝顶，一览众山小”相呼应；走廊内由百块“志当存高远”警句组成的文化长廊给学生以知识的甘露。

教育教学堪称独树一帜。校长周君告诉记者，密山市一中确定“降低起点、放缓进度、增强耐心、分层施教”为载体的教育教学新策略后，扩招了新生，学生乐学、善学、博学。不同层次的学生不同程度地提高了，学校出现了“万有引力”，学习成绩出现了“加速度”。沈欣是计划外生，高一期末考试列300名之外，由于教学方法妥当，出现了惊人的一考，今年高考总分619分，像沈欣出现大冲刺的考生达60多人；进步之星、智慧之星、创新之星、艺术之星等“十大星级”学生达百余人。全国优秀教师卢希会，独到的“三维动画”教学方法，激发了学生思维的扩张力，推进高三教学优化复习策略，高考数学成绩高出全省平均分10分；新教师汇报课，青年教师达标课，学科公开课；问题培训、自培自训、以讲代训、拜师培训、以考促训等等，青年教师脱颖而出，尖子生随之出现。

师生之间浓浓情感。考生仍在学校流动，他们感动的时候感恩。李晓旭要离校了，给老师留言：不管走到哪里，师生间情情相牵；10几名考生围住班主任刘岩，谈老师举起教鞭，又轻轻落下的爱生情景；李丹丹告诉记者，高考这几天，既是考学生，又是考老师，教师一次次叮咛、嘱托。走出考场，老师仍站在烈日下，浓浓爱生情化作春雨催生了“千树万树梨花开”。

厚德载物。可敬的密山市一中145名教师。

（2006年7月19日《鸡西日报》二版头条　2006年7月21日《中国教育报》二版）

“春雷”做鼓点 鼓劲奔小康

——密山市质监护农“春雷行动”纪实

近年来，一些造假者、贩假者坑农、害农、骗农、伤农。

黑龙江省质监局帮助农民维权，开展了农资打假行动，“代号”——“春雷行动”。

护农“春雷行动”以农村作为主战场，对侵犯农民切身利益、影响农业生产、扰乱农村经济秩序的违法行为，坚决围剿，坚决打击。

两个“坚决”像“痛打落水狗”，打造假，抓贩假。

“春雷行动”顺应农时，临近备春耕时节，正是造假、贩假高发期，“春雷”随之炸响……

“春雷”在造假者的上空盘旋，产生震慑；“春雷”在农村田埂间流动，给以监护。

“春雷”，送去了质监部门亲农、护农的决心。

“春雷”，给“三农”送去了法律、法规。

“春雷”，随着“三农”走动而响起……

“春雷行动”战略迅速升级，成为政府行为，成为社会行为。

2007年至今，密山市“春雷行动”一直在继续，一直在加强，一直在扩大，从未有过停歇。

3月，是“春雷行动”启动时，“春雷行动”的传播迅雷不及掩耳。

启动仪式上，摆上假冒伪劣物品，让农民摸得着；广播、电视播发“春雷行动”，让农民听得见；把一些坑农案例制作专题片，直观展示，让农民看得到。

3月过后，带有质监护农“春雷行动”的打假车在密山市大街小巷、村屯农户之间巡逻，“春雷”护农到了农民的家门口。

农民形象地称护农“春雷行动”是农村中流动的警车，流动的“110”。

护农“春雷行动”雷声大、范围广、战线长。

“春雷行动”产生的冲击波，拔了造假的根，端了造假的巢。

密山市某液化气站出售天然气，缺斤少两，质监局接到举报，局长带队到企业，查准查清，当着消费者的面补差量；按照法定程序对该企业进行了行政处罚。

密山市某砖厂生产的红砖，尺寸不规格，砖表面裂痕，封！立即整改；追！追回15户农民买的红砖。

密山市某商店出售过期的种衣剂，质监护农“春雷行动”人员在农村田间地头发现，向农民叫停，一粒种子决定收成啊；向企业叫板，销毁400箱，给农民补偿3 000元。

密山市连珠山镇永泉村农民李某购买大庆牌尿素，施肥后，发现施肥效果差，怀疑假冒。护农“春雷行动”到田间，抽样检验，发现商家以低档肥充当高档肥，马上亡羊补牢，硬是掐着脖儿，让这家企业给17家农户挨家挨门地赔礼道歉，给造假的丢了面子，给农民长了底气。按照种植面积给予1 000～3 000元的补偿。

密山市兴凯镇红岭村农民李某购买一台玉米脱粒机，作业中农民双手绞伤，是人为还是伪劣？鉴定结果是脱粒机外轮没有防护装置，强词夺理，想打耙的商家在“春雷”的震动下，向农民赔付7 000元。

牡丹江农垦某农场购买10吨大豆叶面肥，正在飞机喷洒，护农“春雷行动”人员第一时间在田间地头发现，化验后不达标，处罚、扣押、停用，给农户减少损失40多万元。

密山市某加油站销售劣质柴油，影响了备春耕，农民着急上火，直挠头，护农“春雷行动”人员，像“福尔摩斯”侦探，7天时间，走访4个村，顺藤摸瓜，找到了购买劣质柴油的15户农民，扣押柴油5吨，给农民减少损失7万元。

“春雷”在行动，端掉19家酱油、米醋黑加工点，取缔7家非法食品加工厂；2007年至今纠正违法企业17家，罚款53万元。

“春雷行动”战略再次升级，“春雷”围着农村、农业、农民转。“春雷”成为新农村建设的基石，成为农民奔小康的奋进鼓点。

护农“春雷行动”人员，严肃以待，24小时开机，听举报；整天走出去，撒大网，摸案源。

他们行程八万里，足迹遍布密山市154个村，8 000多户农民100万亩桑田，大大小小300多家生产经销企业。

家电下乡，建材下乡，汽车下乡，护农“春雷”人员也一起“上山下乡”。

为农民免费检测农药、免费检测化肥产品质量、免费检验农机及零配件产品质量，给企业、农民提供18项免费服务，免费金额达320万元。

为农民免费检验检测产品719批次，其中，化肥293批次，农药171批次，农机配件79批次，土壤18批次，红砖81批次，水泥77批次。为农村敬老院免费检验在用锅炉20余台次。免费检定产品定量包装537批次，检测计量器具1 300台件，免费制定(修订)产品标准5件。

“春雷行动”战略又继续升级，免费项目又增加提供有关农业标准化，免费提供维权投诉等法律咨询。在154个村设立种植、养殖技术播放站；在154个村设立计量公正服务站；在154个村设立154个信息联络员，“春雷行动”给“三农”编织了密密麻麻的防护网。

“春雷”过后，下“春雨”。护农“春雷行动”以来，为农民挽回经济损失530万元，为农民维权130件次。

(2010年2月29日《鸡西日报》二版头条)

实验出“真知”

——记密山市实验中学

密山市实验中学是记者第二个工作“驿站”，时隔13年，送女儿到这所学校读书。

记得，实验中学1985年建校，是从省重点中学密山市一中初中部分离出来的一所全日制初级中学。

她建校21年，对外产生了竞争力和扩张力。

定位独辟蹊径

密山市实验中学原名密山市第六中学。

更名原因是出于对学校的准确定位：在实验中探索出独创的教育教学手段，实现教育教学最佳、最大化效果。

21年来，校领导、教师传递着改革的接力棒，在无止境地攻关、改革、创新之路上，努力、拼搏、探究、总结。

这所学校被列为“十五”重点科研项目基地；被评为省义务教育课程改革先进集体；省德育教育先进集体；省科研教育先进单位；省读书育人特色学校……

教育独具匠心

教育网络“三位一体”。形成学校、家长、社会联合办学。学校有家长委员会，学年有家长学校，老师与家长直接沟通，家长走进课堂与孩子一同上课，缩短了学校与家庭之间教育的距离。

感化从心开始。在鸡西地区率先开设心育课，老师与学生换位，老师称学生是朋友，学生称老师是知心姐姐、知心妈妈、爱的天使。

心理老师李华告诉记者，心育教育是感恩教育之一，以事打动、以情促动，洗涤心灵、扭转畸形，让学生快活、健康地成长。

老师、学生大胆地说，同学们，我爱你；老师，我爱你。

学生给心理老师写信,写苦闷、写盲区、写特长、写向往。

每个学期收到近千名学生的信件,心理老师一一回信。

老师、学生心近了。

近日,记者参加了一堂心育课,令人流泪,唤起良知。学生趴在桌上或闭上双眼,聆听成长的经历,母亲从怀孕开始到婴儿出生、上小学、上中学父母付出的苦与累;聆听真实的故事,印度洋海啸,一对母女被瓦砾压在废墟中,十几天,救援人员惊奇地发现,婴儿还活着,她口含着母亲咬断了的手指,婴儿吮吸母亲的血,奇迹般地生存了……此时,学生不由自主地与父母拥抱,心贴手握。一个学生当着家长的面检讨:妈妈,我错了,我再也不上网吧了……

家长、学生心近了。

不拘一格的心育教育成为这所学校教育的有效载体。

200 多名后进生成了优秀生,20 名即将辍学的学生返回了校园,师生、家长关系和谐。

绿色网吧的“引导”。学校从初一学年开设“绿色网吧”,给学生上网时间。网页上尽是书本外的知识,学生在走进网络时代的同时,开阔了视野,那些背着父母、老师上网的学生,在学校上健康网,上知识网,学校绿色网吧顶黄了周边十几所网吧。

教学独树一帜

建成3 600平方米的实验楼,学校开通了网络化教育,远程教育;派出教师到广州、重庆参加全国新课程、新课标培训。

每年举办一次说课标、说教材、说教法、说学法创新课大赛,承担国家级科研教改课题,参加国际教学学术科研会,骨干教师出示“引导课”、“研究课”。

语文学科的“谈、悟、赏”教学模式;政治学科的“创新情境、合作探究、自主体验、感悟升华”的教学模式;数学学科的“引导思考、多向思维、指导实践、鼓励创新、组织自评、反馈控制”的模式,成为独到的教学手段。

涌现出李秀红、吕艳华、朱力民、王凤岩省、市教学精英 20 多人。

涌现出王强、张林等 40 多人奥林匹克数学、英语大赛一等奖。

涌现出考取北大、清华、复旦尖子生李晓旭等 20 多名学生。

校长说,密山市实验中学特点是教育教学走别人没有走过的路。教师就是拓荒者,这 100 多名教师也付出了别人没有付出过的苦!

(2006 年 8 月 15 日《中国教育报》二版)

一百个感动

——密山市消防大队关怀贫困群众的故事

密山市消防大队29名官兵,29颗爱心,炽热、赤诚。

29颗爱心向社会各个层面扩散,体贴、关怀、感化那么多的孤独、冰冷的心。

此举,感动老兵、老人;此举,感动贫困生、贫困户;此举,让人们感动又感动。

听一听,感人肺腑的故事。

不忘老兵

吴夏默,人称独臂英雄,参加过辽沈战役,断了右臂,消防大队把他纳入"编外"老兵。

大到修补房子,铺院子,小到油米柴盐,六年关怀不间断。

去年,老兵去世了,战士哭了,战士像亲人,给老兵守灵、送终。

新兵一下连队,消防大队官兵去老兵的墓地看望,泪水流下,思念老兵;举起右手,告慰老兵,消防大队正成为全国的排头兵!

2006年,消防大队到市民政局,认领老兵,找困难的老复员军人,找困难的老伤残军人,要结对子。

魏金生,裴德村伤残军人,家境窘迫。

那是一个雨天,战士涌入老军人的家,老军人惊讶了,送来了米面油,更重要的是送来了问候,老军人说,没见过这么孝顺的孩子。

逢年过节都去几十里之外的老军人那里,老军人的生产生活成了消防大队官兵的一桩心思。

近几年,与4位老军人频繁往来。

不忘老人

密山市消防有一个爱心基金会,战士每年从工资中捐出10元,领导捐出20

元、50 元不等,每年几千元,捐助给贫者、弱者、老者。

一位老人病倒路边,大队长开车路过,抱起老人,送到了医院,交医疗费1 000元,这特殊的孝敬,人们说,老人有个好儿子。

敬老院是他们爱老、敬老的地方。双胜敬老院,老人们都认得这些兵,小张、小王、小李叫得亲。

第一次上门,给老人送“长寿”,送一些补养品。

第二次上门,给老人送“安全”,进行逃生演习,自救演习。

第三次上门,给老人送“儿子”,10 名官兵认亲,满口叫爹和娘。

第四次上门,给老人送“养老钱”;第五次上门,给老人送“开心”;送“快乐”,踏破了门槛。

近几年,有 30 位老人得到了资助和帮助。

不忘乡亲

印度洋海啸,爱心跨国界,一封封印有“密山市消防大队”的捐款飞过太平洋。

南方发大水,爱心飞向千里之外,邮去了钱、物,带去了滚烫的心。

王挂花,实验中学学生,关心四年至今。

今年“八一”建军节,他们又帮助了一位即将辍学的大学生。他们向社会发布“寻人启事”,要资助一名大学生。刘扬扬考取四川师大体育系,父亲病逝,母亲多病,家有外债,他在饭店打工,要挣足学费,但是6 000元的学费,让他和妈妈快乐又心忧。一个喜讯让刘扬扬泪流满面,消防大队官兵送去3 000元学费,并告诉刘扬扬,一直资助到大学毕业。拿着大学通知书,为学费急得满嘴大泡的刘扬扬,正决定辍学打工的时候,给学校打了电话,决定复学了。

村民听说了,摘了自己家的西瓜,切开,塞给官兵,解解渴,消消汗。

一个又一个不忘,换来一个又一个感动。教导员说,我们忘不了那份思念,那份挂牵,更忘不了我们是人民的子弟兵。

(2007 年 11 月 11 日《鸡西日报》二版)

护士节在岗位上过

5 月 12 日，护士节。

密山市人民医院 50 名护士在繁忙的岗位上过节。

主人公：姜晓芹，“120”护士。

当晚，20 点 03 分。“120”电话急促，二人班乡与鸡东路段交界处发生一场车祸。姜晓芹秣马厉兵，20 点 04 分，“120”急驶，提速 5 分钟，20 点 45 分到达。

一摩托车与四轮车追尾。四轮车轮胎爆裂，骑摩托车的受伤者躺在路边，生命奄奄一息。

护士姜晓芹与医生一起将患者抬上车，姜晓芹守候在患者身边，尽一个护士的责任。

姜晓芹身上溅满血迹。为防止患者失血性休克，她麻利地给患者打点滴，用手捧着呕吐物……一会儿，双手抱住患者的头；一会儿，用双手托着患者骨折的胳膊，难闻的气味让人作呕，她与患者零距离。又是一个 45 分钟，好脏、好苦。

直到把病人推进病房，她才透过一口气。5 分钟过后，“120”电话又响起，常青村一老人脑出血。她又“爱岗敬业”了。

这个节日，她在路上度过一个多小时。

主人公：李艳文，神经科护士。

时间从晚 6 点开始，两个小时，她陪护在床头。给 15 位患者打点滴，偷空给车祸患者张明武做后枕部按摩、作骶尾部按摩、后背、后臀部按摩，腰酸手麻，脚打后脑勺儿。

这个节日，她和病人在一起。

主人公：宋洁，急诊科护士。

下午 1 点 25 分，急诊科来了一位特别患者，一位 30 多岁的男子，用菜刀自杀。推进急诊室时，是个血人。

患者醉酒，情绪激动，大喊大叫，又抓又挠，乱踢乱打，不配合治疗。宋洁一口一个“大哥”，说教 10 多分钟，患者情绪稳定下来，患者头皮下动脉裂断，血流如注，止血、擦血、包扎。此时的宋洁脸、头发、脖子上尽是血。

处置后，她脱下衣服，洗衣服上的血垢，不知情的，把她当成了患者家人。

这个节日，她在惊险中度过。

主人公：王琴，手术室护士长，在手术台上足足待 4 个小时；主人公：马君，内四科护士，一天 24 小时，围着病人转来转去；主人公：齐淑清，神经科护士，给患者清洗伤口，给患者翻身，给患者端屎端尿……

护士，特殊的岗位；5 月 12 日，特殊的节日。

时针，记下了她们节日里特殊的一天，患者，记下了节日里她们特殊的奉献。

（2008 年 5 月 18 日《鸡西日报》二版）

山泉洗心肺　哺育几代人

——密山市林业局打造“森缘”山泉水生产线纪实

珠山，位于密山市东北60公里，是密山市境内最远、最高的山。

珠山，分大小两座。大珠山海拔588米，小珠山海拔418米。有人这样比喻，大小珠山像一对恋人或像一对兄妹南北亲密“牵手”。

珠山，群山环绕，植被繁茂，人烟稀少。

珠山神奇，一奇，人们在珠山山顶上发现了452米长石筑的山城城墙。据史料记载，大珠山古城遗址是金代一处军事要塞。

二奇，大小珠山山腰上东西分布着两眼山泉。80岁的赵连友老人告诉记者，这两眼山泉冬夏“不眠”，一年12个月流水，夏天，像一朵牵牛花开在水面上；冬天，流出的山泉水形成一片冰川，整日，山腰被热气笼罩。

考古资料上说，800年前，金人就在这里繁衍生息。他们上山担山泉水洗衣、做饭、饮战马，推计，因有了山泉水，金人才把军事城墙建在这隐蔽的深山老林里。

在珠山居住近三十年的张大娘说，过去没有井的那阵子，人们就以这山泉水为生，一喝几十年。可见，山泉滋润了多少生灵！

令人心驰神往的珠山，虽是人迹罕至，但，近几年，山外人多了起来，人们来这里寻金人的遗迹，听珠山的神话，品山泉的甘甜。

密山市林业局珠山林场就坐落在珠山脚下，山泉近在咫尺。

林业工人只把这山泉当作好奇，走过山泉边，喝一口，解解渴，洗把脸，解解乏，怎么也揣摩不出来山泉的来历。

一次检查，一次探密，诞生了一个山泉水厂，延伸了从珠山到各大城市几千里之外的山泉水经济产业链条。

林业局局长告诉记者，2004年春天，到珠山林场检查防火，走近山泉，便有亲切感。

山泉汩汩，水净，水清。喝一口，爽掉了牙，凉透了心。此时，顿感心胸开阔，步履轻松。了解山泉的几百年历史，他说，难得，难得啊！这是大自然的特别赏赐，白白地流了这么多年，他拿出一瓶随身带的矿泉水，喝了一口，一对比，还是"这珠山山泉有点甜"。

珠山山泉的发现惊动了省水质测试分析中心,他们来到了山泉边,对水质进行取样化验,水中竟含有多种矿物质,是一处最佳、难得的山泉水资源。

下发一份可研性报告:可建一个山泉水工厂。

2004年10月,市林业局珠山山泉水厂开工建设了。

把两个山泉在山坡中"合拢",建一个深十几米、储水80吨的蓄水池。铺设2公里的水管道,山泉地与工厂落差80米,水往低处流,车间的水龙头一拧,山泉水哗哗地流个不休。珠山林场场长马守龙说,由于水的压力大,水源足,在山上蓄水池边,又建一个分流口,水多了,就向山沟里排出一部分。

2005年7月1日,密山市第一家缘于无污染大山之中的山泉水厂,生产了。注册"森缘"绿色商标。人们喝上凉而不冰的山泉水,幽雅芳甜环绕舌尖。

从2005年7月1日至今,生产"森缘"山泉水4 950吨,实现利润10多万元,每天7吨"森缘"山泉水运出珠山。

林业局党委书记说,"森缘"山泉水不添加防腐剂,不添加矿物质,是原汁原味,天然的成分占百分之百。

一位老中医给"森缘"打广告,喝了它,健脑健心健身。

"森缘"山泉水一出山,凭借其特有的甘洌与清醇打开市场,顶了市内几家矿泉水厂。

高山山泉,森林之缘。"森缘"山泉水成了矿泉水家族的"娇子"。

一份份省内外的订单像雪片一样飞进珠山,林业局决定,今年,扩大再生产,日生产增加到10吨。

(2007年8月2日《鸡西日报》二版)

兴凯湖畔“龙”抬头

——黑龙江北大荒纸业有限责任公司扩大再生产纪实

黑龙江北大荒纸业，年产值近亿元，是垦区农业产业化龙头。

黑龙江北大荒纸业，年纳税1 200万元，是密山市纳税企业龙头。

它矗立、崛起在兴凯湖农场境内，小兴凯湖东北泡子岸边，人道是兴凯湖畔的龙头企业。

它占地8万平方米，6条几百米长生产线，加上与天接壤的草垛，再加上场区内垂直的水泥甬路及被大自然拥抱奇特的整体外形，构成了隐藏在兴凯湖东端的一座纸业“工业城”。

走进“龙头”，感受“龙头”，心中萌发震撼，它偌大、它空旷、它雄伟、它气派；蓦然发现“龙头”蕴藏着商机，迸发出活力。

走出“龙头”，感受“龙头”，独一处的位置，独一处的资源，独一处的风景。

“龙头”临大小兴凯湖，南隔松阿察河，被湖、树、草地环绕，水丰草茂，气候新鲜，无喧闹、无污染，是一个典型的“北大荒”，占尽了地利。

“龙头”周边是60万亩的野生芦苇，3.6万亩人工抚育芦苇，32万亩水田。近100万亩芦苇、稻草成了北大荒纸业的原材料基地，野生资源打造了“龙头”，占尽了天时。

“龙头”1 500名员工，用北大荒的精神打造了“兴凯湖”中、高档文化用纸的品牌，凝心聚力，负重爬坡，百业俱兴，占尽了人和。

“龙头”建筑在蓝天湖水之间，被自然点缀，成为现代化的花园企业，成为自然天成、巧夺天工的一道景观。

翻开“龙头”资料，感受历史。

北大荒纸业原是黑龙江兴凯湖造纸厂，1958年兴建，50年时起时落，经历了不少坎坷。50年后的今天，北大荒纸业已建成黑龙江省造纸业最大的生产线，延伸出通向全国各地的纸业经济链条。

2003年3月，成立北大荒纸业，北大荒纸业经营性资产以北大荒股份有限公司、北大荒纸业分公司的身份上市，新转型，新契机，新机制，新发展。

从此，“龙头”昂首、鹤立在纸业之林。

扩大生产是兴企之基。2003 年以前，1.8万吨的生产能力，太小，太弱；不扩充资产，就被关停，紧逼出动力，纸业公司投资1.6亿元，扩建一条年生产3.5万吨中、高文化用纸生产线，公司年生产量达5.3万吨。

打绿色牌是强企之石。以兴凯湖水，兴凯湖芦苇作为造纸原材料，建设绿色造纸企业，注册“兴凯湖”绿色商标，生产纯天然、无污染的绿色纸，荣获“黑龙江省绿色科技环保畅销知名品牌”和“黑龙江名牌产品”荣誉称号。成为黑龙江省文化用纸产量最大，规格最多，品种最全的“三之最”生产企业。

“一兴一强”让“龙头”刮起“龙卷风”。兴凯湖牌中、高档文化用纸“席卷”北京、山西、兰州等 10 多个省市。

“一助一推”给“龙头”下一场甘露。北大荒纸业是农管局企业，以往与地方不往来，各走各的道儿，各过各的河。密山市场市共建的“六方会谈”形成了从未有过的亲和力。

密山市委书记，密山市政府市长与多个有关部门，多次驱车百公里，到北大荒纸业握手、考察、调研，最后“认亲”。

市委书记说，密山市与北大荒纸业是一家人，企业是管生产的，地方是管环境的，北大荒纸业的小事就是地方的大事。

密山市政府专门为北大荒纸业制订了“关于出台北大荒纸业生产和税收上的优惠政策”。

解决车皮难。北大荒纸业车皮一直紧张，密山市领导放心不下，市长亲自到哈尔滨铁路局衔接，哈尔滨铁路局特批，调增了车皮。1~3 月，发车皮 31 车 1 874吨。

解决原材料难。近一年时间，北大荒纸业原材料供应不上，年缺口原材料 2 万吨，密山市政府现场办公会挪到了北大荒纸业。准备借道俄罗斯，与俄方联系，与海关沟通，从俄罗斯进口纸浆；准备扩大仓储面，白泡子乡政府、兴凯湖乡政府全体机关干部下到农户动员农民，秋天把稻草堆成垛，打成包，供应北大荒纸业。

北大荒纸业场区绿化，密山市送去了规划图，提供了树苗信息；北大荒纸业人力资源紧缺，密山市培训技术人员，电视台播放招工启事……

一张白纸，千万税收。喜人、双赢。

1~4 月，北大荒纸业首次首季实现开门红。实现利润 120 万元，为地方纳税 220 万元，比去年同期增加 30 万元。北大荒纸业赵书记告诉记者，企业达产达效达速，去年为地方纳税 830 万元，今年将达到1 200万元，增加税收 370 万元。

（2008 年 4 月 16 日《鸡西日报》一版）

二龙山下新林区

——密山市林业局二龙山林场建设新林区纪实

二龙山，位于密山市西北部。密山市二龙山林场依二龙山而建。

神奇二龙山。二龙山林场偏西南有两座山，塔头湖河从山间流淌，东西两座山像“龙头”探向山间塔头湖河流，形成天下“二龙戏水”的景观。

林茂二龙山。属完达山余脉。21 759公顷的山林繁密，古树参天，是密山市境内的原始森林；是密山市大西北亘古绵延的森林屏障。

壮观二龙山。二龙山林场1958年始建。林场南有大架山，西有二龙山、马鞍山，北有踏板山，每座山都有神话，二龙山林场镶嵌在山的怀抱里。

建设二龙山。密山市林业局二龙山林场是2006年省新林区建设试点单位。

两年之间，密山市林业局乘势而上，举全局之力，建设、打扮二龙山新区。

“春风”拂过二龙山林区，漫山遍野，绿意勃发，林区春来早！

六岁就跟着爸爸闯关东，落脚二龙山林场的原生产副场长魏志轩告诉记者，变化的让眼神不够用了，变化的让步子跟不上了，变化的让生活时髦多了。

变化的声音，发展的脚步，似乎在记者耳边响起……

筑绿色长城。为打造生态林区，实现可持续发展，林场植树造林58载，每年造林1 500亩。荒山披上了绿装，林区人工造林2 270公顷，重点生态林管护10.9万亩。

挖林业经济。二龙山成为林业工人生存的根本，依山创造，创造出了“剩余价值”。

山野菜、榛子等年收入60多万元，打造了山产品林区。

牛羊、鸡鸭满沟壑，打造了畜牧业林区。

山间塘坝水面1 000亩，打造了渔业林区。

栽充山参200亩，价值上千万元；管护500亩天然五味子；种2 000亩人工五味子，打造了北药林区。

云杉2.4万株；银中杨5 500株；垂柳5 000株；落叶松50万株，打造了造林种苗林区。

白瓜1 500亩，大豆5 000亩，玉米1 000亩，甜菜 750 亩，打造了优质农业林区。

造二龙山新区。走进二龙山新区，的确感觉到新林区的新建设带来的新变化；新建设带来的新景色；新建设带来的新陶冶。

二龙山林场场长林贵海说，头两年，这里很破。破在大多 30 多年的房子开裂露雨；破在道路泥泞难走；破在生活没有着落；破在工人怨声载道。

投资 490 万元，对二龙山林场区进行 58 年来第一次全面改造。

统一房盖，拆除油粘纸、水泥瓦，换上了红色彩钢瓦。

统一门窗，拆掉木制、滥的直掉渣的木窗，换上了白色塑料窗。

统一大门，拆掉木门、板门、木栅栏，换上绿色铁大门……

"八统一"把二龙山新区整体划一，笔直的水泥路，点缀石砌明排的垂柳，红瓦白墙，绿栅栏的红房子，仿佛是一朵山中绽开的达达香……

靓丽顺眼的二龙山新林区，掩映在大山之中，令人神往，宜人居住。

享幸福指数。林区工人年工资 1 万多元，加上林下经济、林边经济，人均收入近 2 万元。退休老工人佟世臣说，每月工资达1 880元，到月开资，从不拖欠，医疗费按比例报销。

15 名工人开轿车上下班；20 户林业工人在市内买楼；20 多名孩子在市内读书；10 多名工人在大中城市做买卖。

吹和谐之风。新林区 150 户职工构建了一个大家庭，见面礼让三先，说话相敬如宾，无赌博，无纠纷，无上访，无火灾。

大自然赋予二龙山人杰地灵，当是党的方针政策让二龙山新林区迅速崛起在城外，山边……

（2007 年 5 月 5 日《鸡西日报》二版）

奋斗 奋进 奋起

——来自黑龙江银峰化工有限公司改革显生机的报道

黑龙江省奋斗化工厂，是60年代的国企。2006年5月，"国企改革"宣告结束，一个股份制企业，黑龙江银峰化工有限公司崛起……

387名奋斗人，擂进军鼓，吹冲锋号，在艰难处境中进行奋斗接力……

一个濒近于破产边缘的国企，彰显出凝聚力、亲和力、创造力。企业成为密山市工业经济的"航母"，为密山市工业经济提质提速领跑……

走奋斗路

奋斗的路"荆棘"，撒下了胆识与魄力。

387名奋斗人，在破产与生存的时候，在下岗与上岗的时候，清醒了，明白了许多：奋斗才是根本，奋斗才有出路。

387名奋斗人，心凝聚了。这一年，是企业建设年，是爬坡年。"打仗亲兄弟"，387名工人手牵手、心贴心，把一个老、破、旧的企业，铸就成了一个全省同行业中的"龙头"。

奋斗人新一轮奋斗热潮，至今还有气息……

奋斗人，干事热血澎湃。

一下子，拆除了60年代生产线，把这些老设备砸了，卖了废铁。投资480万元，引进国内先进的乳化炸药连续化自动化生产线，实现100天奋战，一次试车成功，一次生产合格，一次通过验收。

总经理孙洪军告诉记者，一条生产线就是一条增产链。这条生产线年生产乳化炸药6 000吨，比老生产线多生产1 500吨，增加产值800多万元。

上了生产线，企业初露曙光，工人看到了希望，随之，工人们把车间作为科研基地，一个新技术研制与开发，增补了国内外尖端技术领域的空白。

一个22瓩大型中心气站带动一台膨化自动装药机生产，工人们进行机组改造，改造成用一台5.5瓩小气站带动两台膨化自动装药机生产，一次改造成功，一次试验成功，一次节约15万元。

奏奋进曲

奋斗乐曲激昂。

387名奋斗人进行了一场60年来第一次大建设。公司“规划图”上当年就要见成果的20件大事,逐一完成!

2007年,新建改造生产文明小区2 800平方米;修筑一区水泥道路4 200平方米;新建一区职工食堂1 500平方米……

2008年,投资38万元,乳化炸药生产线厂房改造开工;投资30万元,二区水泥道路开工;投资3万元,一区高压线路改造开工……18个基本建设开工,黑龙江银峰化工有限公司成了建筑工地。

20件大事,安全生产是第一位,安全是企业生命线。

胜利实现第十一个安全生产一千天,实现了无重大伤亡的人身伤亡事故;无重大火灾事故;无爆炸事故;无产品丢失事故。

扬奋起帆

起步了,走步太慢,跑步发展。

黑龙江银峰化工有限公司迎来了艳阳天。突破指标。2006年,销售收入实现4 497万元,上缴税金374万元;2007年,销售收入实现5 626万元,上缴税金506万元;2008年1~4月,销售收入实现596万元,上缴税金60万元,一年多时间上缴税金近1 000万元。成为财税贡献大户。

突破工资。有三十年厂龄的老工人李军告诉记者,2005年,也就是改制前,他每月工资750元,2006年,也就是改制后,月工资达1 188元。

突破领域。黑龙江银峰化工有限公司成为黑龙江省质检优质企业,是高新技术开发企业。企业销售款6 000万元,实现了百分之百回款,实现销售、收入良性循环。

走进黑龙江银峰化工有限公司,建筑、生产的动态,让人们感受到企业的昨天与今天的反差,用工人话说,工厂漂亮了,生产增加了,心情舒畅了,工资开满了,干劲倍增了,前景开阔了……

(2008年5月27日《鸡西日报》二版)

“甘露”润心田　扬起生活帆

——密山市东安信用社支持下岗工人就业纪实

密山市东安农村信用社将信贷投向直接对准下岗工人。

近几年，为下岗失业人员发放贷款1 365笔，发放金额2 635万元。

1 365笔2635万元解开了捆绑下岗工人手脚上的绳索。

1 365笔2 635万元筑起了几千条通向希望的就业路。

1 365笔2 635万元圆了几千名下岗工人难圆的创业路。

这是一场“甘露”，滋润下岗工人干涸的心。

这是一剂良药，治愈下岗工人的苦闷、无奈、萎靡与徘徊。

这是一次助推，一些下岗工人在经济大潮中从头再来，顺风而起……

这是一次关怀，凝聚着党和政府对下岗工人的牵挂与期待。

一位下岗工人说，党和政府没有撇下我们，而是拉着我们的手，领着我们走，给我们机遇，给们信心，给我们勇气，才有了我们的二次创业。

近几年，密山市委、市政府关注下岗工人，东安信用社关怀下岗工人，政府和金融部门同心协力搭起一道上岗的平台。

建1 000平方米下岗失业人员信息大厅。

投 450 万元作为下岗失业人员信贷担保基金。

分 40 期培训下岗工人。

东安信用社以资金支持，下岗工人持下岗证贷款，政府给付利息，东安信用社成了下岗工人的银行，成了下岗工人的加油站，成了下岗工人的动力源。

东安信用社魏红告诉记者，下岗了，再贷款，风险大，但是我们给下岗工人以亲情、以关怀，发放“以人为本”的贷款，这给予心灵慰藉的贷款，最大地减少了风险。

密山市信用联社理事长王国权说，下岗工人小额贷款，政府贴息，执行的是国家最低基准利率。以 2007 年为例，向下岗工人发放小额贷款 800 万元，按抵押贷款利率，少收利息 90 万元。这么做就是为了下岗工人。因此，我们把吃亏作为一条荣尚。

政府贴息，信用社降低门槛，感化了下岗工人，激发了下岗工人自立自强的创业热情。

贷款出岗位。1 365笔贷款产生6 000多个就业岗位。

贷款出稳定。减少了矛盾，平和了心态，下岗工人一心投入到创业之中。

贷款出税收。据统计，下岗工人开办的大中小型企业年上缴税收3 000万元。

贷款出和谐。一人带一家，一人带一帮，形成大队人马就业的“赶帮超”。

贷款出贡献。一些下岗工人成了经济建筑领域中的“引擎”。由小商业、小饮食业、小服务业，向大商业、大工业、大农业发展。

下岗工人李建荒贷款 8 万开办建华铁艺厂，一个下岗工人让 17 个下岗工人再上岗，上缴税金 3 万元。

下岗工人赵春香贷款 60 万元办起银河纸业，贷款在同转中增值。2004 年，上一条年产4 000吨工业用纸生产线；2006 年，上一条年产 400 吨炸药用纸生产线；2007 年，上一条年产 1 万吨高强瓦楞纸生产线，银河纸业成了伊利集团等省内外大企业供应商。企业盘活闲置资产2 000万元，安置下岗工人 140 人，上缴税金 70 万元。一个下岗女工成为拥有固定资产千万元的老板，创业之星。

贷款出存款。近两年，东安信用社新开户 205 户，这些开户的大多曾是下岗失业人员的老储户，他们忘不了信用社，便集体采取回报的行动，东安信用社存款余额达1.5亿元。

贷款出发展。东安信用社是全省盈利社。2006 年，盈利 208 万元；2007 年，盈利 147 万元；2008 年，盈利将达 200 万元。

（2008 年 9 月 23 日《鸡西日报》二版）

打造产业群　拉长增收链

——密山市农村信用社支持农副产品收购纪实

近两年，密山市农村信用社累计发放农副产品收购贷款9 100笔，全额1.1亿元。

解决了全市6.5万农户及周边农场户卖粮难。

解决了100多家粮食收购企业融资难。

打造了黑龙江省东部地区对俄粮食出口大粮仓、大基地、大市场。

延长了内连中国20多个省市，外接东欧部分国家粮食流通产业的资金链。

1.1亿元让密山市仍然占据了全国100个产粮大县(市)、全国商品粮基地的龙头位置。

进入密山市地界，特别是入秋季节，满眼是农副产品收购的车队、人流、网点，让人触摸到的是密山市活跃、欢快节奏的"三农"经济。西起密山市太平乡青松货栈，东至密山市知一镇东门外向化村农丰货栈，南至密山市常青村，北至密山市裴德村，全市几百平方公里方圆内外分布着大大小小的农副产品收购货栈、加工厂。

农副产品收购构成了密山市农村经济的最前沿，称得上千军万马。

农副产品收购叫买叫卖，机器轰鸣，和那爽朗的笑，称得上声声悦耳。

弦外之音，是密山市信用社的解燃眉之急，是密山市信用社的雪中送炭，是密山市信用社的"久旱甘露"。

贷款垒起一条街。记者在密山市知一镇看到，知一镇西门外、东门外，两公里收购一条街上，收购的车抢道，小商小贩占道，收购的货栈一家挨一家。某货栈，占地2 000多平方米，车满院、人满屋、货满仓，向化村东边，秋天又盖了三栋仿欧式建筑的收购货栈，开仓收粮。

知一信用社主任赵振东告诉记者，近两年，投放贷款3 400万元，货栈由2006年50户增加到101户。

货栈改造一个村。向化村与知一镇是"毗邻"。市场摆在了农民的大道上，农民把人均5亩的土地流转。走出土地，收粮、贩粮，走着收、坐着收，全村160户收购的达110户，向化村成了收购村、买卖村，人均收入万元以上。

贷款组建一个车队。在向化村引领下,知一镇9个村农民依托货栈买三轮、租三轮贩粮,500多台三轮车川流不息出现在村头、农户、田间。

贷款形成一个集散地。农民开着三轮车,揣上贷款,走了,去了吉林,去了内蒙古,一车一车地倒,一车皮一车皮地运。外地的白瓜子、角瓜子、红小豆,都运来了,在这里筛选、加工后,发往全国各地。密山市知一镇农副产品一条街成了黑龙江东部地区最大的农副产品交易市场,成为全国知名的农副产品集散地。

一笔笔贷款,让收购户、让贩粮的农民底气足了,胆子大了,腰杆直了,来钱快了,身份变了。

这是笔便民贷款。一位货栈老板说,贷款手续是7户联保,按规模,按“资质”,大规模的放贷款60万元,中小型的放款10万元。这60万元贷款顶大用了,60万元周转,60万元滚雪球,一个多月的时间,收白瓜子500多吨,说穿了60万元垫底儿才有了今天的大家大业。

这是笔增收贷款。农民收的多了,种的也就多了。农民看市场下种子。涌现出了白瓜子专业村、小豆专业村,亩收入均在1 000元以上,农民鼓了口袋;知一村徐某,人称“跑车老板”,由远及近,由少到多,一年收入30多万元。

这是笔民心贷款。大粮下来,正是农村青黄不接的时候,农民想收点粮难,借钱也不好借,农民李志脸上挂满了愁云。信用社面对农民降低门槛开门放贷,在这叫劲的时候,一笔笔贷款解渴,管用。小商小贩心暖,货栈老板心热,外地收粮的客商心动。“一证通”贷款,七户联保贷款让农商、农户“巧借东风力,天好快行船。”

这是笔双赢贷款。信用社“丰收了”。2006年之前,知一信用社存款700万元,与农副产品收购户没有业务往来,没有信贷关系,“双无”将信用社与收购户之间形成代沟。2006年,赵振东上任后,把存款增长点,把效益增长点放在农产品收购上,贷款额度增加,贷款户增加,知一信用社出现了双增长局面。存款由700万元增加到3 500万元;两年,存款累计余额达1亿多元。全辖18个基层信用社连年亏损倒数第一的知一信用社,2006年,当年盈利50万元,位居“中游”;2007年,盈利100万元,位于前三名;2008年,盈利将达150万元。

收购户丰收了。一年纯利润100万元以上,200万元挡不住的货栈不下几十家;一年挣几万元的农民达100多家。“双丰收”产生了良性循环,知一镇信用社3 000多万元贷款,无一笔下甩!东安信用社存款立社,存款余额达3.1亿元。

太平信用社、东安信用社、和平信用社投放农副产品收购贷款,扶壮了“龙头”。给太平乡某货栈投贷款800多万元；给密山市东郊某粮食经贸公司投贷款200万元；仅东安信用社今年给50户收购大户贷款达3 000万元。做大了农业。农业兴带动工业强。以密山东安经贸公司为主的粮食深加工企业，打出“兴凯湖”、“绿馨”等绿色商标，绿色打天下，粮食、农副产品成袋子滚，上火车、过口岸，进港口，卖到了国外。

（2008年10月22日《鸡西日报》一版）

山下水上的靓丽乡村

——密山市白泡子乡打造全国文明乡镇纪实

密山市白泡子乡景色宜人。

全乡9个村,倚靠绵延百里的完达山脉,青山作屏风;面向浩瀚千里的兴凯湖,湖水做乳汁;左右分布广袤万里的黑土良田,大地做粮仓……

几十条九十度垂直的乡村水泥路纵横;几十行白杨站立在公路两侧参天;几千栋红瓦的欧式民居特别……

白泡子乡被青山、湖水、田野、湿地、公路、白杨、松柏亲吻着,热恋着……

原生态的白泡子乡,这颗明珠,它被蜂蜜山骆驼峰衔在嘴边,又被兴凯湖挂在心间……

好一个东北的"江南水乡"。

它静谧、它绿色、它原始、它活跃、它气派、它富饶、它文明……

借贷山水打造旅游乡村

密山市旅游在白泡子乡起源。

白泡子乡地处兴凯湖北岸,有一个月牙泡子与大兴凯湖相通,月牙泡子白鱼游泳,岸址亭兰,因月牙泡子盛产大白鱼,因而得名"白泡子乡"。

白泡子乡因特殊的地理位置,成为密山市、鸡西市乃至全省旅游的"龙头"。

海拔578米的蜂蜜山,山上骆驼峰、天峰阁、蜂巢、峡谷、石林成为天下奇观之一。

3 080平方公里的兴凯湖,白浪、沙滩、湖岗成为天下奇观之一。

占地10万平方公里的莲花泡,湿地、湖亭、古柳、栈桥、白鱼门成为天下奇观之一。

密山市委、市政府改造山水,精装景点,举全市之力开发旅游,将密山市白泡子乡建成全省旅游亮点。

修蜂蜜山上山台阶1 158阶,修天峰阁35.9米,修九曲塘坝,稍加修饰的蜂蜜山“有仙则名”。

建兴凯湖农家饭庄湖边一条街，红瓦白面欧式别墅，离湖边近在咫尺，湖沿村的“老侯婆饭庄”等30家农民开办农家游，农家游成为引领旅游的新时尚。

农家游让农民土地流转，农民转型，农业增收。

农家游投资470多万元，建湖沿一条街竹栅栏2 586延长米，修村屯硬质路16.8公里，安太阳能60部。

农家屋、农家饭、农家园让游人体验到了农家乐。

山水做名片，农家当请柬，热心留游客。农民上电视打广告，名片像雪花，白泡子乡山水合一，人与自然合成的特色旅游闻名遐迩。

2007年，蜂蜜山、兴凯湖，农家旅馆接待游人15.5万人次，旅游业及相关产业纯收入2 800万元。

接待美国、英国、法国、日本等国外游客3 000多人。

一位国家领导人，看到满目的旅游生机，在农家院感慨并挥笔写下：“山水人家”。

开发资源打造公路乡村

白泡子乡曾是省级农村公路先进乡，几年来，因路基下沉，坑洼不平，乡村路况很差，泥水路阻碍农村、农业发展。

密山市委、市政府把白泡子乡的发展基础放在修路上。密山市市长说，路为旅游“导航”。不修路不发展，快修路大发展。

密山市在白泡子乡吹响了密山市农村公路决战三年的号角，三年后，白泡子乡农村公路已经四通八达。

2005年，投资1 800万元，36公里的通乡旅游公路建成通车。

2006年，投资1 700万元，64.4公里的通村公路建成通车。

2007年，投资130万元，5公里的乡直公路建成通车。

湖沿村公路通组，劳动村公路通组，长林子村公路通组。通乡、通村公路105公里，总投资400多万元，乡村匹配沙石料，人工费，车工费400多万元。

白泡子乡公路成网。蜂蜜山至兴凯湖公路垂直；国宾馆至白泡子乡公路环绕；至乡政府、至湖边、至莲花泡、至口岸等10条骨架公路构成了白泡子乡经济发展的大动脉。

白泡子乡是密山市第一个通公路的乡镇；劳动村，湖沿村是密山市第一个通组公路村，白泡子乡实现了村村通公路，组组通公路。

2006年10月，黑龙江省在密山市白泡子乡召开了全省农村公路建设现场会。

白泡子乡公路成为全省公路建设的“引擎”。公路成了兴乡路，成了富民路，成了信息路，成了发展路，成了跨越路。

依托科技打造兴农乡村

白泡子乡号称是密山市的“米粮仓”。

攥一把出油的黑土，吸一口爽身的空气，加上科技的助推，白泡子乡成了科技乡村。

白泡子乡成了科技试点乡、示范村。

场市共建，广撒科技，黑土地上开遍了科技之花，结满了科技硕果。

1 000亩绿色水稻科技园，新技术引领农民努力增收，新种子、新农药、新方法，水稻种植科学化、标准化，千亩水稻成了绿色水稻基地。

10 000亩绿色烤烟，扣棚、假植、移栽按科技流程，万亩烤烟成了绿色烤烟，成为鸡西地区最大烤烟生产乡。

蜂蜜山村是省级机械化试点村；长林子村是省级机械化试点村；劳动村成了省农业开发办机械化试点村；2008年，蜂蜜山村又成了省级农业机械化合作社试点村，投资1 000多万元，引进大型农机具20台套，白泡子乡农民以土地入股，一部分农民走出土地。

500亩农业科技园是一个生产示范、科技实验、科技推广、科普教育、农业旅游为一体的农业科技示范园区，园区内大豆、烤烟、杂粮的收入让农民了解到了科技生产力的作用。

顺应东风打造文明乡村

白泡子乡是新农村建设试点乡；是农机合作社试点乡；是农业技术推广试点乡；是公路建设试点乡；是场市共建试点乡；是城乡共建试点乡；是旅游试点乡；是国家文明村镇创建试点乡。

八次试点，给政策，给信息，给动力，“东风”劲吹，把白泡子乡打扮得富庶、和谐。

白泡子乡出现了山水文明、村风文明、政治文明、经济文明的文明盛世。

村屯干净。以“生产发展、乡村文明”为主题的新农村建设高起点推进。

走进白泡子乡,像一幅画,山水之间卧着的乡村,恬静,祥和。稻浪涌金,豆海簇银,玉米双穗,烟叶肥厚,独一处的风景,丰登五谷的乡村。

村风淳朴。“助学基金会”资助60名贫困的大学生、中学生、小学生;“爱心基金会”资助100户贫困农民。

生活安乐。投资60万元完成了乡村文化中心;投资200万元,建成了四个村的休闲广场。3支老年秧歌队巡回演出,乡村各类文化活动比着、看着;“文明村屯、文明村民、文明户”评比更是活动频繁;63户获得了“首批道德信贷金卡”;40户农民获得了“特殊贡献村民”奖。

民心温暖。全乡4 000多户农民参加了医疗保险,全乡210户农民享受了最低生活保障,全乡4 800多户农民领到了土地直补、粮种补贴等各种补贴。

光环闪眼。给白泡子乡变化的应是党的方针政策;应是乡党委一班人,这是农民最荣耀的。乡党委书记刘亚林,政府乡长刘立铭,为白泡子乡的发展努力至今;白泡子乡获黑龙江省五好乡镇党委;获省级文明乡镇标兵;获鸡西市新农村建设标兵乡;齐心村获省级文明村标兵;勤农村、蜂蜜山村获鸡西市文明村;劳动村获鸡西市文明村标兵。

白泡子乡实现了“两个率先、一个打造”的总体目标。

率先实现社会主义新农村建设的目标。

率先实现农村、农民人均收入1万元。

打造了龙江旅游第一乡。

(2008年10月15日《鸡西日报》二版)

层林尽染完达山

——密山市林业发展纪实

【题记】追寻密山市43万人民的心声，用文字记录，献给可亲可敬、可赞可叹的密山市林业局1400多名工人，青山记录下他们为植树造林，绿化祖国，几十年的往复，跋涉，艰辛，付出与奉献……

传颂一首歌。是林业工人创造的歌，我们是绿色的使者，肩负着神圣的职责，荒山野岭上扎根，高山林谷中开拓……

创下一部史实。树苗一天天茁壮，它回首昨天，记录光阴，承载希望，以昭后人……

绘就一幅山水画。夜静春山空，人来鸟不惊，清泉石上流……

完成一个心愿。用大山给林业工人树一座丰碑……

完达山，重峦叠嶂，像一条巨龙卧居在北大荒，蜿蜒远方……

完达山，林海茫茫，像一张绿毯覆盖在北大荒，绿色坦荡……

完达山，山峰起伏，像一双鸟的双翼，振翅起飞翱翔蓝天……

山密林茂的密山市，因森林的装点彰显古老、富庶、妖娆、壮美、和谐与文明。

北大荒土地上崛起的密山市，称之是森林城，生态城，旅游城，花园城。以大森林，大峡谷，大湖泊，大绿地，这张以青山为背景的自然名片响名省内外……

偎依在密山市，蓦然新起的林业龙头，创造事业的顶级，堪称全省县级林业的先进典型，密山市林业局，而今像座山，傲挺“龙头”，事业澎湃有声……

全局1400多名员工，战天斗地，迎风傲雪，继往开来，用热血与汗水把森林铺满盖严，为密山市增添一道天然风景，为密山市筑起一道绿色长城……

林海像一幅青山绿水的美丽画卷在缓缓舒展，在蓝天书写责任，在大地唱响忠诚，在森林抒发礼赞，奏响一曲生态立林、产业强林、依法治林、合力兴林的林业颂歌。

造林篇:荒山披绿九万里,生态立林

造林,是林业发展的硬指标。

密山市林业局把科学发展观落实在“两荒”上,坚持生态立林,坚持科技造林,绿化山川,实现林业百年树木可持续发展不动摇;坚持造一片林,成活一片林,覆盖一座山,美化一座城不动摇;坚持春季造林,年年护林不动摇。“三个不动摇”执著与信念,硬是在一片片荒山上,插柳成荫。

造林序幕拉开,造林战役打响。

春风料峭,万物萌动,正值造林大好时机,抓住气候,抢时播绿,让大地勃勃生机。全市掀起了植树造林,绿化山川的热潮。林业局“万人空巷”,上下全员出动,林业工人身着迷彩服,走百里路,踩百座山,在荒山坡上挖坑,灌水栽树。取直扶正,对大地负责;培土踩实,对事业负责;扩穴抚育,对历史负责。

近年来,密山市各级党政机关,工矿企业,部队官兵,中小学校,及社会各界,认真履行植树义务。植机关林,植党员林,植妇女林,植共青团林,植工人林,植政协委员林,植人大代表林,全民植树大造秀美山川,气势磅礴。

七年来,累计 47 万人次参加义务植树,林业局累计4 000多人次义务植树,义务植树 530 万株,六边绿化284.6万株,建设高标准绿化村屯 32 个,治理水刷沟 44 条18.16万延长米,育苗 1 万亩。

山绿了,树高了,水清了,天蓝了。一批批“红领巾”茁壮成长,一片片“中老年”更加强壮。一共自筹资金1 610万元,造林 23 万亩。

培植的森林调节气候,涵养水源,保护水土,防风固沙,改良土壤,净化空气,减少污染的多功能作用将密山市生态环境达到了最佳状态。出现了社会效益与经济效益双赢。一棵棵、一片片、一座座森林留给了后人可持续利用的绿色银行。林业工人站在大局上,实现了森林发展的成果与大自然与密山市 43 万人民共享。

密山市森林覆盖率达到了最大化,密山市被黑龙江省委、省政府授予“造林绿化先进市”。

管护篇:登岭极目楚天舒,依法治林

密山市林业局又一次把科学发展观落实在森林的管护上。管护才能拉动、促动林业的良性循环。

全市9个国有林场65.35万亩林地纳入国家森林生态效益补偿范围,对国家重点生态林实现有效的严密保护。

布下管护网。在山巅之上,增建防火瞭望塔6座,开建边境防火线42公里。站在瞭望塔上欲穿千里,一览众山,一切动向尽收眼底,6座防火瞭望塔,视线形成时空隧道,千里相接,不留空白,不留盲区。

请“天兵天将”。林业人爱鸟,引鸟,树腰、树杈上筑起了人工鸟巢,鸟儿住楼房,住别墅,过上幸福生活的鸟整日盘旋大山之上,鸟儿成了害虫的天敌。

资金投入。近几年,林业投入211.6万元,增添“猎豹”12台,林业形成了一支更加迅速的车队。防火设施在完善中加强,投资100多万元,对病虫害进行防治。

人力遍布。230名林业管护工人,不论春夏秋冬,他们与树为伴,用泉解饥,在大山穿梭,警戒,巡逻,像“黑猫警长”全副武装,用脚步、眼力构起看护森林、管护森林的安全防线。

密封山口。春秋两季正值山火高发期,林业工人手提灭火器,森林演练,达到出警迅速,防患于未然;警力把守山口要道,不允许火种入山,不允许闲人入山。形成“一夫当关,万夫莫开”的封山封路防火包围圈。

密山市连续七年没有发生重、特大森林火灾,有效地保护了森林资源的安全。密山市被评为黑龙江省防火先进市。

宣传到位。组建防火专业队,挂上防火旗,立上防火碑,在人流密集区域散发防火宣传单。一辆辆警车拉响警报在山间、村屯奏起,防火意识在人们的心中、脑中筑牢筑强。

打击违法。严厉打击“乱砍滥伐,乱捕乱猎,乱开滥垦,乱采滥挖”等破坏森林资源违法行为。共查出各类案件120起,捕判47人,依法收缴木材190立方米,收回林地近万亩,为林业挽回损失130万元。

防线百里,管护千人,法网万张,构成了天上地下、东西南北重重交织在一起的森林管护的安全网。

产业篇:摇钱树下聚宝盆,产业强林

密山市林业局把林下资源认定是林业再生资源,是助推林业发展的后续资源。

密山市林业局把经济增长点落在林上,林下。实现了聚宝盆边长出摇钱树的新生森林经济圈。

蜂蜜山林场的红松果实林进入结实期，三年共产种子 100 吨以上，年产值实现 240 万元。并建立长白落叶松种子园 360 亩。

大顶山林场人工种植北药救心菜，平贝 200 多亩。

三道岭林场种植五味子、刺老芽 500 亩；二龙山林场、金银库林场、珠山林场、连珠山林场仿生态种植充山参 400 亩。

金银库林场种植平欧大榛子3 000株。

珠山林场投资 200 多万元，建起一座日生产 10 吨的山泉水厂，用天然品牌“森缘”冠名。一车车“森缘”山泉水运出大山，形成山泉自然资源转化为经济资源的产业链条，每年为林业增加利润 10 多万元。

密山市林业地生金，树产银。松塔荡枝头，松苗片片生，平贝萋萋草，刺老芽花蕾绽放，山野菜茎粗叶肥，牛羊风吹草低，山泉洗人心肺。好一个天然合成，好一个春华秋实。

树木壮则产业兴，产业兴则林业强。密山市林业局已建成野生北药保护区、野生食药两用菌保护区、山野菜保护区、野生蜜源植物保护区、野生林蛙保护区等五大天然野生资源保护区，总面积 20 万亩。省林业厅对北药和野生林蛙两个保护区已正式颁牌。

局场共偿还内外债务 800 多万元，补发拖欠 30 多个月离退休和在职员工工资计 310 多万元。2005 年年底，彻底摆脱了资源危机、经济危困的“两危”局面。目前，林业全员进入社会养老保险，医疗保险，由系统统筹 36 名政管干部纳入市财政预算，达到即无内债又无外债，干部职工工资按月足额发放。

密山市林业成为实力林业，潜力林业，效益林业。

引航篇：头雁引领群雁飞，合力兴林

森林的林间小路上留下了1 400名林业工人的脚印。谈林业，令人值得自豪的是密山市林业局上升的“人气指数”。

1 400名员工的领头雁，当是林业局领导班子，他们和工人一起创家业，兴林业，把林业由小由弱做大做强，打造成全省林业系统的“航母”。

领导班子以发展为重任，任重道远在山间。把林业发展振兴的路放在山麓上，放在管护上，放在产业上，放在创建上。

借贷荒山打造大森林；挖宝藏打造大产业；林区撒网打造大防线；与工人同心打造大团结。“四步棋”走出了林业的困惑峡谷，走出了林业天宽地阔。

要发展，一定强素质。操场上，练体魄，为林业的发展备足体力；坐下来，补脑子,为林业的发展备足精神。一次次坐下来冷静地凝神、分析、思考,为林业的发展一次次内强素质。

要发展,必须走在前。局长李斌离不开大山,大山是他的寄托,大山是他的事业,大山是他的全部！他对大山有情有义有感。抬头望着参天的大树,心里骄傲,抱抱合拢的树干,心里欢喜。笑声充满了对大山的亲切。

他领着局领导班子,走进山林,当管护员,当指导员,当宣传员,向林业工人问寒问暖,一再嘱托,替祖国和人民管好大山,不能出现一丁点儿的闪失。林场、工人的小院、大山深处留下了他率先士卒的身影。

为了铁西森林公园晋升省级,他努力;为铁西省级自然保护区晋升国家级,他努力;为了实现退耕还林的覆盖率,他努力;为了创建省级文明单位,他努力;一直再努力。

这位全国、全省双头衔的绿色奖章获得者;国家林业先进工作者;鸡西市优秀事业家;鸡西市"十佳"公仆,密山市造林突出贡献者李斌,"造森林万顷,洒绿荫一片"的奉献精神给了大山,给了事业,给了人民。李斌和林业工人创下了密山市林业历史上"六个之最",造林最多、管护最好、产业最兴、效益最佳、人气最旺、风景最美。林业的产出回报了人类。

创造篇:林区"奇葩"达达香,美景入林

密山市林业局在团结、务实、高效的氛围中开展一系列创建活动。创造出机制,创造出活力,创造出发展,创造出和谐。这些创造,成为人文景观融入大山,点缀大山,增色大山。

管辖9个林场,1个苗圃开展了创造新林区活动。

公路通场。投资260万元,二龙山林场、大顶山林场、金银库林场、蜂蜜山林场、知一国有苗圃林6个单位水泥路通场、通户。2009年,所有场圃和职工居民区全部铺满盖严水泥硬质路面。

场貌全新。抓住新林区建设这一契机,对金银库林场、金沙林场的办公场区进行改造;抓住新林区建设这一契机,新建二龙山、三道岭林场等休闲广场,增加健身器械,增加图书馆阅览室,食堂餐厅。

林区变化。二龙山林场被列为省新林区建设试点单位,二龙山林场自2006年以来,强力推进以"生态良好,经济发展,民主和谐,管理科学,职工富裕"为主题的新林业建设。

靓丽顺眼的二龙山新林区,掩映在大山之中,令人神往,宜人居住。

老工人说,林区工人年工资1万多元,加上林下经济、林边经济,人均收入近2万元。每月工资达1 880元,到月开工资,从不拖欠,医疗费按比例报销。林业工人实现了老有所靠,老有所养,住有所居,病有所医,老有所乐。

农网改造电通了,有线电视装上了,自来水全部喝上了,电话通上了,客车进场了,硬质路面盖严了,休闲广场建成了,图书阅览室面积大了,场区路灯亮了……

林业工人开展了歌咏比赛等活动。人们健身、休闲,和谐的林业分给大山。开展了文明评比活动,全系统共评先进文明职工247名,文明家庭87户,文明办公室20个,敬老好儿女29个,好婆媳32对。

一朵朵森林中的"奇葩"在大山之中绽放。林业局积极争创省级精神文明单位,被鸡西市政府授予农业、农村工作先进集体,被省林业厅授予全省绿化先进市;被省委、省政府授予森林防火先进市;下辖9个国营农场,1个苗圃分别被评为鸡西市文明单位标兵、密山市精神文明单位。密山市林业局获得了林业大丰收。

苍翠无垠的森林,万山红遍的森林,赤橙黄绿青蓝紫的森林,不论春夏秋冬彰显活力,升起希望……

密山市林业正走进一个新的时代,他们用林业的发展告诉世界,告诉未来,密山市林业又一个繁荣、鼎盛的时期,新作为,新气象,新生活,新气概,新壮举已经到来。

(2008年12月6日《鸡西日报》一版)

“天平”托举民生

——密山市人民法院“执法为民”纪实

【新闻链接】“天平”是一种衡器。它公平、公正、公理。

“天平”作为法官的标志,承载起人民的利益,承载起法律的尊严。密山市人民法院在法律的天平上注重民生,谱写了一曲亲民、敬民、为民的“天平颂”……

诉讼提速

2008年是密山市人民法院诉讼快捷年,诉讼高效年。

密山市人民法院2008年受理案件4 067件,比2007年多受理案件105件;下支付令33件;诉前保全14件。

当事人李东告诉记者,到密山市人民法院办事十分快捷。法院就是俺们的信赖,就是俺们的指引,就是俺们的靠山。

密山市人民法院立案庭是法院的第一窗口,在一接一递,一来一往中传递出“以人为本,司法为民”的执法理念。

一位外地农民工的讲述,看出他们的审判真的把人民的利益举过了头顶。

某建筑工地拖欠湖北农民工工资十几万元,临近年关,十几位农民工涌入立案庭,农民心急,让法官们坐不住了板凳。交不起诉讼费,缓;当天移送民庭,快;当天扣押被告机械,准。双方当事人坐下来,一次次调解,被告支付农民工工资6万元。从立案到结案仅用3天时间。当法官把6万元送给农民工时,农民工感恩涕零。

一封来自密山市一中高一学生陈晨的来信,又一次将诉讼提速。信里求助,陈晨父母离异,父亲久欠抚养费。立案厅长吕东辉,调查取证到班级,又是一个当天立案,又是一个当天移送民庭,为陈晨讨回每月抚养费300元。

第一时间立案,第一时间移送,第一时间调解民事案件达30多件,以最快的速度,维护当事人的合法权益。

对老、小、病、弱者，在诉讼费上减、缓、免。为当事人减免诉讼费十几万元。

审判提质

2008年是密山市人民法院审判质量年，审判和谐年。

民庭2008年受理案件1 347件，结案1 345件，调解结案1 188件；行政庭受理案件63件，结案63件，协调结案43件。

调解费脑，调解累心，费口舌，但是调解减少对立，增加和气，凝聚人心，因此，审案还是选择了苦累烦琐的调解。

民庭实现了小案件、小法庭构建了社会大和谐。

民庭庭长修泽海，为了一个案件反反复复调解十几次，最后案件双方由对立到坐下来，大多以调解结案。

李广波，这位全国民事调解能手，对一个个疑难案件，一次次切入，一次次调解，一次次突破，他经手的案件，均以调解结案。

原告季某诉几户邻居侵权赔偿案，最后调解结案。

原告张某诉赵某交通肇事赔偿案，最后调解结案。

民庭调解结案的案件，促使100多位当事人握手，气顺，言和。

作风提档

2008年是密山市人民法院作风建设年，作风提高年，作风加强年。

密山市人民法院工作作风在群众中转变，在基层中转变，转变出求真、务实、创新。

数据看转变。民二庭受理案件560件，一天开庭多达5次；民一庭、知一法庭、连珠山法庭、二人班法庭受理案件1 753件，比去年增加案件200多件，平均一天结案4件，占受理案件三分之二还多，一个案件开庭多达4次，9~12月份，平均每月结案150件以上，人均结案48件。

执行局年受理执行案件1 042件，结案901件，比2007年多受理案件642件，2008年结案标的额达3 064万元。

一线看转变。一切为了便民、利民。知一法庭下辖六个乡24个自然屯，跨国营农场31连。最远的村屯100多公里，密山市人民法院为了减少当事人诉讼成本，减轻诉累，在杨木乡、白泡子乡、知一镇设立3个巡回审判点。

当事人张某说，法官为了她的利益付出的辛苦，让她至今难忘。某乳品厂欠8511农场张某奶汁款1万元,办案人员两次驱车300余公里;854农场7分场李某与孙某离婚案,办案人员大冬天早3点出发,10点到达……

李玉莲诉张某离婚案,在村委会开庭。

李志发诉毛芝国抚养案,在炕头上开庭。

李某诉赵某人身赔偿案,在田间地头开庭。

孙某诉张某土地纠纷案,在百里之外农场的大道边开庭。

就近、就地,设露天审判庭,法院维权到了农民的家门口。

努力看转变。法院院长宋瑞敏,这位认真院长,把科学发展观落实在一线,到一线去,当审判员,当宣传员,推门纳谏,引领全院干警为打造人民最满意的人民法院而努力。

副院长刘景峰,这位心盛院长,一年工作720天,一个双休日审理案件6起。

民一庭审判员李广波1~12月审理案件105件。民二庭审判员张云龙一人审理200件拖欠农民奶汁案……

执行提级

2008年是密山市法院老案清理年,积案挖潜年,大案执行年。

对久拖未决的老案、疑难案件,亲密接触,见缝插针,调整战略。坚决杜绝不作为的执行难,坚决杜绝打法律白条。

法官赢来夸奖如潮。90岁的老复员军人说,是法官打车给他送回了家;远道的吉林李某打电话说,是法官为他解决了路费……

专项打击。展开攻势,穷追不舍。开展集中发放执行款大会和打击"老赖"专项行动,2008年末,为25件执行案件申请人发放执行款50多万元。

千里追击。一出租车司机被齐齐哈尔市的车撞成重伤,此案久拖未结,执行局赵军一行三人去齐齐哈尔市"大海捞针",打手机、查执照、调电话清单,在线索一次次中断的情况下,抓住被告人的蛛丝马迹,终于找到那家大连公司在齐齐哈尔市的当事人,法官的努力打动了当事人。

重锤撞击。某农场诉某村土地纠纷案,某村强行占有农场土地,执行时粮食转移,家产转移,法院出动警力,以拒执罪拘留被告,扣押财产,强力执行。法律的严肃震慑了在场的人。

300多户农民300多万元奶汁款执行了,某村欠10户农民集资款40多万元执行了,李某欠70多岁金大娘房租款被执行了……以执行的能力破解了一个个执行难。

形 象 提 升

2008 年是密山市人民法院形象塑造年,人民满意年。

人们把金碑、口碑一起送给法官。

院长的电话不断,尽是表扬;干警手机短信不断,尽是拜年嗑;法院的博客上,尽是天南地北当事人的留言……

密山市人民法院被评为鸡西市"十佳"政法单位;鸡西市先进法院标兵;黑龙江省法院涉诉信访工作先进集体;黑龙江省除恶专项斗争先进集体;黑龙江省政法系统先进集体。立案庭庭长吕东辉被评为全国法院网络宣传先进个人;民庭副庭长李广波被评为全国法院指导民事调解工作先进个人;审判员边乃和被评为全省法院审判工作先进个人……

(2009 年 2 月 5 日《鸡西日报》二版)

送去感动收到感恩

——密山市公安局永固边防派出所救助宋春娆的故事

这是一篇迟来的报道。时间追溯到2008年11月5日。

这天,秋风萧瑟,阴云笼罩着穆棱河畔。密山市47名白内障复明患者来到穆棱河,向穆棱河撒去999朵玫瑰,寄托对一位年仅13岁癌症患者宋春娆的哀思……

密山市公安局永固边防派出所给癌症女孩宋春娆送感动,宋春娆捐献眼角膜来感恩,由此引发一场超越年龄、超越等级、超越阶层、超越身份、超越区域的暴雨般地感恩,仍萦绕在人们的心头……

那是2007年4月14日,密山市公安局永固边防派出所民警马宏宇走访辖区时,发现了宋春娆,她躺在床上,脸色灰白,在昏暗的灯光下,仍在读书。宋春娆的妈妈用泪水诉说,孩子患上肿瘤,下不了地,为了给孩子治病,该卖的都卖了,该借的都借了,父母都下岗,近几天,没钱住院了,只好回家挺着。

当天,密山市公安局永固边防派出所的全体民警来到了宋春娆的身边……

当天,密山市公安局永固边防派出所决定为女孩坚守生命,不离不弃……

当天,密山市公安局永固边防派出所全体民警掏腰包,要掏空腰包,垫付住院费,把宋春娆送回医院治疗……

又是当天,12个电话打到了北京、上海、哈尔滨等医院,为宋春娆寻找药方……

宋春娆病床上多了陪护,多了问候,病房门槛子让民警差点儿踩平了,关怀的话语差点儿说干了,坚强的故事差点儿讲完了,民警们还在找趣儿,给宋春娆补充精神,增加坚强。

十几天下来,药费花空了,医院一次次催款,让所长王铁民心急。他跑步为宋春娆呼唤……

市民政局为宋春娆全家办理低保。

市民政局为宋春娆送来大病援助1万元。

言峰鞋业集团送来捐款……

2008年5月11日,由密山市公安局永固边防派出所、密山市第三中学、密山市言峰鞋业集团发起的“献爱心、战病魔、救助宋春娆”慈善募捐义演活动，在密山市东安大街举行。

这天，下雨，雨很大，泪与雨一起流……

这天，下雨，雨很大，人与情一起走……

20 多名出租司机，在车镜上系上黄丝带，免费接送捐赠者，形成一道爱心流动风景……

5 000多人，手撑雨伞来到了义演现场……

1 000多条手机短信发给民警，送去祈祷，转接给宋春娆……

这场牵动着、打动着、感动着、激励着的天上地下，穿梭时空的爱心，像雨点洒落在人们的心头上……

募捐达6 000多人，捐款37 637元。

全体民警为宋春娆“站岗”，宋春娆说，有民警叔叔在门口，在心里，我不怕了。

每天，每分，每秒，宋春娆都被全体民警关怀包围着……

病情一天天加重，一个 13 岁的女孩决定，临死前，要捐献出自己的眼角膜，来传承慈善，传承爱心。

一次次哀求，一次次哀求，父母点头答应，让这位一腔感动的女孩实现了临终前的遗愿。

2008 年 7 月 26 日 3 点 25 分，她离开了舍不得离开的警察叔叔。黑龙江省眼病中心医院大庆总院取走了宋春娆的眼角膜，20 个小时后，大庆市两位白内障患者见到了光明。当他们听到这眼角膜是一个 13 岁的孩子捐的，他们从千里之外的大庆市来到了密山市，来到了宋春娆的家感恩。

宋春娆成了密山市第一个年龄最小捐赠眼角膜的人。

宋春娆的举动震撼心灵，产生回响……

因此感动癌症患者。臧涛、王艳春患乳腺癌，她们也要向宋春娆一样，再为社会做最后的贡献。在民警陪伴下，两位癌症患者于 2008 年 8 月 15 日与黑龙江省眼库中心医院大庆总院签订了捐献眼角膜的协议。

因此感动中国“澎年基金会”。2008 年 9 月 14 日至 16 日，澎年龙江光明行与黑龙江省眼库中心医院大庆总院光明行医疗队一起为密山市 47 名白内障患者做了复明手术。

因此感动 47 名白内障患者。第 47 位白内障复明患者闯少星说，没有春娆这孩子捐献眼角膜，咱哪能这么快享受到免费手术啊，我这只瞎眼睛还不知瞎到什么时候。

因此感动密山人。人们怀念宋春娆的时候，一个20岁的女孩王苗苗车祸截双腿、断右臂的遭遇，让人们又一次回忆起宋春娆感恩的故事。随之3 000多人被感动，7 000多人感恩，捐款20万元，把王苗苗从死亡线上夺了回来。

经历了一次真切、务实、动人的感动与感恩的人们，发出感慨：为了让爸爸有儿女，儿女有妈妈，为了一个家的完整，密山市公安局永固边防派出所以爱心整合人心，以感动激发感恩，形成空前的感召力、亲和力。

（2009年3月14日《鸡西日报》二版）

绿色装扮新农村

——密山市兴凯镇全民植树造林纪实

眼下，正值黑龙江“三年绿化龙江大地”的造林季节。

节气不等人。密山市兴凯镇吹响了“绿色助推生产发展，绿色助推生活宽裕，绿色助推乡风文明，绿色助推村容整洁”的造林号角；在兴凯镇东西南北中，拉开了千人植树造林的序幕。

兴凯镇党委书记在造林动员大会上说，让兴凯的土地上，有山就有树，有村就有树，有路就有树；让树环山、环村、环户、环人。并且强调，谁管的、谁栽的，谁就抱着走，管它一年，管它20年，管它到成片、成林、成荫。

兴凯镇镇长，从“清明”跑到“五一”，跑牡丹江，跑宝清，跑双鸭山，购优质苗，运苗的车成“专列”往回运，他坚定，百年树木，质量第一。

30多名机关干部“上山下乡”包村、包组、包户、包质，更重要的是包保百分之百成活。

密山市兴凯镇的公路、乡路、田地边、荒山上、村落里，尽是植树造林的人群，人数达几千人。提桶的、挖坑的、量线的、验质的、喊号的，造林“大动干戈”。

机关干部扣除一个月工资；村干部扣除1 000元，给树买“保险单”，保苗木“健康”成长。两道保险捆绑，拿出60多万元买张青山绿水图。

兴凯镇的一位干部说，这么一整，多了制约，多了压力，多了一份责任。

在兴凯镇，记者看到了一张张“责任清单”，图上标记，哪个地块谁负责，谁栽的，什么时候验收，奖罚到人头，明确、明了，谁也跑不了。

人定心、树定权。谁栽的，归属权归谁，成活了，发产权证。政策引领，人们抓住机遇，兴凯镇一下子兴起了造林风。

兴凯镇抓住东光村、平原村、新鲜村三个高标准绿化村屯的典型，造林点上开花。

东光村120户农户的房前屋后，农民栽杨树、云杉、垂榆、绿篱，农民用树围房，围村，村林成行，村路成方，东光村绿了。

栽杨树5.19万株，云杉6.040株，绿篱22.4万株，紫穗槐2.3万株，垂榆100

株……树苗款达33.3万元。

70 多岁的老支部书记吉龙和,步履蹒跚,但他亲绿,爱绿,护绿。拉线、丈量,忙得拿不动腿了。东光村 60 多位老人造林达 60 多亩。村民说,这个春天造林是这个村 60 年造林的 6 倍还拐个大弯儿。

干部造林。镇干部金日范投入 8 万元,买断通往东光村 5 公里的和兴路,在两侧栽银中杨6 900株,迎春 5 号6 000株。他说,人工费就达4 000多元。兴凯镇副书记张丽萍风趣地说,他造林这么大劲头,多少有点"遗传"。西北沟那200 多亩松树是他老父亲留下的,他也要给后人留下一片森林。

大家一起造林。下岗工人于可斌从东平大堤到宏亮大堤栽树4 000株;信用社干部王长珠栽树5 000株;兴凯村副主任梁玉禄荒山造林 2 万株;东兴村老年协会栽树1 500株……

近二十天,兴凯镇造林投资41.44万元,"两荒"造林 340 亩,四旁绿化道路62 条 60 公里,环村林7 000延长米。

植树造林绿化了新农村。农民说,这摇钱树,这风景树,让十个村屯美景如画了。

(2009 年 3 月 28 日《鸡西日报》二版)

深挖积案　重打“老赖”

——密山市人民法院执行局执行积案纪实

2008年10月至今，是密山市人民法院清理积案年，执行积案提质、提速年。

执行难，难执行，但是难不住密山市人民法院执行局全体干警。

密山市人民法院对2007年12月31日前受理的执行案件进行清理，清理出未结案件824件，未结标的1 125万元。其中，无财产案件795件，未结标的1 078万元；有财产案件29件，未结标的46.12万元。

执行局局长告诉记者，这些案件都是老的掉了牙的案件，有的时间长达20年。是钉子案，是骨头案，难拔，难啃。大多是被执行人难找，被执行人财产难寻，躲、逃至今的案件，不执行，不彻底执行，负面影响太大，群众动不动说三道四。

密山市人民法院发出动员令，拔钉子，啃骨头，办快案，办铁案，打一场执行积案的攻坚战。

累坏了执行干警，执行局二庭庭长关金龙说，执行局去年10月以来，18名干警加班加点2520个小时，人均加班140个小时，40个双休日未休息。送达执行法律文书200多份。

辗转六个省市，召开10个案件分析会，对一些难执行的案件翻来覆去地研究来研究去，在困难中寻找执行的缝隙……

13年积案执行了。申请执行人王春伦1995年2月因煤矿承包合同纠纷一案申请执行孙某和王某。王某下落不明，案件搁浅13年，这13年，执行员没有放弃。2009年2月，通过朋友、亲戚的谈话中找出破绽，执行员紧追不舍，找到了外出打工的王某，好话说了一大堆，动摇了王某，王某分两次赔偿王春伦9 000元。

“老赖”赖不住了，“老赖”动辄放挺，执行局采取公示、引导、打击的办法，从而打出了“老赖”，震慑了“老赖”。

将12名不履行义务的“老赖”在电视台曝光，丢他的面子，打他的脸，不过三天，两名被执行人到执行局主动结案。

召开被执行人履行生效裁判义务大会，换位一下，清醒一下，赖账是赖不掉的，还款是必需的。“老赖”洗了脑子，又有3名“老赖”主动结案。

拘传“老赖”，1月19日，腊月二十四，在人们要过年的时候，20多名法官、法警分赴二十几个被执行人居住地点，拘传“老赖”，4个“老赖”还清欠款3.5万元。另外10名拖欠债务、拒不履行法院判决的“老赖”拘留10天。人人喊打“老赖”，“老赖”无处藏身。

执行中彰显为民。密山市人民法院院长宋瑞敏说，法院的标志是天平，天平上托起的是民生，是希望。我们在亲民、近民、安民中执行。还人们一个公道，给一个公理。

这起2003年未结的涉某村委会债务案，真的站在了最广大农民的利益上去执行，用法律的严肃性保护了农民的权益性。

申请执行人高某因借款合同纠纷，申请执行某村委会，申请执行标的5.84万元。一执行就是6年，调解多次，村委会有外债，以没能力偿还为由，案件执行陷入僵持。执行局要啃下这块“硬骨头”，给被执行人村委会192平方米村部贴上封条，顶住人情，顶住压力，公开拍卖村部5.8万元。将这起久拖未结的案件执行到底。

强风知劲草。一件件积案拿下，群众拍手。执行局的凝聚力、感召力、向心力、战斗力体现在执行难上。

2000年，申请人徐清江与被执行人赵庆松民间借贷纠纷一案，结案；2001年，张月利与被执行人张立国保证合同纠纷案，结案；申请人刘雪峰与被执行人张立国人身赔偿一案，结案；申请人20位农民工与被执行人某建筑工地拖欠工资一案结案……

据统计，仅7个月，29件有财产案件全部执结，执结标的46.12万元；无财产案件执结302件，执结标的369.09万元。

（2009年5月16日《鸡西日报》二版）

兴凯农民建起“幸福楼”

2009年5月2日，八点零八分，天大的喜讯降落……

密山市兴凯村农民大楼破土动工了，村长唐吉生点燃了第一挂鞭……

农民难掩心中的喜悦，那个喜呀，那个乐呀……

一时间，短信转发，新闻转播，网络转载……

密山市农委主任刘德生说，兴凯村农民盖大楼是农民新生活的开端……

这大楼，“生产发展、生活宽裕”是基础，农民说。

兴凯村地处兴凯镇，耕地1.08万亩，全村12个组480户。是个典型的城乡结合村。

兴凯村拥有“吉祥三宝”。临公路、靠8511农场、连完达山乳业。兴凯村又称作为完达山乳业的第一原材料车间。

有了“因为”，所以兴凯村的农民当上了“款爷”。

奶牛打造“完达山”。完达山牛奶响遍天下，起源是兴凯村。这个村5组、11组住在完达山山根下，牛舍建在“龙头”嘴巴上。1 000亩耕地，饲料地占600亩，尽是青稞玉米，家家仓储，家家养牛。青稞增值，土地增值，牛奶增值。5组、11组的生活也在“增值”。奶牛屯成了富裕屯。

信息焕发新气象。兴凯村地处镇政府、农场、企业的繁华区，人流、物流、信息流领着农民走。

走，包地去。呼啦一下子，几十户农民成了“农场人”，在农场安家落户了。

走，打工去。兴凯镇、农场周围大大小小的店，“原籍”都是兴凯村的，200多人当上了打工族。

走，淘金去。离镇内，农场附近的4组、7组、11组、9组的农民开出租车的，养大车的，开加工厂的，开饭店的……财源成扇形辐射。

村长唐吉生，是这个村老“打头的”，在“农转非”的路上，又打响了头炮。

养蛋鸡2万多只，鸡舍2 000多平方米，一天产蛋1 500多斤，鸡蛋成车拉，一年收入100多万元。注册商标：绿色蛋、生态蛋系列，统称“唐家笨鸡蛋”。

包地750亩，9次去俄罗斯，还到过阔叶岛，走遍了半拉地球。一顿考察，胸有成竹地到俄罗斯包水田。今年4月30日，大型农用车过口岸，开到了俄罗斯，他说，俄罗斯大米1公斤7元，这价决定着丰收，一年几十万元的收入。他给“公司”注册为“五月农庄”。

养猪500头，养鱼水面1 000亩……

龙振波开建材商店，成了方圆几十里的建材龙头，盖起二层小楼……

这样的农民几十位，不显山、不露水，一听说盖楼了，把买楼钱往上一拍，有底气。

开小车做买卖，开小车下农田，开小车消费，一色玩派儿。

有了“因为”，所以兴凯村的农民当上了“神仙”。

整合旧土房，盖起大楼房，村民不约而同，一事一议通过了。

在原村委会的旧址，盖起了一栋5 788平方米7层住宅楼，一楼是村部，二楼以上是住宅，分50平方米、60平方米、80平方米三个户型。60户农民元旦将迁入新居。

这回，生活再提派儿，要住大楼了，带地热，带落地窗。

兴凯镇党委书记廉守忠说，楼房每平方米600元左右，农民花4万多元就住上了楼，是实实在在的“廉租房”。

农民赵志超买一栋53平方米的3层楼；赵忠群买一栋80平方米的4层楼，自己设计图纸，要装修出个花样儿。

农民草房换楼房，他们感谢万千，说的大多是新农村建设给农民带来的幸福指数。

楼房图纸一出，农民报名了，按“先来后到”。

农民给大楼命名：“兴安农民公寓”，兴安意是兴盛、平安。

到元旦，60家农民将迁入农民公寓，那时，一栋新农村建设的建筑性标志：“兴安农民公寓”将崛起在兴凯村、方虎路的大道边。

（2009年5月18日《鸡西日报》二版）

三十二小时破大案

——密山市公安局侦破“6·16”入室抢劫杀人案纪实

6月16日上午9点10分，密山市太平乡庄内村一组发生一起入室抢劫杀人案。

一起命案打破了庄内村的祥和与寂静。

密山市公安局立马出动警力，飞驰40公里远的庄内村……

杀人现场位居庄内村一组南一栋漂亮的房子内。死者侯臣，40岁，系鸡西市恒山人。2008年8月，在庄内村买了房子，是庄内村“外来人口”。

侯臣头西脚东俯卧在炕上，炕上炕下流有大量血迹，形成血泊。侯臣胸前被刺一刀。

密山市公安局长下令：命案必破！

庄内村村头、树下、路边成了临时的破案指挥部。

局长、副局长、刑警大队长、副大队长等十几位破案高手，再次联手。

定性：据村长说，侯臣装修房子花4万多元，房子豪华，出手大方，穿戴时髦，特别是脖子上的白金项链十分显眼。

结论：被害人的手机、电脑、项链等贵重物品不见了。这是一起入室抢劫杀人案。

勘察：在死者炕沿上发现一双脚印，认定是一人或一人以上作案。

询问：对死者女友、亲友及周边人进行反复询查，把侦破方向锁在死者的好友、赌友与其有矛盾的16个人的身上。

僵局：破案难，一难侯臣属鸡西市人，为什么来庄内村定居，有什么“背景”？二难死者的社会关系摸不清楚；三难没有目击证人。

出击：密山市公安局从千头万绪中跳出来，画个“包围圈”，把调查的圈子锁在庄内村周边的核心村、太平乡上。他们一家一户地问，一人一人地查，从蛛丝马迹中找出破绽。两天走访几百户，4 000多人。

发现：核心村孙范斌有赌博、诈骗史，与侯臣是赌友，是重点人物，刑警马春荣，万本军对孙范斌居住的岳母家点面洞察，发现水泥台上的脚印，与案发现场脚印相同，马上向冯晓冬局长，谷宪刚副局长报告，指挥部下指示：盯准、盯住、盯死,盯出缝隙。孙范斌的岳母谎称姑爷一家三年前出去打工了,但是孙的半截袖衣服挂在屋内,疑点一个个上升,确定犯罪嫌疑人孙范斌有重大作案嫌疑。

抓捕:经过调查,发现孙范斌已逃离密山市,公安刑警找到出租车,顺藤摸瓜,发现孙在鸡西市落脚,密山市公安局马上向鸡西市局汇报,在鸡西市局与密山市公安局配合下,6 月 18 日晚 18 点在鸡西市花园路将孙范斌抓获。

突审:市公安局局长冯晓冬下令,不给犯罪嫌疑人喘息机会。刑警大队副大队长李金林及三名刑警连夜审讯,政策攻势,心理攻势,犯罪嫌疑人孙范斌承认了入室抢劫杀人的事实。

回放:据孙范斌交代,6 月 16 日晚 23 点左右,他在岳母家,发现侯臣家灯亮了,顿生抢劫杀人念头,侯臣是尿毒症患者,每周透析两次,这天他从鸡西市透析回来后,身体疲惫,刚要休息,孙范斌敲门,侯臣开门后刚坐在炕上,被孙一刀刺死。抢劫手提电脑一部,白金项链一条,手机一部及4 700元现金后逃离现场。

礼赞:这是一支劲旅,所向披靡。一起扑朔迷离的杀人案,在大海中捞针,硬是把"鸡蛋"盯出个洞来。密山市公安局刑警一次次托腮凝思,一次次假设,一次次推敲,一次次定论,脑子飞速转,腿儿飞速跑,心中飞出一曲"执法为民"的平安颂。

发生在庄内村的入室杀人抢劫案,从案发到告破,仅用 32 小时。

(2009 年 6 月 30 日《鸡西日报》二版)

引领助推做强猪产业

——记密山市供兴养猪农民专业合作社

【题记】密山市是养猪生产大市，生猪存栏20万头。

养猪大户王俭说，近几年，生猪价格走低。2009年初，生猪1公斤价格9.00元，一头猪出栏亏本80~100元，3月份，卖猪200头，"倒挂"2万元。

"生猪危机"关系"三农"，密山市供销社整合生猪市场，组建密山市供兴养猪农民专业合作社，以此，推动……

密山市供销社一份生猪市场调查报告显示：密山市1 000多户养猪大户，技术过老，成本过高，品种过杂，"三过"让养猪户动辄赔本。

在《农民专业合作社法》颁布一周年之际，密山市供销社成立12家农民专业合作社，密山市供兴养猪农民专业合作社成立后，60户养猪户成为供兴养猪农民专业合作社的社员。

密山市供兴养猪农民专业合作社"龙头"牵动，以新技术，新品种，新机制，扭转逆势打造强势，实现养猪业可持续发展。

2008年6月，密山市供销社主任成善君带领密山市养猪大户，一路"南下"，到吉林、到广西一带看猪，买猪。不虚此行，背着技术，空运猪种，满载而归……

发酵床养猪法，成为养猪技术的"引擎"

供兴养猪农民专业合作社会长夏忠全告诉记者，密山市养猪虽有历史，但大多是沿袭老祖宗的养猪笨法儿、土招儿，大猪槽子，水泥地……

发酵床养猪法，称为韩式养猪法，又叫懒汉养猪法。经济、环保、实在。将猪舍卧1米深后，底部回填玉米秸秆、豆秸、稻皮、树皮等，上部用锯末子"封顶"，猪在沉实的温床上栖息生活。

发酵床养猪法三省：节省饲料，一头猪能节省50公斤以上的饲料，冬天还可节省升温取暖费；节省用水，发酵床养猪不需要用水冲洗圈舍，可节省九成的水;节省劳动力,发酵床专用菌的发酵,提高饲料转换率,一个正常劳动力批次养猪达到800头育肥猪,节省一半的劳动力。

两提:提高抵抗力,提高猪肉品质。发酵床养猪能抑制、消灭病原菌,又使抗病能力增强。减少抗生素等药物的使用。猪增重快、肉质好。

一增:增加养殖效益。相对老办法,每头猪可增加收入100~150元。

一快:减少存栏时间,提前10天出栏。

零排放:无污染,实现粪污零排放。以前找猪场不用靠眼睛,跟着鼻子走就行,现在大不一样,发酵床养猪卫生、干净、温暖。

发酵床养猪法一推开,合作社带动赵福顺等社员用发酵床养猪法养猪,立马有了效果。

巴马香猪落户,增添了猪门娇子

在广西巴马香猪原种猪场引进一头巴马公猪、三头巴马母猪。

密山市供销社主任成善君告诉记者,巴马香猪是坐飞机来的,几经周折,费这么大劲,其目的就是从根本上改良密山市生猪种类,填补密山市"南引北养"的空白。

近日,记者走进密山市供兴养猪社员王俭养猪场,正赶上巴马香猪"添丁进口",巴马香猪外貌清秀,体型娇小,像一个恬静的少妇,哺乳着孩儿。

史料记载,巴马香猪是珍贵而稀少的小型猪种。皮薄肉细,胴体瘦肉多,肌纤维细嫩,脂肪洁白,营养丰富,胜似山珍野味,果子狸。是"一家煮肉四邻香"的名门贵族。

引巴马香猪,经过一年的繁衍,巴马香猪适应了北方的气候,茁壮成长。巴马香猪产小猪5头,10月,达20头,到2001年,巴马香猪基础猪达300头。

2009年底,巴马香猪将上市,成为市民餐桌上的一道大餐。

巴马香猪"天价"。1公斤可卖100元。

巴马香猪"低本"。一头巴马香猪饲料喂养比普通猪节省400元。

巴马香猪"赚钱"。一头巴马香猪比普通猪多挣300元。

建繁育中心,生猪优生优育

密山市供兴养猪农民专业合作社引进国家先进种猪人工授精设备,建一座密山市最大的种猪人工授精配送中心,从根本上更新换代,一年繁育优良商品猪2万头,辐射和平、连珠山等7个网点100户养猪场,用纯正的商品猪打入市场,占领市场,稳定市场,让人们吃上优质肉、廉价肉、绿色肉、健康肉。

(2009年6月29日《黑龙江经济报》二版)

身正 影直 心和

——密山市卫生监督所党风廉政建设纪实

密山市卫生监督所关系人们的食品卫生安全,关系人们的身体健康。担子之重。

32 名工作人员筑起直接与城乡大大小小的饭店、旅店、娱乐场所、学校、医院等1 000多个单位、个体户卫生食品监督、服务的平台。

32 名工作人员一把尺子卡“长短”,让送礼者止步,让说情者闭口。

一把“责任”的大锁锁住了人们健康、安全的大门。

创造了成绩。无一人违规、违纪;无一件行政复议;无一起食品安全事故的发生。

展示了形象。受到了人们的拥护和爱戴,在全市行业行风测评中,个体业户主动为他们投上一票。

卫生监督所有一本制度,462 项 700 多条。每人在制度上签名,谁违犯了哪个条款,就按制度办。制度成了准则,促动了工作人员廉政的养成。

制度上有一条,“站在河边,坚决不湿鞋”。这个“不”字都在坚守,作为一种崇尚和骄傲,没有人去破这个框框。

制度上有一条,“坚决不准吃、拿、卡、要、报”。为了较真,开通举报热线,开通行风热线,达到零投诉。

制度上有一条,“坚决推动个体工商业经济发展”。大家都在尽力,推动中多些以人为本。

某下岗工人为了糊口,开个小吃部,卫生达不到标准,下发整改通知书,但是资金紧张,整改不了,工作人员顺势指导转型,因小吃部地处学校边,小吃部改成食杂店,达到了食杂店的卫生标准,收入是小吃部的一倍。

制度上有一条,“所有经营业户,坚决达到标准”。某饭店先开业后申报,检查时发现卫生条件不合格,饭店老板想打通关系,托熟人,送红包。这个“不合格”的关怎么也过不去,无奈整改了。

有人举报某饭店的酱油里有蛆虫,马上停业,罚款7 000元,罚的这家饭店心服口服。

制度上有一条,“坚决用团队精神促动工作科学发展”。2005 年,全省卫生城验收,他们拉大网检查,一个一个过筛子,目尽毫厘,明察秋毫。顺利地通过验收。2008 年,密山市又被评为省级卫生标兵城。

制度上有一条,“领导坚决做出表率”。所长赵永生,一线是他的岗位,干干净净做事,清清白白为人,被推荐为密山市第十七届“十佳公仆”候选人;副所长陈桂芳一人分管 300 多户,无漏洞,无违规,被评为鸡西市“十佳”青年卫士。

制度上有一条,“各项工作坚决创优争先”。密山市卫生监督所成为密山市卫生系统标兵,被省卫生厅授予餐饮消费安全专项整治先进集体;被鸡西市爱卫会授予爱国卫生工作先进集体;被密山市委、市政府授予“关注民生,服务发展”评议活动群众最满意单位等 10 多项荣誉。

密山市卫生监督所所长赵永生说,我们做到了“身正影直”,才产生了“业兴”的发展局面。

(2009 年 8 月 31 日《鸡西日报》二版头条)

吹响冲锋号　冲向主战场

——共青团密山市委引领团员青年立业创业兴业纪实

【新闻背景】共青团密山市委向全市10万名团员、青年吹起集结号，整合队伍，凝聚朝气，在发展经济的最前沿"阅兵"。近两年，评选出"十大"杰出青年，"十佳"青年创业明星，"十佳"青年岗位能手，"十佳"青年星火带头人100多人；又吹响冲锋号，在发展经济的最前沿"练兵"。300多名团员、青年成为助推经济发展的号手、旗手、舵手。他们用坚实的臂膀挺起了密山市经济发展的脊梁……

筑起广厦挡风寒

张军臣，密山市第十三届"十大"杰出青年，密山市晨光建筑有限公司董事长。

建筑工地是他施展作为的舞台。

2001年，建设2万平方米的密山市学府小区，被评为全国文明样板工程，240户市民乔迁新居的喜悦让他坚定目标：今生用自己的贡献盖新楼、盖大楼、盖高楼，为市民遮风、挡雨、抵风寒。

2003年，建设1.4万平方米的密山市一中综合楼竣工，190户市民迁新居；2007年，建设1.7万平方米的密山市铁西农民公寓竣工，120户农民迁新居；2008年，建设4.1万平方米的密山市同心家园竣工，674户市民迁新居……

1998年至今，总投资1.2亿元，为密山市增加楼群30栋，开发面积13.5万平方米，1 400户市民迁新居。

解决3 400人上岗；带动40名大学生就业；上缴建筑营业税400多万元。

张军臣带领着1 000多名团员、青年改造旧城，开发新区，让民有所居、民有所暖、民有所乐。

农业填补工业园

徐义猛，哈尔滨工程大学学院毕业生，广东客商。

他千里就业密山市，就业基础是密山市农业资源。投资1 080万元，在密山市经济开发区星光工业园成立密山市日出农业科技有限公司。

一次性投资上千万元，生产食用“金针蘑”，投资金额、投资项目显示出徐义猛的“猛劲”。

家门口产“金针蘑”，鲜嫩，圆了百姓餐桌。

金针蘑生产出“再生链”。金针蘑所需的原材料是农业生产的“下角料”，抛弃的米糠，被烧火的玉米芯。

金针蘑生产出“绿色链”。从原材料粉碎、灭菌、接种、发菌、出菇，封闭操作，在无污染土壤中生长。

金针蘑生产出“循环链”。把金针蘑残渣废料做有机肥，供应“东北大”水稻基地，再生产“东北大”有机米。

徐义猛的项目拉动“三农”。

公司年收米糠1 000吨，玉米芯5 000吨，造有机肥4 000吨，产金针磨1 800吨。

收米糠，稻米企业增效；收玉米芯，玉米亩增收 20 元，注册“兴凯湖”、“日出”标志。

徐义猛，这位强壮的青年，用春天般的蓬勃，用心培育，用汗水灌溉，增值了农业资源，丰富了人们的菜篮子。

“华佗”手疗送健康

鞠双权，黑龙江中医药大学针灸推拿系毕业生，密山市第十三届“十佳”青年创业明星。

他用十指给人们减少病痛并开出一道治愈药方。

2005 年，他大学返乡，领着 5 名大学生闯市场，开办密山市国养堂针灸推拿院。由一张床起步，发展到拥有 315 平方米的推拿院、两个按摩保健分院、并在大连设有分院。

年接待颈椎、腰椎间盘突出患者1 000多人，治愈 900 多人，为贫困患者减免治疗费 10 多万元。

他成为中医平脉派创始人；黑龙江中医药大学名誉客座教授；密山市国养堂推拿院成为黑龙江中医药大学大学生创业实习、示范基地。

他去北京大学、黑龙江中医药大学讲他的经历，引导大学生再创业，他成为大学生创业路上的“导师”。他的事迹上了黑龙江电视台。

他是“华佗”那是有点夸张，他是患者的“120”最贴切不过。患者说。

“超早”增产田埂上

杨东文，密山市黑台镇榆树村团支部书记，黑龙江“十佳”星火带头人标兵。

黑龙江农业信息网“水稻超早育苗”高产信息，让他热衷“超早”。

早在2007年，他就扣“超早”大棚，并移栽30亩，亩产750公斤，比普通插秧增收200公斤，亩增收440元。

随即，他在本村、临村开展了“超早”科普之冬活动，引导团员、青年推广“超早”。

指导本村青年王超应用“超早”，增加收入1.5万元。

随即，榆树村成了“超早”村。2009年，农民扣“超早”大棚28栋，1 000亩“超早”水稻增收52万元，户均增收1万多元。

随即，临近的直正村、兴胜村等5个村，都推广了“超早”。

随即，他走出榆树村，为其他乡，6个“超早”水稻村指导，他成了农民依赖的土专家。

共青团密山市委书记张启龙写给杨东文的颁奖词：新农村打造新农民，新农民专研新技术，新技术推动新生活。

密山市和平乡新建村团员宋维勇与青年“捆绑”，组建密山市和平青年蔬菜合作社；密山市“十佳”青年创业明星陈凤忠与青年“捆绑”，组建密山市山水游一条街；密山市白泡子乡团员李江与青年“捆绑”，组建密山市农机作业服务队；密山市兴凯湖乡团员王家红与青年“捆绑”，组建密山市信息服务站；密山市知一镇团员侯继平与青年“捆绑”，组建农副产品销售网点……团员、青年凭其活力，活动在经济的最前沿。

（2009年12月11日《中国青年报》二版头条）

人物篇

大到企业家，小到农家嫂，张家长，李家短，油米柴盐的故事；创业难、事业兴，爱心延续的故事，这是写不完密山人的故事……

根系黑土三尺　心挂万户千家

——记鸡西市青年企业家翟友财

翟友财，密山市柳毛乡富路村的娃子。

18 年，根系农业、农村、农民。

18 年，脚印遍及田间。

他给农民栽上摇钱树，农民挂上钱串子；他给农民打造聚宝盆，农民鼓起钱袋子；他给下岗工人饭碗儿，下岗工人衣食所安；他把粮食买卖做到国外，拉动了密山市工农业经济的增长。

18 年，历经“沧桑”。农民、商贩儿、经纪人、老板、企业家、粮食的龙头、大腕儿。

翟友财，农民的骄子，感动农民的人物。

苦累乡间小路

他站在农村，透过“云层”洞察，把握村外商机。

1988 年，他和哥哥扔下锄头，当商贩，推着车子，叫买村屯，收牛皮、羊皮、马皮，一个大小伙子当上了“破烂王”。

风沙、崎岖强壮筋骨，饥冻、苦累抖擞精神。像一条线在奔走，早出晚归几十里，上坡下坎几道弯，汗满面颊，两肩霜花。

翟友财告诉记者，家穷，不把孩子当孩子，摔打出刚劲的性格。

收来的皮张，攒多了，坐大客，卖给土产公司。

第一次点钱的节奏让他心“野”，让他心醉。

一发不可收，用攒下的 15 万元贮存皮张，再转手，这下，赔了老本，负债 6 万多元。第一次挫折，他徘徊在家门口的小路上……

甘甜粮食生金

随即，爬起来，站起来，“弄潮”。

小村偏僻闭塞,要"挺进"都市,做大做强,1992 年,举家迁到离市区 1 公里的新华村。

改辙。玩一把心跳,冒一次风险。市场近了,信息灵了,粮源多了,他近水楼台。

开三轮车收粮,雇车收粮,组建车队收粮,由近及远,由内到外,收粮的网撒开。

一天 300 多吨粮食运往站台,与客户"直拉",5 年时间,资产增值到 30 多万元。

天高任鸟飞。挂靠密山市双胜粮贸公司,视野开阔,如鱼得水,结交客户,财源广开。

人送绰号"二翟子"的翟友财,渐露出与众不同:为人,直率仗义;能力,垄断粮源;资本,强根固体;胆识,外围扩张。

垒起万吨粮仓

努力无止境。

注册密山市第一大私企,密山市东安经济贸易有限责任公司。

北大营米业分公司,占地 2 万平方米,投资 700 万元,两条精米生产线与 1 000延长米的铁路专用线,2 000平方米的库房形成一条流水线。

桥北原粮储备粮库,占地 2.5 万平方米,仓储粮食 3 万吨。

东安货场 2 万平方米,铁路站台货场5 000平方米,金谷宾馆5 000平方米,一个私企,拥有精米生产线,拥有粮库,拥有铁路线,拥有货场,拥有宾馆,拥有员工 300 多人,拥有鸡西地区第一家"AAA"信用等级。

重量级、权威性的东安经贸,闪烁出生命力。

最大的生产线。两条精米生产线,一天加工 5 车皮 300 吨大米,两年时间,加工水稻 31 万吨。年加工量是密山市大大小小 100 多家加工企业的总和。

最大的出口企业。把粮食第一个打入俄罗斯市场,每天 10 多辆俄罗斯大卡过境,年出口粮食1.5万吨。

最大的订单农业。在三人班村、崇实村、兴利村建绿色水稻基地 1 万亩,与5 000多户农民签订单。

最大的流通产业。成为北京、上海、吉林、大连、西安等粮食批发市场会员,成为上海天下粮仓的供应商。企业在密山市乃至全省举足轻重!获"绿馨"、"兴凯湖"、"绿宝石"、"绿草地"、"一代帝王"等国家绿标。

最大的仓储能力。企业壮大后,带动了国有粮食企业。为知一粮库、白泡子粮库、光复粮库代储粮食3万多吨。为粮库创利润250万元。为省储粮公司、中粮公司代加工水稻2万多吨。

最大的实力公司。每年收购、周转资金近2亿元;年实现产值2亿多元;资产总额6 900万元。

最大的纳税大户。2002年,纳税600万元,5年纳税1 000多万元。

堪称“七大之最”的密山市东安经济贸易有限责任公司势头强劲。

搭设增收平台

翟友财埋藏在心底的话:一切都是为了回报社会。

密山市年产水稻20万吨,企业年收水稻15万吨,占水稻产量四分之三;年收大豆2万多吨,玉米3万多吨。

给种子。每年无偿提供12万元,3万公斤“绥粳”水稻种,等于“直补”农民12万元。

给高价。1公斤高出市场价0.10元。为的是掀动粮价,让农民多收入。三人班村5 000亩水稻,亩增收80元。

给土地。农场给他3 000亩平价土地,他却平价包给了富路村冷长春等3户农民,贫困户成了包地大户。

给关怀。为团结村栽树30亩,为农民修路、架桥、资助3名贫困生。

给岗位。公司吸纳农民200多人、下岗工人100多人。月工资1 000多元,给工人上商业保险6万多元。

农民、下岗工人感激他,因他而温饱,因他而富裕。

省级诚信企业、省产业化重点龙头企业东安经济贸易有限责任公司如同翟友财一样首屈一指,顶天立地。

(2006年12月17日《黑龙江日报》二版)

千里"闯关东"

——刘贵雷在密山市投资兴业纪实

刘贵雷，生长在山东临沂，是密山市的山东人。

1994 年，地图指南，他从山东日照市出发。过渤海湾，来到东北，落榻密山市。

这位白瓜商人，走遍密山市丘陵地带，一份电报发往山东日照供销外贸公司，把发现告诉单位，"密山市是百亩白瓜生产基地"。

这位白瓜商人，揣着名片，到农村与3 000多户农民签约；揣着名片，与密山市 4 个农副产品货栈合作。

从此，发展了密山市订单农业。

从此，延长了从密山市到山东日照的白瓜产业链条。

从此，解决了农民卖粮难、增收难。

刘贵雷，投巨资，打"响雷"，不遗余力地引领了密山市农民努力增收。

一年时间，收购白瓜8 000多吨，收购资金达1 000多万元。

1997 年，单位黄了摊子，白瓜产业链条中断，刘贵雷下岗了。

为了"三农"，在山东下岗，那么就在密山市上岗。在密山市白瓜资源上站起来。

回山东老家，和哥儿几个商量，他说，密山市白瓜是"处女地"，不开发白瞎了天时、地利。

哥几个抱成团，去美国考察，挂靠美国财团企业华赛食品有限公司，组建山东日照华赛食品有限公司。

他带着家贯 3 万元，返脚来到了密山市。

做大白瓜产业，在密山市知一镇农副产品一条街组建货栈。打造白瓜龙头，吸引内蒙、齐齐哈尔等地白瓜聚集。龙头牵引，形成黑龙江省东部白瓜买卖集散地。

做强白瓜产业，收"皮粮"，深加工。转运山东出口美国等 10 多个国家。

一把瓜子嗑全球。

国内外订单飞来了，收购、加工、运输，2 000多吨白瓜子坐专列，换巨轮，过港口,运到了国外。

从边缘向政治、经济、文化交流中心集中,把知一镇货栈作为“根据地”,在市中心定位。

刘贵雷投资1 500万元,买下闲置多年的铁西化肥厂,组建了密山市新华新食品有限公司,公司与农民直接对接。

4 万多平方米的空场地,铁路车皮专用线,刘贵雷的白瓜产业提速了。一年2 000多万元收购资金,打进了农民的账户;企业销售收入2 亿多元;累计上缴税金 500 多万元。

形成点面收购。又投资 300 多万元收购解放村养鸡场空地,占地5.7万亩的闲置厂房成了新华新食品的生产车间。

密山市新华新食品有限公司形成知一镇收购基地、解放村收购基地、铁西收购基地组合一起的强势购买力。

“大白板”换来了“大白边儿”。

裴德青年村 10 万亩“大白板”白瓜子,成了新华新食品有限公司的原材料,农民人均收入达5 600元,白瓜收入占三分之一。

白瓜商刘贵雷生产转型。

成了养殖商,产业继续扩张。2007 年 4 月,刘贵雷收购了西山脚下占地 5 万平方米的华香清真肉类加工有限公司,更名为新华香清真肉类加工有限公司,新华香加工的东北牛肉、羊肉用冷藏车运到了上海浦东地区。并投资 500 多万元在裴德村建起肉牛养殖基地,直接供应华香。

成了建筑商,土地继续扩张。密山市新城区建设开始了,地处中心地段的新华新食品有限公司是建筑范围,他决定,在搬迁后的空地上建起密山市的“摩天大厦”。

建广厦万间,为的是百姓欢颜。

2008 年,刘贵雷领着政府团儿到山东招商,山东日照的“教授花园”建设,让他们震撼,他便克隆教授花园的建筑风格,打扮密山市新城。密山市新城花园小区一期工程破土动工了。时值一年,6 栋新楼拔地而起,21 层大楼是密山市楼群的高层,增添了密山都市的韵味。

2009 年底,将有 800 多户居民住进新家,住进高层。

刘贵雷开发房地产,其出发点是让人民共享发展成果,他说,盖楼一平方米成本2 000多元,挣不了几个铜板,最大的效益是市民住房条件提升了。

一期工程 6.5 万平方米,二期工程 5 万平方米,总投资2.3亿元,一期工程上缴建筑税等税费2 000多万元。

刘贵雷的建筑堪称密山市投资最多,面积最大、质量最优的建筑“三最”。

他是“手笔”。资产达2亿多元,13年在密山市累计投资10多个亿。在畜牧、农业、建筑上,成为领军人物。

他是平台。目光锁定民生。5 000多户农民靠白瓜过上了小康,1 000多名下岗工人上岗,每年支出工资100多万元。

他是航母。密山市白瓜子上了世博会,上了广交会,上了齐博会。密山市新华新食品有限公司与山东华赛食品有限公司龙头加基地生产的“千姿味五香瓜子”,“千姿味葵花子”销往欧洲、非洲等10多个国家。

山东华赛食品有限公司销售收入4亿元,成为全国最大的白瓜子收购、出口企业。密山市年生产白瓜子10万吨,新华新食品有限公司收购密山市及周边白瓜子15万吨。

刘贵雷从山东辗转千里“闯关东”,闯到了东北,闯到了密山市。闯出了胆识,闯出了发展,闯出了气势。

(2009年8月17日《鸡西日报》一版)

亲和激发人和　口碑树起丰碑

——记鸡西市“十佳”公仆：鸡西市人民检察院反贪局局长高秀运

登录：《人民网》、《新华网》、《中国法制网》、《龙剑网》，一页页来自密山市人民检察院的报道被挂在网上……

密山市人民检察院随着电波，穿越“东方时空”；随着网速，向全国人民“新闻联播”……

事迹新准、感人；给人启示，给人引领，给人助推……

点击指数随之上升。

人们用“长镜头”关注密山市人民检察院，关注密山市人民检察院检察长高秀运。

2006 年 6 月 23 日，时任鸡西市人民检察院反贪局副局长的高秀运，衔命下基层赴任密山市人民检察院检察长；2009 年 9 月 21 日，又重任鸡西市人民检察院反贪局局长。

这位全国检察机关反贪侦查一级人才库成员、黑龙江省政法系统公正执法标兵，在密山市人民检察院工作三年零三个月的时间里，热血澎湃，续写出各项工作的多个第一。上级院领导满意；当地市委满意；人民群众满意，再次拭亮了“全国人民满意检察院”的称号。

> 我的为人哲学是：尊重上级，礼贤干警。把干警当兄弟姐妹，掏出心，亮出事，打开心窗，平起平坐，用亲和力推动……
>
> ——摘自高秀运的日记

中国“十佳”杰出检察官魏艳玲说，高检“身正影直”，人们对他的敬佩不单单是大楼盖上了，环境改善了，干警提拔了；更令人敬佩的是他的清正。他，家里大事小事一个没有，不是没有，只是他不要人情，不摆架子。孩子上大学，母亲生病、住院、过生日从未提及过；他，没说过一句过头的话；没办过一件私人的事；没接受过一次单位及社会的“吃请”。“三不”让说情者闭嘴；让疏通者止步。

被提拔反贪局副局长的徐向哲，总想请他吃顿饭，他总是说，工作拿几个第一，就是最好的午宴。一顿饭，开了三年的“空头支票”。

就连把大门的临时工宋风宇说起高检,带有不舍。一个临时工出了车祸,是高检给他垫付1 000多元医药费,给他活下去的勇气。他 80 岁的老母亲为了感激高检,灯下纳了一双鞋垫……

高检调走的这段日子,干警们转不过感情这道弯儿,泪从心来……

副检察长姜东亮说,这几天耳朵都听邪了,仿佛听到了高检上楼的脚步声。每天用电话向高检汇报工作。通个电话,一是汇报,二是找个借口听高检"指示"的声音,当密山市人民检察院在鸡西地区考核中名列第一的消息传来,人们更加依恋高检。

高检调走的那天,全院开个座谈会、送别会,无一缺席。高检的开场白刚开始,大家都流泪了,这会硬是在人们的流泪中"黄"了摊子。

所以流泪,因为在哪?

调走的那天,他还是匆忙来到了密山市委,向有关领导汇报,有两位同志还没有提拔……

调走的那天,他在他亲手设计、亲手建设、亲手把关的办公楼前后走了一圈又一圈,还有家属楼没有建成……

调走的那天,虽是晚上九点钟了,他还是来到了患贲门癌卧床的民行科科长翟海银的病床边,留下嘱托,翟海银用微弱的声音说,如果有下辈子,还给你当兵……

调走的那天,他说,车慢点走,再看看我工作过的岗位;和我的同事再聊几句……

> 我的工作路线是,俯下身子,认准一个门儿,要有持久的劲头,要有掰手腕儿的精神……
>
> ——摘自高秀运的日记

原密山市人民检察院大楼是 1988 年盖的,多个不适应的前提下,决定建设密山市人民检察院办案用房、技术用房。迁址。原办公楼地处闹市,空间小,迁移到密山市铁西新区;置换。但是 600 万元的资金缺口,要建楼,让他徘徊,但他坚定"疾风知劲草"的道理。盖办公楼的 17 个月,他跑政府、进省院,伸手、张嘴、低气话没少说。

把原大楼评估 380 万元,以资产置换,缺口资金到位了,"两房"2007 年 5 月动工,2008 年 10 月 1 日竣工。

"两房"建设 17 个月,他当材料员,他当现场员,他当质检员。

人说他就是海尔集团的张瑞敏。张瑞敏砸了 76 台不合格的冰箱,海尔人捧回了我国冰箱行业第一块国家质量金奖;高秀运砸了三个倾斜的水泥柱子,捧回了黑龙江省建筑“结构杯、龙江杯”金奖。

“两房”建设,他上工地,发现三个水泥柱略显倾斜,这基础、这关键处不允许半点偏离。砸了三个柱子,砸碎了伪劣,砸醒了工人。用损失10多万元,换取“百年大计、质量第一”。

“两房”建设,他每天泡在工地,早晨到工地,抽空来工地,晚上蹲工地,他心里装着工地,装着质量。不看上一遍,心里总是放不下,劳累、上火让他的血压上升,他挺着,挺着,晕了,才去哈尔滨市医院看病,楼盖完了,身体累垮了。

“两房”建设,他一天走了上千里。2008年5月,他和几个干警一起去外地采购装潢材料,早5点出发,9点到牡丹江林口,下午1点40分到八面通,晚上21点返回牡丹江市,第二天3点赶回密山市。可一天打滚,买理石板,买木板门,买石料,节省材料费2万多元。时间、路遥记录他的辗转,他的敬业。

为了民生,他“越位”。密山市热力公司欠电费,多达500多万元,电业局要拉闸,一旦停电,全市几万户市民要挨冻,他听说后,借助各种关系,马上沟通,双方协议:补交、缓交滞纳金,市民说,谢谢高检。

为了企业,他“到位”。密山市一次变电所建设,因外出口与当地村民争执不下,工程搁浅三年。如果改变线路出口,损失将达几百万元,他与电业领导一起和村民坐在一块儿,洽谈多次,双方握手言和。

> 我的用人方向是,用人决定成败。这也是关注的敏感问题,做伯乐,不私不偏,选人由伯乐相马到赛场选马……
>
> ——摘自高秀运的日记

高秀运到密山市人民检察院时发现,由于领导的调动与交换,空岗、空位太多。

两名副检空缺,技术科长空缺,政工科长空缺,民行科长空缺。空缺岗位10多个。他决定,选人看实绩,用人看实效。站着说,说干了些什么,站着说,还想干什么,背靠背打分、画票,选优淘劣。票不过关,一票否决,坚决不打折。

能者上,庸者下。

某科长能力差,票数少,免职,一片哗然。

中国“十佳”杰出检察官魏艳玲提拔为纪检组长;程树军提拔副检;王舜尧提拔副检;徐向哲提拔反贪局副局长;基层工作30年,不计得失的耿海生提拔副检,一片掌声。

他们同心努力,带领干警们,接过全国人民满意检察院接力棒,跑出了速度。

分管刑检的副检察长耿海生,严把案件关口,没出现一起错案。

副检察长程树军率领反贪干警深入10多个省市深挖线索，临近年底，才回家。

民行科科长翟海银，2008年5月，检查出贲门癌，直到10月份，写完了总结才去复查，癌症已经到了中期，仍把“死亡诊断”揣进兜里。

政研室主任张丙华，胆切除，肝切除三分之一，一年写出400多篇调研文章。张静义，陶李，赵静通过了国家司法考试。

控申科科长郑俭工作不分里外、不分早晚地工作在一线……

我的执法理念是，用魏艳玲坚强的精神打造出英雄的团队，用一把反腐利剑，震慑犯罪，警示后人……

——摘自高秀运的日记

高检坐镇一线与反贪局干警一道，把北琴海串案、窝案，办成了铁案。

立案11人，抓逃8人，跨越广东、山东、北京等10个省市，为国家挽回经济损失300多万元。起草了一份《北琴海案件引发国有资产流失的思考》上报市委、市政府。

高检坐镇一线与反贪局干警一道查处了谢某贪污、受贿案，为国家挽回经济损失72万元，为外来投资者根除投资的“中梗阻”。

高检坐镇一线与反渎职侵权局一道查处了刘某玩忽职守、受贿案，10次去外地，找证人130人，为50多名受害人挽回经济损失159.3万元，这两起案件被省院评为“优质案件”。

高检坐镇一线与反贪局干警一道查处了原民政局副局长王某贪污、受贿案，为国家挽回经济损失86万元。

2009年，密山市反贪局立案21件，查处犯罪嫌疑人31人，为国家挽回经济损失250万元。

三年来，他带领干警办理各类贪污贿赂案34件49人；渎职侵权案26件32人，息诉3件历史遗留涉访案件。

我的工作目标是，在岗位创造，创造历史，创造现在，创造第一……

——摘自高秀运的日记

时过三载，密山市人民检察院已是百家争鸣，百舸争流，百业俱兴。

2007年，密山市人民检察院八个单项工作在鸡西市排名列第一。

2008年，有13个单项工作在全省同类院中排名第一。

2009年，全院整体工作在鸡西地区排名第一。

密山市人民检察院被评为国家级文明接待室；密山市人民检察院被鸡西市委授予先进基层党组织；被鸡西市政法委授予政法工作先进单位。

近三年，有12个科室分别被授予省、市、县不同称号的先进集体；获得省、市、县级先进个人称号49人。

魏艳玲被省委授予黑龙江省优秀共产党员标兵，翟海银被授予鸡西市劳动模范标兵，段奎刚被授予鸡西市政法系统政法干警标兵……

短短三年，他为密山市人民检察院留下了浓重的一笔。

短短三年，他为密山市人民检察院续写了辉煌的一页。

短短三年，他用作为让密山人主动地给他拍手，给他喝彩。

好一个"风正一帆悬"；好一个有为有位的一线检察官。

（2009年12月17日《鸡西日报》一版）

“巧嫂”任淑杰

任淑杰，老侯婆，又称“巧嫂”。

嫁给湖沿村民侯本君，故称老侯婆；开办农家游，故称“巧嫂”。

老侯婆、巧嫂出名，多亏了农家游。

打开篱笆，办农家游，几个月，接待5万多人，收入6万多元。

百名“巧嫂”在锅台上才艺比拼，获“巧手奖”。

巧嫂的家在湖沿村三组，离湖边几百米；巧嫂的家是一座带台阶的大瓦房；巧嫂的家被绿树鲜花掩映着。

巧嫂干净。屋内屋外、炕上炕下、窗台橱柜、旮旯胡同，连个草棍都找不到。

巧嫂利落。心直口快，不藏心眼儿，办事不拖泥带水，嘎巴溜溜脆。

巧嫂心灵。巧嫂家的位置临路靠湖，乡领导“综合”一下，引导她开办农家游，作为一个试点，再推开，一点拨，僵化的脑子开窍了，疑点顾虑消除了，因为她总是要当一回“刘老根”，总想在湖边办一个“老侯婆饭庄”，一点就通，第一个开办农家游。

巧嫂手巧。用针线串起红辣椒、串起小菇娘，把苞米、大蒜编成辫儿，像一件农家“工艺品”，挂在墙上，显露农家气息。

巧嫂系上围裙，围着锅台转。切菜的声音有节奏感。贴大饼子，用手团了团苞米面，啪啪啪！贴了锅一圈儿，这大饼子贴得“艺术”，大饼子三分之一部分与炖菜一起咕嘟，大饼子上留下三个手指印。锅盖一盖，20分钟开锅了，菜味、大饼子味，大饼子背面的黄嘎让你拉馋儿。巧嫂用碱发面，手工馒头又大又暄，一看就想吃。巧嫂炖白鱼、酱嘎牙子，游人都说好吃。巧嫂腌的咸鸭蛋，蛋黄直冒油。巧嫂的厨艺土而笨，啥饭菜她用农村大锅一做，游人吃着碗里看着盆里，望着锅里。

鸡西市妇联进行“巧嫂”厨艺大赛，“巧嫂”做出的饭菜，评委一尝，都给满分，列百名“巧嫂”第一名。

巧嫂勤劳。游人多，巧嫂开忙了，忙里忙外，忙上忙下，天刚亮起床了，忙摘菜，忙切菜，忙准备。10点多钟，下厨房，做饭做菜。一忙半夜，游人睡了，巧嫂还要忙一阵子，把小火炕让给了游人，巧嫂与丈夫，孩子挤在简易的棚子里，挤在两张简易的床上。巧嫂说，从开张到现在，没睡一个囫囵觉。巧嫂说，一天累得抬不动腿儿，脚板走木了，脚脖子控肿了。游人品尝着巧嫂的苦累。

巧嫂简朴。过惯苦日子的巧嫂，开春，就种了好多菜，养了好多鸡鸭鹅，丈夫打鱼，一切都是低成本。

巧嫂热情。巧嫂爱笑，游人一推门，就连跑带颠儿地迎出门外，拉着游人的手直往屋里让，那热乎劲，有点“过分”，端茶倒水，搬凳让座，游人心暖，和游人一天的接触，游人走了，巧嫂冷丁闪一下，送出三里地，游人留恋巧嫂。

巧嫂大度。游人点菜单下菜碟，巧嫂的饭菜没价儿，一大桌子饭菜，吃完了，游人买单，巧嫂一脸不好意思，看着给吧，给多了，巧嫂说啥也不要，推来推去。地上产的，几乎不收钱，巧嫂说，来了就是亲戚，见了就是缘分。

巧嫂，纯朴的农家妇女，农村妇女的典型，农村妇女的骄傲；巧嫂，农家游的领路人。

巧嫂干净利落、心灵手巧、勤劳简朴、热情大度。可亲、可敬的巧嫂！游人掏心窝的“留言”。

（2006 年 9 月 1 日《鸡西日报》二版头条）

生命大救助

撞　车

2006年2月25日，上午10点，方虎公路大通道虎林段发生车祸，三轮车与大平头对撞！

据目击者称，农用三轮车立即起火，被车厢卡住的3人被大火吞噬。

急　救

几分钟，一台虎林市大客车路过，车上的人惊呆了，三轮车成了浓烟滚滚的大火球。

急刹车！车上两位乘客跳下车，后来才知道，第一个救人的是长春人邓宪涛，大家用大客车上的铁棍撬开变了形的车门，受伤者衣服烧光，不断呻吟，把3人抬在车上，拨打虎林市医院“120”。

客车加速，打电话的人是邓宪涛，他脱下羽绒服，给一位重伤者盖上。伤者是密山市柳毛乡新政村民刘德海，他去虎林市收红小豆，发生了意外。

“120”赶到，把刘德海抬上救护车，邓宪涛的衣服仍盖在刘德海的身上。

“120”提速，在虎林市人民医院，医生摇头，伤者病危。密山市人民医院“120”收到了求救信号。

“120”飞驰，把患者接到了密山市人民医院。医生挠头，太重了，简单处置后，带上药品，配上名医，密山市人民医院“120”奔向牡丹江市209医院。

下诊断！85%三度烧伤！十几天花掉12万元，贫困的家不堪重负，无奈，转回密山市人民医院。

捐　助

车祸发生后近30天，亲情般地救助，一次次掀动人们感情的波澜。

破格决定，市医院腾出隔离病房，减费、免费，成本治疗。

村民捐款。刘德海撞车烧伤的事打破了小村的平静，人们为刘德海的安危捏一把汗，村委会把一份“告示”贴在村部，村大喇叭一个劲地广播。乡党委书记到村部捐款500元；小学校长张福捐款500元；一位小学教师掏空口袋，包括元角分；贫困户姜永臣到界壁儿借20元捐款。村支部书记柳长全抱着用纸糊的“捐款箱”，挨家挨户走。村长李文斌扔下了备耕生产，忙前忙后。全村120户，户户捐款，2天捐款1.2万元。

亲人尽力。弟弟拿出1万元，妹妹拿出5 000元，表哥拿出8万元，80岁的老父亲卖30亩土地，用4 000元救命，家人、亲戚捐款近10万元。

社会关注。密山市电视台在新闻强档时间，插播急救新闻；救人的邓宪涛，多次打电话，说办完了事，特意到医院捐款；刘德海的同学夏忠田陪伴在床头；10多个好心人送去了花篮和钱物，刘德海的病情一时间牵动了人们的心。

26日，记者到市人民医院探望刘德海，他的妻子以泪洗面，用哽咽、沙哑的声音告诉记者，她身体不好，拉了不少饥荒，去年卖了房子卖了土地，还外欠2万多元，两个女儿读书，出事了，大女儿下学了。花掉这12万元，都是大家帮的，又欠下了医院不少钱，愁死了，心里一点缝儿都没有。

当日，据主治医生王宝玉介绍，刘德海病情趋于平稳，但没有六个月出不了院，就是成本治疗，费用也少不了50万元。这50万元，又是对刘德海及家人迎头一棒！

“救救我的丈夫吧”！妻子在呼喊；“救救我的爸爸吧”，女儿在求救。这声音撕心裂肺，让人忐忑，寝食难安。

（2006年4月2日《鸡西日报》二版）

万人爱心大呵护

——救助骨癌患者顾晓静的故事

一位养母为女儿求救:救救我20岁的女儿吧,泪水一路,求救千里,声声凄楚,心肠寸断!

从黑台镇农业村到省城,惊动了好多好多的人。

关注顾晓静的身世,心酸。一个弃婴被养母收留,万幸;六岁,又成了孤儿,不幸;养母妹妹又收养,又是万幸;20岁,忽患骨癌,一个天大的不幸。

命苦命薄的女孩,家贫如洗,呼天唤地。

关注顾晓静的病情,心焦。一张死亡诊断,要将20岁的花季凋零。

"母亲"的心头肉,怎能割舍,"母亲"借钱,去了省肿瘤医院。人们在千里内外两个不同地点,陌生人向顾晓静伸出千只手,万只手,死死拉住顾晓静的手,生拉硬拽与死神对峙……

在农业村,一些农民把卖粮的钱捐出来。一位患脑血栓,卧病在床的老党员掏出褶巴巴的10元钱;一位五保户,卖一只大鹅35元,塞给她的养父;各村大喇叭一个劲儿地响,村民掏腰包,捐款1.2万元……

在密山市区,密山市电视台、密山市交通广播电台、手机短信、各大网站公布和转贴了顾晓静的病情。一时间,人们牵挂在心头!电视台反反复复滚动,交通广播电台反反复复播放……

一位好心人,发出几千条求救信息,一个网友,以"救救我们的妹妹"在网上留言。团市委号召全市10万名青年以此为契机开展了牵手贫困的"春风行动"。

密山市领导作出批示:爱心救助。市委宣传部,市妇联,共青团密山市委联合发出倡议。

在鸡西市,《鸡西晚报》以大篇幅报道顾晓静的遭遇,引起人们的关注!

密山市电视台记者姚远,在顾晓静赴哈尔滨市治病时,到车站送行,拿出50元和一些生活用品。一位不留姓名的下岗女工,到团市委掏出了贴补家用的100元;"的哥"来了,退休的来了,阿姨来了,外乡人来了。实验小学四年八班学生王凤鸣、叶可心等100多名小学生10元、5元、5角,捐出零花钱。机关干部集体捐款，国税局捐款4 250元，地税局捐款1 780元，青啤密山市分公司捐款2 016元，同济堂大药店捐款 500 元、30 盒待因片……爱心无界。

在省肿瘤医院，顾晓静做了截指手术后，母女俩儿跪在医院走廊内求援，震动了医院上上下下。省肿瘤医院免收医疗费 1 万多元。黑龙江电视台“女性频道”、“新闻夜航”等栏目，以“冬天里女孩在哭泣”为题播发新闻。一位哈尔滨市市民到医院送来捐款1 000元，放在床头走了，留下话，那是祈祷，那是祝愿。

密山市、鸡西市、省城一个个“风调雨顺”，用爱心将顾晓静围住。

顾晓静花掉了借款、捐款，无奈回到了农业村。

近日，记者拨通了顾晓静养母家的电话，顾晓静用泣声告诉记者，近日还要去省肿瘤医院化疗。

12 月 17 日，密山市又进行了一次捐款行动，千人捐款18 836元，新闻媒体又在黄金强档播出救助声音……又一次让人们牵肠挂肚，寝食难安。

（2006 年 12 月 20 日《中国健康报》二版头条）

痴心黑土　执著为民

——记鸡西市农村青年星火带头人张林海

张林海，密山市杨木乡板石村农民，新农村建设农民的典型。

他，30 岁壮年，在黑土地上创下了奇迹。

种地2 000亩，年收入 100 多万元，固定资产 300 多万元。

为了农民过上好日子，引领全村青年农民“扩张”土地，扩大生产，走出了集约化、机械化经营土地的路子。

他出众：让土地生金；他超群：带富全村。

心像“板石”如铁

杨木乡板石村，山石居多，几代的板石村农民以土地生存。

张林海土生土长板石村，对板石村，对左邻右舍的农民，对黑土地充满依恋与爱恋。

他手捧黑土，与土地打赌，与农民击掌，要把土地变成聚宝盆。

他接过爸爸手中的锄杠，耕耘 7 载不息。

他占了“地利”。板石村东北南临 857 农场，土地与农场土地接壤，大片的土地吸引了他，他要借米下锅，借梯上楼，借地生财。

他占了“天时”。一个又一个“中央一号”文件，免收农业税，粮食直补，农机具补贴等“一免两补”政策让他心胸开阔，让他壮志不渝。

他占了“胆略”。小打小闹只能温饱，大刀阔斧才是男儿。他扔下 47 亩口粮田，走进农场，1999 年，第一个包下了农场2 000亩土地。

从此，30 岁的他，耐住寂寞，以土地为生。

志像田野无垠

老人说，他胆大。投资 20 多万元，这么多钱，赶上荒年，一旦闪失，一下子赔了老本；亲戚说，他妄为。47 亩地不种了，跳槽到农场包地，他是头一个。

1999 年,这一年,好苦好累。

这2 000亩地,冷丁种,抓不住头尾,头遍地铲完了,草又蔓上垄台,一个春夏秋的忙碌,换来了丰收年。

80 多万元的收入,那挨号成沓的"大白边儿",让他疲惫散去。

他在黑土地上悟出了道理。

他的观点新潮。不当汗珠子摔八瓣的农民,要当甩手农民。走土地机械化,因为,农业的根本出路在于机械化!购买大型联合收割机、大型拖拉机、大型推土机、大型插秧机、大型清选机,40 多台大中小型机械,7 年淘汰 20 多台,占地1 000平方米的空地摆满了机械。

耙地、悬地、播种、洒药、收割、装车一色儿是机械化。

他的见解现代。不当老八板儿的农民,要当科技农民。买科技书,订报纸,网上学科技,网上查信息,网上卖粮。网页上是自己对各厂家的种子、肥料及科学种田的"论著"。

测土施肥,化学锄草,飞机洒药,采用纳米技术等等,科技促动了粮食稳产。连续 7 年,年均收入达 120 万元。

他的主张远见。打造农村产业化链条。投资 20 万元,在村内建稻米加工厂,两年加工水稻3 000吨,打出"板石"牌大米标志,拉动农民亩增收 60 多元。

他的做法实际。他要把土地变成种子繁育基地,邻近市、县种子繁育中心。他与省内各大种子公司联系,条件是土质、气候、科技等等,成为 857 农场、齐齐哈尔富拉尔基种子公司的种子培育商,成为吉林、内蒙古等 4 个种子公司的供应商。

水稻种子"空育 131"的稳产、早熟、抗倒伏、抗病毒的特点成了各大种子公司的首选种子。

由 800 亩水稻种子扩大到1 000亩,200 亩大豆种子扩大到 600 亩。1 400亩种子基地,年增收 30 万元。

情像细雨润物

张林海说,他与农村、农民是禾苗与沃土,树根与树叶的关系。

普及优质种。培育出的种子成功了,稳产了,挨家推广,平价给农民。70 户农民种"857"1 号,2 000亩大豆增收 15 万元,户均增收1 000元。

解决卖粮难。稻米加工厂以高出市场价收购农民的水稻,也可以为农民代加工,解决了本村 100 多户及邻近村农民的卖粮难。有了加工厂,水稻卖上了价,两年,还上缴税金5万元。

促动增收。是他兴起了包地风。为了让僵化的农民脑子开窍,鼓动农民外包土地,大包土地。借与农场人缘关系,他成了中间人,一手托两家,跑农场,下连队,为板石村农民包地3 000亩。为钟有贵包地200亩,收入20万元;为贺景忠包地300亩,收入24万元;30户农民靠包地发家,转移劳动力。土地集约化、机械化,雇用农民工20多人,春季插秧季节,100多名农民打短工。

在他的带动、影响、引导下,板石村人均收入达5 900元,涌现出宫友江等30多户包地几百亩、几千亩的大户,年收入10万元以上收入大户40多户。

业像大树参天

张林海靠土地立业,靠土地兴业!

张林海在全村第一个安电话,第一个挎手机,第一个买电脑,第一个开"宝来",第一个实现机械化的"五个第一"之后,生产生活又发生了变化。

增加3 000亩大棚,增加2台小车,增加10台机械,增加水利设施,增加了存款,增加了人气。

张林海"五个第一""六个增加"促动了板石村生产发展、生活宽裕、乡村文明。

这位鸡西市"十大"青年经纪人、鸡西市农村青年"星火"带头人、密山市"十佳"青年兴业领头人,农民信赖他,爱戴他。

新型农民张林海,脑子新、路子新、生活新。新农村建设的主力、新农村建设的铺路石!

(2006年5月11日《鸡西日报》二版头条)

痴心笔耕四十载

——记密山市裴德镇青年村通讯员田波

通讯员田波,40年笔耕不息,写出2 400余篇农家的报道。

与农民相依,用笔大书特书他深爱着的土地。一个信封、一张邮票,从大山里寄出,人们读报便知田波,人们读报便了解大山里农民的生产生活。

田波,闻名遐迩;田波,同行敬之;田波,一位老通讯员的年轻名字。

敬仰田波水滴石穿的执著劲头

田波,65岁,农民打扮,身背一个黑皮包,包内是报纸、手稿。

田波写稿从1965年至今,40年不歇笔。60年代当农民的时候写,70年代当教师的时候写,2000年退休了还写。这么多年爬格子,图的是鼓与呼,图的是笔下有乐。

1965年,生产队修大堤的时候,借着煤油灯,写出了马架子里的新闻,工地广播、工地战报一色儿是"田波报道"。

70年代,写稿子不兴给稿酬,每每见到"发稿通知单",见到自己的手稿变成报纸上铅字的田波,忘记了疲惫,收获的是甘甜。

当老师的时候,偷空,大多是晚上写。

退休后,由业余转为专业,无琐事、杂事分心,全天候写作。笔与纸接触交响出快乐的夕阳曲。

小简讯、小消息、小通讯、小故事、小言论、小来信,以小见奇、以小见大、以小见特、以小火柴盒、小豆腐块的大密度占据省内报纸。

稿酬几何,苦累相伴,误了家事,却持之以恒。写白了双鬓,写痛了手指,写出了山村的日新月异。

敬仰田波锲而不舍的吃苦劲头

在苦中度过,苦,硬其筋骨;苦,充其生活。刚写稿时,山村没有邮箱,晚上,赶完稿子,早上,天放亮上路,走25公里的山路到县城,邮完稿件再回家。

采访早出晚归。大多用腿量,或搭坐人家的四轮车,走遍农家,走遍田间,磨平了鞋底,刮破了衣服,写春种秋割、写山春秋色、写养猪大户、写农民急需、写山菜下乡、写民间传奇、写幽默故事,不因路远,不因雨天而笔辍。路边的农家,山间的小路,留下了他的身影和脚印。

去年腊月二十八,年味渐浓,他和老伴包豆包,灵感顿生,扔下活计,便去10公里外的青年村六组采访,写出了《杀年猪过大年》的报道。老伴说他是精神病,他却自诩,这是"追求"。今年开春,踏着冰碴儿走农户,写出了《青年村贷款公开受欢迎》的消息;秋收时节,他在白瓜地头,写出了农民增收的报道;他蹲在深山,看山鸟栖息,写出了《万鸟归山林》的生态报道;他到几十里外的农场调查青年村外包土地7万亩的新闻,写出了《农民包地奔小康》的土地流转报道。一篇篇带着汗水、带着劳顿、带着泥土气息报道的背后透出他这么一把年纪多么的不容易。

敬仰田波不差毫厘的认真劲头

田波干啥有板有眼。田波的稿件一色是复写,一复几份,每个字、每个标点都工工整整,清晰明了;田波有两个大本子,一本是曾发表过的稿件,下面备注:什么时候采的,什么时候写的,什么时候发表的,发表在哪家报纸,改动了哪些都翔实记载,篇篇如此;一本是新闻作品装订本,厚厚一摞,板板整整。

田波,采访叫板较真。一次采访,忘了问外包地的亩数,走了一个倒蹶,多走5里路,打了回头车,透支了体力。他说,真实是新闻的生命。他的采访没有大概、也许、差不多这样可上可下,可左可右,这样模棱两可的素材。

敬仰田波老骥伏枥的努力劲头

这么多年,市、县办通讯员培训班,他总是第一个报名,总是坐在第一排,在老师的眼皮底下听课,并非是耳聋眼花,而是学之若渴。

每年订报500多元,2000年,为了方便写作,为了"博览群书";为了"凿壁偷光";为了"近水楼台",他以免费分发青年村报纸为由头,硬磨叽邮局把邮箱和投报点设在自己家,这回他写作的条件便利多了,像蜜蜂采蜜,浏览报纸,做好摘抄;写完稿件,塞进邮箱,不出门,就邮了。他盼邮递员来山村,一盼近期报纸,二盼是否发表了自己的稿件。

田波,执著40年,苦心40年,认真40年,努力40年,写出了山村佳话与巨变,写出了党的方针政策在山村的回音与折射。

(2006年10月23日《鸡西日报》二版)

一个篱笆八个桩

——记密山市裴德镇青年村养猪大户陈照歧

好汉，陈照歧。

口粮田130亩，又到855农场包地350亩，一包三年，陈照歧在裴德镇青年村称之种地大户。

硬汉，陈照歧。

2002年7月，眼看着丰收了，大雨冲、冰雹打，300多亩庄稼绝产，包地费、种子、物质费折合，损失近6万元。

“塞翁”失马。山东大汉陈照歧麻爪了。

一气之下，他“亡羊补牢”。直起腰板，改辙。2003年，陈照歧养猪。

决定“立项”后，长达一年的研究，呈给家人一份养猪报告，且论据十分充分。青年村北倚大坝山，南临二龙山水库，小村土地位置、气候条件适宜；130亩土地是猪的饲料地，130亩地过腹增值，大估计是260亩的收入；上了“农民网”，上了“农业网”，猪价渐起，2003年，猪价每公斤5.2元，2004年，每公斤将达8元，猪价走势是网上说的。去了北京生猪育种中心，他去了哈尔滨三元种猪场一看，养猪是一本万利。

陈照歧养猪，惊动了上上下下。

这里也出现了“小插曲”。村党支部书记赵德轩听罢，竖大拇指，村长和永成听罢，直摇脑袋。

为了一个陈照歧，村委会召开了扩大会议，由10几个农民参加，就青年村这一堆这一块，就陈照歧养猪，大家帮“定夺”。大家被陈照歧养猪劲头打动，村委会给陈照歧开绿灯，又怕陈照歧有闪失，给他找了几个帮手，这“帮手”，是4名党员，组建青年村第一个党员帮带养猪联合体。

村委会决定把村西头占地近千平方米的空砖场作为养猪场白给陈照歧。2003年，陈照歧盖猪舍，购种猪，一年之间养猪300多头。

一个好汉三人帮，一个篱笆八个桩。

最大的难心事，是摊子大，资金紧。党员联合体的党员每人借款1万元，村党支部书记赵德轩用自己的家底作抵押，一次担保贷款4万元；一纸报告打到了鸡西市委组织部，组织部领导把4万元周转资金送到了几百里之外的山村；办养猪场，左右邻居出人出工出力，帮盖房子，帮平整猪场。

陈照歧养猪场，而今已成为农民奔小康的目标。

走进猪场，一个"青年村养猪联合体"的大牌子挂在大山墙上。三栋大猪舍地热、塑料窗、自来水的养殖条件上了档次。

2004年，卖猪700头，年收入50多万元。

2005年，母猪80头，卖猪600头。陈兆歧告诉记者，一头育肥猪纯收入150元，年收入等12月底才能"揭晓"。几十万收入没问题。

10月25日，正赶上陈照歧卖猪，不论斤卖按头卖，一头800元，20头猪卖1.6万元。还有一个车排号儿，收猪的是勃利县的。这几天，正是猪出栏的当口，七天拉走20车。

陈照歧有一个理儿，多亏了大家帮忙。他又联合4户贫困户，给贫困户垫付入股金4万元，贫困户每年分红3 200元。

（2005年11月4日《鸡西日报》二版头条）

办名校 育栋梁

——记鸡西市名校长：密山市第一中学校长周君

周君，校长标兵、"十大"杰出事业家。

周君，密山市第一中学校长，宏图大展，有为有位。

周君，促动了密山市一中可持续发展；周君，带出了一批名师；周君，培养的1 000多名大学生分布美国、英国、新加坡，北京、上海……

走进密山市一中校园，去感受周君做大做强的事业。

学校占地近10万平方米，东西南北跨度达400多米；笔筒形大门，船帆状路灯，博士帽楼顶，给人以向往和心灵的陶冶；教学楼、公寓楼、实验楼，4万平方米的操场、垂直的彩石甬路，绿树、花墙、长廊与学生闪动的身影映衬，校园静中有动，动中有静，像一幅山水画，像一首奋进诗。

教导主任刘大平告诉记者，校园的每一处都是周君校长独具匠心之笔所及。

校园开阔、独特、气势、强劲构成了周君校长心中的密山市一中奔向全国的发展蓝图。

周君有阅历。当过大学教师、乡长、乡党委书记。

周君有学识。毕业于哈师大政治系。

周君有能力。在新村乡任党委书记期间，就在全省第一个实现了村小学集中办学。

周君有责任心。始建1946年，时名"东安地区联合中学"的密山市一中曾是东北老航校附属中学，为解放战争、抗美援朝输送近千名骨干的密山市一中，2000年前后，学校走向低谷，密山市一中的重振与发展始终挂在他的心头。

在这个时候，密山市委、市政府调周君到密山市一中赴任。

在他热爱的岗位上，负重爬坡地追赶，为密山市一中跨越式发展付之锲而不舍地努力。

起点低。密山市一中校舍老、旧、破、烂、乱，骨干教师、尖子生外流，新生入学计划招生600人，实招480人，生源不足……对密山市一中，人们众口铄金，又说长道短……

目标大。一年机转,两年拔高,三年跨越。

硬件建设看魄力。用市场经济理论指导教育教学,借米下锅做饭。当时,还赶上高中扩招,半截子教学楼搁置了,加紧完工,迫在眉睫!他说,不干事、不作为;干大事、大作为。向教师借资1 400万元,向省厅争取300万元,共筹措资金3 000多万元。这一年,密山市一中成了建筑大工地。

2003年5月,引资扩大操场面积1.3万平方米,增加400米跑道。

2003年8月,一栋1万多平方米的教学大楼拔地而起。

2005年12月,一栋1.1万平方米的学生公寓竣工。

近三年,新建1600平方米篮球场、排球场;改造微机室、试验室、语音室,开通校园网络,开通校长信箱。密山市一中成为密山市区一道靓丽的风景。每晚,校园对外开放2个小时,人们健身、纳凉、赏园,人们看到了密山市一中瞬间的崛起,敬意油然而生……

教育教学看思维。他的办学理论独到,"教育就是服务,质量就是生命"。把"厚德载物"作为校训,把"精益求精"作为师风,把"乐学、善学、博学"作为学风。

打造名师。开展教师汇报课、青年教师达标课、学科公开课活动;开展校领导听课周、评课周活动;打破了教研组管理,实行学年组管理模式;他办公到教研组,办公到学生的课桌边。提出了独树一帜的各学年"教学方略"。高一教学降低起点,以考代练;高二教学善于整合,注重能力;高三教学收集信息,高考对路。选派100多名教师到上海、北京知名学校学习。全校高级教师45人,一级教师87人,60多人获国家、省、市级优秀老师、教学骨干。周君参加全省名校长笔试,列鸡西地区第一名。

锻造栋梁。为适应高中扩招,确定了"降低起点、放缓进度、增强耐心、分层施教"的总体教学思路;对学生进行生活化、实践化、管理化的养成教育;开展"智慧星、创造星、文明星、守纪星、艺术星、进步星"等十一星级评比,有300多名学生达到了"星级"。

密山市一中实现了建校史上的四个"突破"。

高考名牌有突破。连续4年,北大、清华、复旦等名校榜上有名。

高考人数有突破。连续3年,高考600分以上人数突破100人。

高考重本有突破。连续4年,重点本科人数突破100人。

招生总量有突破。连续4年,高一招生突破1 000人,全校在校生3 000多人,比2001年增加1 400人,教学班增加23个,等于再造一个密山市一中。

硕果累累看口碑。密山市第一中学2005年顺利地通过了省级示范高中验收;学校先后被评为省级文明单位、全国师德师风建设先进单位、省中小学心理健康教育课题研究与实验先进学校、省级心理健康教研基地先进单位、省优秀考点、鸡西市教育系统先进单位标兵……

周君被评为省级骨干校长、鸡西市拔尖人才……

(2006 年 9 月 15 日《鸡西日报》一版)

公路纵横八百里　福音带给千万家

——记鸡西市“十佳”公仆:密山市交通局局长刘景云

公路横贯群山,湖泊之间,像银河,流向东西南北,流向偏远村屯,流向俄罗斯卡缅……

密山市农村公路建设出现了两次大提速。2006年,建农村公路319.2公里;2007年,建农村公路381.6公里;三年时间,引进资金3.2亿元,建农村公路117条806公里,全市118个村通上了硬质公路,密山市连续两年被评为全省农村公路建设先进市,白泡子乡被评为全省农村公路建设先进乡。2008年,农村公路建设将面临第三次大提速,修农村公路156公里,在全省率先实现村村通。又争取资金2.6亿元,加修省公路建设重点工程富密公路114公里。

密山市公路构成了“内四环外六连”的公路经济走廊:行政区域环兴凯湖,环青年水库,环铁西森林公园,环周边农场;外连鸡西市、七台河市、鸡东县、宝清县、虎林市、俄罗斯,处于东北亚经济圈占重要地理位置的密山市出现了“经济过热”现象。

因公路畅通,密山市成为“财政增长市”,财政收入2.3亿元;“投资热土市”,海内外100位客商落户密山市,投资额4.46亿元;“粮食基地市”,密山市是黑龙江省东部地区较大的粮食集散地;“旅游生态市”,年接待国内外游客83.5万人;“对俄贸易市”,进出口贸易额达1.8亿美元;“新农村建设市”,20个新农村试点村新气象,人均收入达到5 000多元……

公路建设助推密山市经济迅速奔跑……

吃水不忘挖井人,走路不忘筑路人!

(一)

一片“祥云”飘过村子。

人们瞩目公路,瞩目密山市交通局上上下下。

交通局长刘景云,公路建设副总指挥,公路建设第一责任人,心挂公路建设,心牵农村、农业、农民。

2006年,任交通局局长,从此掀起了密山市历史以来罕见的筑路大潮。

他认为,制约农村经济发展的症结是农村的“泥水路”。

从此,修路两年多,像大禹治水,像愚公移山,像蚂蚁啃骨头。

村民给他冠名,公路局长,农民局长。

农村公路像他的名字一样,成为密山市一道“景观”,他像一片“祥云”,走过之处,给农民送去了安康。

(二)

“筑路石”奏响执著曲。

为了修路,他走千村,住万家,调研一次次。

为了修路,他跑步进省,报项目,请资金,有时一周跑三次。

为了修路,夏秋,他每天早起,对全市几十个料场、工地看一遍才把心放在肚子里。

为了修路,他与农管局的领导达成默契,修建场市路5条7万公里,农场投资675万元。

为了修路,他忘了吃饭、忘了睡觉、忘了回家,吃住工地,一个月有20天在工地上与工人在一起。

为了修路,他和交通人创造出一大串奇迹:秋储路基,冬贮水泥,提前备料,两年节约大量的修路资金;实现了资金投入、公路条数、建设里程、建设速度四个“之最”。

他像筑路石,农民的筑路石,承载着密山市43万人民的厚望及压力,闷着头,猫下腰,在公路上作为。

(三)

千军万马路上点兵。

雷声天作鼓,喊声树拉弦。

密山市农村成了建设大工地。村边、路边隆起料场像山,几百台大型机械耍威风,北琴海路桥等二十多个施工队,一千多名工人战风雨、冒炎热,风餐露宿,奋战在工地上。

邻近村屯的农民感动了,出车运料,出人帮工,出人监工。省公路局的领导,鸡西市领导,密山市领导来了,来到工地,来到工人身边,出现了工人、农民、领导合力同心筑路的场景。

天亮到天黑,工地上机器轰鸣,车流不息,工程在提质、提速中进行。

农民在期待中,等待中,公路离家近了,更近了,终于到了家门口。

(四)

百村万户过上新生活。

118 个村通上了水泥路,3 个村实现了公路组组通。

农民洞开山门,打开寨门,喜迎"春风"。

富源乡民强村等几个村通上了水泥路,珠山、鹿山的煤下山了。

白泡子乡湖沿村的公路通到村、组,农民依蜂蜜山、兴凯湖开办农家游,全市 100 户农家游收入 50 多万元。

二人班乡、承紫河乡通上了水泥路,大豆、水稻、玉米卖上了价儿,和平乡良种场村通上了水泥路,水稻 1 斤多卖 3 分钱,全村多卖 100 多万元。

当壁镇通上了水泥路,俄罗斯货车提档提速增加口岸过货量。

10 个村以路兴起了"路边经济",路边经济已成为农民增收的产业。

公路两侧,村屯边,又新诞生 30 多家稻米加工厂,形成了公路、工厂、基地的农产品增值链条。

通上水泥路,缩小了城乡差别。

通上水泥路,城市人流、车流、信息流、产业流向农村流。

几年筑路生涯,刘景云局长的行动感动了农民,感动了上级领导,人们用他的名字给路命名为"风景路、祥云路"。

(2007 年 3 月 12 日《鸡西日报》一版)

汗水灌筑广厦万间

——记奋战在生产一线的外地农民工

【题记】入夏，像伏天那么热。据气象台提供资料，6月下旬至7月中旬，密山地区近二十天未下雨。最高气温达32.6℃，平均气温高出往年1.7℃，这大热的天，在建筑工地上，那些外地农民工，顶着灼人的太阳，苦水、汗水顺着面颊流下……

（一）

开春，密山市多了那么一拨儿人，打扮普通，操外地口音，大多是江苏、湖北、安徽的打工族。

他们或结伴，或组团，或领着妻儿老小，背上行李卷，从千里之外来到举目无亲的密山市谋生。密山人亲切地称他们是“外乡的密山人”。

落脚密山市，他们便把密山市当成了家。

他们修公路，盖大楼，打短工。凭手艺，靠体力，为密山市城市添一砖一瓦，铺一沙一石。

密山市成了他们一展作为的主战场，成了建设密山市、助推经济发展的主力军。

据了解，在密山市的外地农民工4 000多人。

外地农民工，密山市城市一道流动的风景。

（二）

今年，是密山市城市建设年，是密山市事业发展年，是密山市百业俱兴年。因此，引来了外地农民工。

密山市区 11 个建筑工地，外地农民工占去大半，2 000多人。

农民工苦。莱恒一号小区建筑工地，安徽小伙子郑和伸出打满双茧的手告诉记者，这厚厚的茧是硬磨出来的，他在密山市盖大楼整整四年了，是半拉儿密山人。

农民工脏。满脸汗水，满身泥浆，满手泥巴。

农民工累。起得比鸡早，睡得比狗晚，干的是牛活。一个工期长达几个月。

农民工险。工地上开塔吊的竟是大姑娘、小媳妇，真是好大的胆儿。18日这天，近12点，34岁的女农民工王路下吊了，她告诉记者，这份工作是考来的，持"特殊工种证"上岗，20多米高的塔爬上爬下，一坐一天。晕不晕，怕不怕，她答，习惯了。她说，当塔吊吊起一槽混凝土，一捆钢筋落下的时候，有一种"贡献"的感觉。

这还不算险，湖北孝感市农民工高华云手指着七层21米高楼告诉记者，给楼体外贴砖最险，系上安全绳，带上安全帽，从上到下，一块砖一块砖地排，顶着太阳，热；一干一天，晕；20米高，险。但是话外话，安全第一位。

苦脏累险让农民工快乐地生活每一天。快乐之一，自豪。安徽肥东县农民工张东华告诉记者，楼层一天天长，干活可有劲了；快乐之二，鼓了口袋。这些农民工，高薪。瓦工一天100多元；力工、小工、钢筋工一天90多元。农民工钟润桥6个月收入3万多元。

（三）

建筑工地上，塔吊凌空，机器轰鸣，人声鼎沸，奏响了和谐曲。

工地开工到结束，密山市委、市政府领导到工地与农民工坐在土凳上，问农民工有啥困难，去一次，问一次；安全生产会在工地上开，嘱托一遍又一遍；送去了鱼、肉、蛋，给农民工补身子。

太平乡至裴德镇等49条280公里的农村公路建设场地上，外地农民工与左邻右舍的农民走动，往来。太平乡农民李山说，农民工不容易，给农民工倒出了火炕。

铁西农民小区工地农民工高华云告诉记者，几天下来，外地农民工就和施工单位负责人张军臣尕上了"亲戚"，不叫经理，叫大哥，叫兄弟，工资一天一开，270名农民工工资不拖不欠，手头紧了，还打"上租"。

房产小区工地，农民工李长林告诉记者，头几天，挺闹心，浙江那头孩子来电话，考上了一中，学费需1万元，开发商听说后，马上借资1万元，他把关怀化为行动，工程质量"不差毫厘"。他还告诉记者，手机费都是开发商支付，有个头痛脑热，一个劲地劝，快去医院看医生……

建设局领导打保票，密山市建筑工地不欠农民工一分工资。建设局与开发商，开发商与农民工签合同，上了一道又一道“保险”。

本地的、外地的、雇用的、临时的，没有界限之分，只有浓浓的人情味。

外地农民工在密山市，一切顺心、舒心、安心。他们把密山市的事业当成自己的事业。据了解，楼层建设质量，公路建设质量提质，达标。

近日，密山市委、市政府又下发了一个《敬重农民工》的红头文件，二十多个条款都是爱护农民工，善待家民工，呵护农民工的。在密山市，人们把农民工举过了头顶。

（2007 年 7 月 26 日《鸡西日报》五版）

怀揣菩萨心 回报众乡亲

——密山市和平乡良种场村张洪松回村投资兴业的故事

张洪松,土生土长和平乡良种场村。

20 岁离家,31 岁回家,离家在外整整十一年。

张洪松给记者“复原”离回的情景。走的时候,满兜划拉不到 50 元;回来的时候,满兜是存折,开 100 多万元的“奔驰”。

走的时候,1 个多小时才拔出村,满腿是稀泥;回来的时候,村路大坑深辙,“奔驰”被迫扔到路边,深一脚,浅一脚,还是满腿稀泥。

走时,含着泪,回时,心发焦。

看一眼村庄,喊一声爹娘;和村长握手,与村民寒暄,看出了他们脸上,眼里,心中隐露的苦不堪言。

他知道,苦的是路,穷的是路。

他萌发,为农业、农村、农民架桥、修路。

泥路封门人心寒

和平乡良种场村位于密山市东北 13 公里。全村 154 户 500 多口人。穆棱河支流从村庄流过,是密山市大型水稻村。

良种场村占四大优势:一是水资源充沛;二是土地平整肥沃;三是属市近郊村;四是良种场的大米香死个人。

一条 4.8 公里的泥水路埋住了“优势”,封闭了信息,锁住了发展,冷落了人心,注定了贫困。

底气不足在路。村民田军说,“货”比三家,一比比得头低了,个矮了,气短了。

人气不旺在路。夏季连雨天,小村与外界断了往来,不到节骨眼上,村民不出村,外人不进屯。

粮食卖不出去也在路。农民卖粮难了几十年。小商小贩一看这路况,调头就拐弯。拉粮车,动不动大扣在沟里;拉粮车,动不动压折了弓子;拉粮车低挡位、大油门，费车费油，像蜗牛爬行，4.8公里的路，动不动走3个多小时。

粮价低得“贴地皮”了更在路。村民田军说，1斤水稻少卖3分钱，全村年产3 500吨水稻，一年少卖10多万元，每户少卖1 000多元，这个村一年少收入100多万元。

村民看见周边村屯修上水泥路，干着急，干上火，无奈，没辙，站在泥泞的路边，再苦苦地等着什么。

贫困逼迫“上梁山”

张洪松说，从小长大那几年，吃不上，穿不上，穷怕了。

1996年，他带上父母的嘱托，带上对村庄的不舍，走出良种场村，一步一回头！

他告诉记者，那时才17岁，还是个孩子呀。

卖过菜，站在雪地上一卖一年；倒过鱼，去过同江、抚远，一倒二年；收过粮，一车皮一车皮收，一收三年。

盘点一下“辛苦”，存款达30万元。

六年后，回家，临走，扔下话，要去大城市赚大钱，回来建设一下这个“破大家”。

到北京拭一拭，他说，打拼才会赢。

开“东北餐馆”，主打东北大炖菜，一年收入10万多元。

买“房地产”。贷款，买楼，再买，再卖，再卖，再买，买卖之间，收入20多万元。

十几年下来，加法算本金，乘法算利息，由50元升值到1 000多万元。

在北京，青岛，郑州买了十几栋大门市。

买了“奔驰”、“尼桑”、“本田”……

张洪松，昔日穷光蛋，而今腰万贯。

垒石筑路俱欢颜

树影再长也离不开树根！

为了圆上500多位农民几辈子的梦想，张洪松掏腰包修路！

妈妈乐，好儿子。有心有肺；良种场村的村民乐了，好儿郎，有血有肉。

张洪松与村民田军一起跑“计划”。

20天，跑断了腿儿，解决了“没计划、没资金、没招标单位”的“三难”，投资120万元，修一条4.8公里的通村公路。

2007年10月15日，密山市第一个个人投资的村级公路，良种场村级公路竣工通车。寂静几十年的良种场村奏起了爱心、奉献、奋斗、快乐、和谐的新农村建设乐曲。

农民给张洪松鼓掌，手心都拍红了，农民乐得睡觉都喊出声来，水泥路通到家门口了。

村民给这条路命名为“洪松路”，表达了村民的感动。

一条铭心路，一条信息路，一条发展路，一条提速路。

原来走上三个多小时的路，现在20分钟进村。

原来打车费40元，现在20元。

原来坐“线车”，坐一段，走一段，现在直通家门口。

原来拉粮车不来，现在大小车辆直往村里溜。

原来稻米卖不出去，现在不到价农民还拿一把。

原来烂在地里的，现在换成了“票子”。

原来定亲的黄了好几对，现在“路为媒”，外村十几个姑娘主动倒插门。

原来买车上不了道，这回增加了好几台小车。

原来与现在，小村在对比反差中变化。

村民告诉记者，张洪松的回报还在继续。凡是本村小伙子结婚，大姑娘出嫁，他免费出“奔驰”，给村民露脸，给村民长点，给村民提派！捐款2万元，给聋哑孩子换上塑料门窗。

张洪松，还要办一个股份制稻米加工厂，让村民都入股，每年为农民增收2 000多元。眼下，张洪松又高价收农民的大豆1 000多吨。

一饭膏粱，忘不了的土腥味儿。

张洪松的“发展成果”由村民共享。

张洪松，无私，大度，为了村民，差点掏出心肝肺来。

（2007年4月20日《鸡西日报》二版）

她给农民当“靠山”

——记全国人大代表：密山市黑台镇塔头村党支部书记林秀芳

塔头村又叫靠山村，离黑台镇北 8 公里。塔头村，因塔头湖河而得名，靠山村，因环山而得名。并村后，统称塔头村。

林秀芳，1975 年，在塔头村务农，2000 年，当选村党支部书记。围着山头转，围着土地转，围着农民转，围着村子转，扎根农村整整 38 年。

村民形象地比喻她是塔头村民的靠山。

近日，一条新闻震动了塔头村。村党支部书记林秀芳当选全国人大代表了。山沟沟里出了个全国人大代表，80 岁的张大爷说，这是 1948 年塔头村有人家开始，那是头一回。塔头村顿时“开锅了”，喜庆的气息飘出村外……

（一）

心里装着群众，只要是为了他好，群众就会爱戴你！

1979 年，19 岁的林秀芳是村妇女主任，正赶上“计划生育”年代，偷生、超生、多生，塔头村的“超标”现象在县里挨了批。一个姑娘家抓计划生育，咋抓呀，但她用愣头劲、闯实劲，从亲戚抓起。得罪了姨姨，指着林秀芳的鼻子骂；得罪了 7 个孩子还想再生个儿子的李长友，指着后背直戳脊梁骨；得罪了左邻右舍。但她苦苦不舍，工作做到家门口、炕头上、枕头边。这一年，塔头村被评为县计划生育先进村。

事过几年，农民回头看，村民明白了，人家的工作是为了我们大家。林秀芳在农民的心里头，分量重了许多。

（二）

心里装着群众，只要是为了他好，群众就会爱戴你！

2000 年，为了改变全村农民落后的生产生活状况，林秀芳进行大气力治水。

塔头村临“五七水库”,全村2 000亩水田处在水库下游,动不动水田被淹,动不动插不上秧,减产减收,水问题遗留了几十年。

她说,不打通河道,睡觉都不安稳。

勘测完了,设计完了,施工队来了,但是施工队不赊不欠,可是村里外欠一堆,无奈情况下,给人家打下2.8万元欠条,落款是“林秀芳”。

大干 10 天 10 夜,林秀芳硬是在水渠边守 10 天 10 夜。

挖主干渠3 000延长米,清淤 300 延长米,挖分水渠 6 条。

又修农田路 3 条,修 5 米宽渠堤路 1 条,农民挑秧苗不再挑出几里地了,而是水到渠成,近水楼台。

换来了好年景。水稻亩增产 200 公斤,亩增收 280 元,全村增收 56 万元;第二年,农民又旱改水1 000亩,每年为村民增加收入 120 万元。

到年末,林秀芳卖稻子,还上2.8万元塔头村的外债。她说,用2.8万元的欠条换来了农民 120 万元的增收。

(三)

心里装着群众,只要是为了他好,群众就会爱戴你!

塔头村处于半山坡,白浆土、岗地,农民一直守着山地过着紧日子。

她清楚地记得,一位农民拿着2 000元的存折,大家抢着看,不少村民第一次看见存折,她的心很不是滋味。

为了摘掉贫困的帽子,她硬是把山沟沟打造成聚宝盆。

养黄牛。全村黄牛存栏 500 多头。村民闫喜发说,养牛 30 多头,一年收入 5 万多元,塔头村成了黄牛村。

扣大棚。她给农民从市生资商店赊来塑料布、竹批子,从辽宁引品种,买一大摞子科技书分给农民,草莓反季节上市,全村大棚发展到 23 个,草莓年收入 16 万元,塔头村成了草莓村。

种草药。党员高玉波带头种平贝、五味子,有了收入后,以党员联合体为载体,引导贫困户种中草药,全村中草药 40 多亩,年收入 30 万元,塔头村成了草药村。

栽松树。对于地少的农民,不愿退耕,常常作梗,林秀芳把自己的土地栽上了树,村民一看,还有啥说的,村民上山植树造林,退耕还林1 200亩,塔头村成了林地村。

增烤烟。测土施肥,适宜种烤烟,她跑烟草公司、跑信用社,全村烤烟2 000

亩，塔头村成了烤烟村。

挣外块。她说，人不能呆着，懒是贫困的根，一家家动员，闲着的走出去，全村 500 多人外出打工，塔头村成了打工村。

形成了黄牛、草莓、草药、林地、烤烟产业链条；形成党员、干部、农民大家一起富的联合体。

塔头村人均收入呈上升势头。2007 年，人均收入达6 000元；村集体还清了外债。

塔头村一组 60 户农民，存款户达 50 户，存款额 200 多万元。

塔头村农民过去是生存，现在是生活。过去的开支只是油米柴盐，现在开支是手机费、宽带费、闭路费、小车油料费、旅游费……

（四）

心里装着群众，只要是为了他好，群众就会爱戴你！

谁叫咱是书记，谁叫咱是党员，啥事，咱得担起来。

2007 年，那次水库决堤，至今还让人惊心。

5 月 28 日，正值农民大喷插秧，水田里有 300 多人，忽然有人喊发水了，发水了！

林秀芳回头一看，惊呆了，几米高的水头咆哮而来，离人群只有几十米。她扔下手中的秧苗，拉起五十多岁的王大爷，边跑边喊，回过头，冒着危险又返入一米多深水中，拽起张二婶……

大多人上岸了，11 个人仍困在水中，水齐胸，水流湍急。

看见十指连心的农民，她要再次下水，被村民拉住了。她晓得自己身上的责任，必须保护村民的生命安全！

拨打“110”，拨打“119”，向镇领导汇报，一个小时过后，11 个人顺利解救。

浑身是水、是泥，她跑向水库边，看见 30 多米长的水口子，看见被大水吞噬的秧苗，她哭了，为了全村农民的利益，哭到伤心处。

马上生产自救，与村民、与水利人员，堵决口，挖大壕……

又是九天九夜奋战在大堤上。

她走出村子，到太平、连珠山等周边联系秧苗，一车车秧苗运回了村子，她说，先可农民来，她家的稻田放在最后一个，因苗缺，10 亩地撂荒。

一场大水，她病了一场，瘦了一圈。

农民卓凤财说，俺儿子娶媳妇缺钱，说一声，没打奔儿，借3 000元；高玉波盖房子，林书记上赶子问有啥困难；贫困户李金友外债一堆，她帮还上了……

这位鸡西市领航先锋、鸡西市农村党员致富带头人、省十次党代会代表，林秀芳把农民的利益放在了心坎上，领着农民，为了农民过上好日子，苦累山村，情系山村。

林秀芳近日要赴京参加全国人代会，她走了全市10多个乡镇40多个村，写出了来自农村最一线的《关于尽快化解乡、村债务的建议》的提案。村民听说林书记要上人民大会堂开会，村民给林书记扎一个直径2尺的大红花，这几天，村民临时组建秧歌队，早晚抓紧排练，他们说，要轰动一下，敲锣打鼓、扭秧歌，一直把林书记送到村外……

（2007年5月20日《鸡西日报》一版）

造万顷森林　洒一片绿荫

——记鸡西市“十佳”公仆:密山市林业局局长李斌

【题记】密山市森林总面积15万公顷,山坡漫漫,山峰绵绵……

登临放目,欲穷千里,美不胜收的是一片片苍松把群山装点……

一份来自大山的报告。山间林路,身影与树枝擦肩,足迹与尘土相印,目光与防线锁定。鸟儿在诉说人与自然的和谐;山涧流水清澈出天蓝林密;松涛轰鸣,奏出林业可持续发展的强音,此起彼伏,在空旷的山谷中回响不息……

传送大山的垦荒牛,事业的拓荒者,密山市林业局局长李斌与荒山、与森林、与工人、与事业“事在人为,业在人创”的故事。

传送第二个造林模范“马永顺”改造荒山的执著,痴心青山的不渝!

今生与森林有约

李斌,姓含木,树林中的一木,注定与森林结缘。

李斌,爱山,爱树林,爱大自然。孩提的时候,山林是他的乐园,登至山顶,瞭望山岳,遐想象森林那样无边无际……

他与树一天天茁壮,与树林又有往来。在新村乡任党委书记期间,被大山拥抱的他,一年栽树几千亩,将荒山披上了绿装。

2001年5月,李斌调任密山市林业局局长,他要在大山驰骋他的梦想,打造绿水青山,让绿水青山成为金山、银山。

精神像青松挺拔

李斌,名“文加武”,蕴含着文韬武略。他把韬略洒在工作上。

李斌上任,也曾摇头过,徘徊过,叹息过。

林业局9个国有林场,1个国有苗圃,18个林业工作站,欠工人31个月工资,欠资676万元。

林业局破楼、破门、破车、破桌椅、破窗户……

大顶山林场、青梅山林场成为全国贫困林场。

“我要开资,我要吃饭,我要上班”。推门讨账的有时一天多达几十人。李局长接到第一个电话是蜂蜜山林场70多岁退休老工人赵源庆打来的,开门见山,骂骂咧咧地要退休工资。

人心散了,布局乱了套。

可这千头万绪的欠、乱、破、散,让他的性格更加强劲。

“知屋漏者在宇下,知政失者在草野”。

他走出办公室,走进大山,路在何方;走进场区,工人的苦在哪里。他牵挂工人,心系基层,走遍了密山市林业管辖的大大小小区域。

“十万个为什么”在他的脑子里打转。

班子会、工人会,一次次敞开胸口纳谏,一个打造新林业的治局策略定格。

2001年是林业局整顿年、起步年、发展年、振兴年。

选“事业型”的干部。定岗定编定责,台上述职、工人评审,选拔林业专业毕业的干部。三道岭林场于福义在呼声中上任,在赞扬中发展,清回土地2 400亩,增加熟化地收入200多万元,在全局率先营造红松种子林4 000亩,建立四个林政防火检查站,卡住进出山口,还清280万元外债……

用责任心强的工人。砍大机关,增一线人员,100多人充实到一线生产,国家重点公益林管护人员达224人。

堵漏洞。森林采伐限额管理,木材销售实现“五统一”,生产、运输、销售一个尺子,一个漏斗。木材收入由原来160万元增加到780万元。国家林业局驻省专员办到密山市检查木材生产“三种量”,认定密山市堪称全省最好的。

防流失。对熟化土地进行丈量,进入微机,收回失地,依法收回土地3万亩,公正、公平、公开竞价发包,不留人情地,不收人情费,熟化土地一年多收入200多万元。

刹“四滥”。对乱砍滥伐的违法行为坚决遏制。近几年,查出“三乱”案件200多起,挽回经济损失300多万元。

降支出。利用农村电网改造,对原来用农场电的金沙林场、三道岭林场进行了电网延伸改造,林场用上了便宜电;实行成本核算,对各林场的造林、采伐费用认真核清,统一拨付,降低了生产成本。

抓契机。实施森林生态效益补助试点工程、退耕还林工程、三北四期工程、重点防护林工程、兴凯湖保护区建设工程等五大工程,用大工程促动林业大发展,六年对上争取资金7 000多万元;全市9个林场和16个乡镇纳入国家森林生态效益补助范围,64.5万亩国家重点生态林得到了保护。

兑工资。原来骂娘的老工人,又推开了局长的门,乐极而泣,掏出自己写的感谢信,非站着念给局长听,请来了记者,非要报道报道,他说,年岁大了,寻思这钱指望不上了,花不着了,没想到一次补发2万多元,还报销了医药费;公务员工资套改,局机关、林业站、经销公司林场职工足额补发。

上保险。全局322名离退休工人及1 028名职工全员参加了社保,解决了林业职工的后顾之忧。

增"警力"。淘汰9个林场的破"212",配备了12台"猎豹",增加灭火器、对讲机等防灭火设施设备。

看电视。9个林场1个苗圃吃上了自来水,住上了新房,看上了有线电视,通上了客车,洗上了"太阳能",大顶山林场、二龙山林场7.7公里的硬质路面通场通户绕山间。

2004年,林业局还清了外债,走出了"两危"的困境。

荒山被汗水滋润

林业局出现了经营转型,成功地实现由木材生产为主向生态建设为主的良性转轨。

李斌说,植树造林是林业持久繁荣的路。他向荒山"借贷",要造出个绿水青山,要造出个林茂草丰,要造出个"绿色银行"。

他领着全局职工每年开春,顶着料峭的春风,穿上迷彩服,扛上铁锹,拎着水桶上山,造林六载,苦水汗水洒遍大山。

他到林场检查造林,都目尽毫厘,叫板较真。在三道岭林场看见一车苗木,当发现是留床苗时,大动"干戈",不能让一根不合格的苗木上山,并亲自检查是否有水,是否用了保湿剂。

六年植树22.15万亩。

举全力,倾全部呵护每一片林地,每一棵树木!每天200多名林业护林员巡山,这些特殊的森林卫士用一眼不眨的目光与永不歇息的脚步守卫着森林。

他说不上什么时候就钻进林丛,查值班、查责任;为防火,他放在心上,抓在手上,写在纸上,挂在墙上,喊在嘴上,落在腿上。一到春秋防火季节,他便亲自守在路口,林业局投入211.6万元,开设边境防火路42公里,增加瞭望塔6座,构成眼力所及,反应敏捷,出警迅速的安全屏障。连续六年没有发生重、特大森林火灾。

产业与大地相连

他认为,多种经营,林业路宽。这是林业的科学发展观。

生产山泉水2 000吨。他蹲在珠山林场调研,珠山一山坡有泉水汩汩,甜人心肺,他思维一动,这是一处源源不断的经济增长线。2005 年 6 月,投资 170 万元,建一座年产2 000吨的山泉水厂,来自山野、贵于天然的"森缘"山泉水销往省内外。

养野猪 300 头;养林蛙 19 万只;种家参1 000亩;加工山野菜 100 吨;种红松种子林 6 万亩;种野生五味子5 000亩。

密山市林业局已建立天然野生山野菜、野生食用菌、药用蜜源植物、野生北药、野生林蛙等五类天然保护区19.5万亩。

新林区建设提速

全局 9 个林场 1 个苗圃成为花园式场区。全局上下新姿处处。

二龙山林场是省级新林区建设试点林场,一位 50 多年场龄的老工人刘青阁说,李局长到二龙山林场,不知多少次了,和大家一起拆棚子,挪杖子,修场路,建广场,换窗户,上瓦盖,建厕所,盖仓房,安大门,一起建设新林区。

今日二龙山,十分气势。宽阔整洁的街路,整齐划一的蓝色铁栅栏,红蓝相间的塑料门窗,园林式的场区大院,开阔的休闲小区,殷实富足的职工生活……

多起点规划,高标准实施,高速度推进,短短半年时间,一个美丽、文明、繁荣、和谐的二龙山新林区镶嵌在大山之中。

林区成为密山市森林游、生态游的一道风景。

城里人组团"上山下乡"看森林的春夏秋冬,品味林业人埋藏在大山中的苦累甘甜,从而,唤醒人们善待大自然的良知,5 万多游人留下对林区的新佳境、新跨越、新生活的惊奇与感叹。

心聚气盛事业兴,官德正则民风淳。

全局上下焕发出生机与活力,出现风正一帆悬的喜人局面。

车险让工人流泪。李斌去鹤岗市参加全省林业产业现场会,为了节约每一个铜板,搭乘别人的车,出了车祸,他的头皮被大面积揭下……

生命树起一座丰碑。三道岭林场王成祥,这位听话的工人,职守的工人,为了一车盗伐木头,忍受饥冻,一步不动地在冰天雪地里蹲坑两天两夜,用生命挡住了盗伐车辆，身中三刀，倒在血泊之中……

关怀架起通心桥。林业局开展党员连示范户的“连心工程”，拉巴着贫困户过上好日子。金沙林场王玉江在局长捐助下，成了养猪100头的大户，年收入5万元……

笑声在山中飞扬。三道岭林场举办了全民运动会，大人孩子一开三天。兴起读报风、评比风、赶超风；二龙山林场老工人的秧歌队扭起来，扇子抖动心和，喜悦挂在眉梢，歌声萦绕山峦，鼓点林中响彻……蜂蜜山林场三位70多岁的老工人说，我们长寿是山里的空气好，更主要的是月月开工资，心情好是长寿的秘方。

李斌，像一座大山，给工人所亲，所敬，所安，所养，所乐。

李斌，像一棵大树，冬天给工人挡风，夏天给工人纳凉。

工人因他而有奔头，事业因他而提速。

一位工人在他的博客中留言：让荒山绿的是李局长，给工人饭碗子的是李局长，让工人腰包鼓的还是李局长，我们1 000多工人用滚烫的泪珠爱戴你。

这位全国、全省绿色奖章获得者，国家林业先进工作者，鸡西市“十佳”公仆，鸡西市优秀事业家，鸡西市农业、农村工作先进个人，密山市造林突出贡献者，用锲而不舍，真的换来了“金石为开”。

密山市被评为全省防火先进市，省“绿海杯”造林绿化竞赛第一名。

（2007年9月24日《鸡西日报》二版）

“老牛”传承信用助“三农”

【题记】牛长发，原二人班乡信用社主任。患小儿麻痹，十几年，拖着一条残疾的腿，一瘸一拐，一停一歇，走村串户几百里，坐在农民的炕沿上，坐在农村的田埂上与农民接触。为二人班乡、当壁镇等28个村8 000多户农民送去2.8亿元的贷款，田间小路上，那一轻一重的脚印奏响了一曲曲热爱“三农”的颂歌……

密山市信用联社领导告诉记者，牛长发，堪称密山市信用联社的一头“老黄牛”。

牛长发，农民爱戴地称他是“老牛”，说他干工作有“牛劲”。

牛长发，农民亲切地称他是“发的”，说他放的贷款让农民发了家。

“老牛”28年，从基层干起，当过出纳员、记账员、储蓄员、主管会计、责任会计、基层信用社主任。28年的拼打，他左肩是责任，右肩是努力，坚守信用，传承信用，人格感人，业绩骄人。

“老牛”被评为中国农业银行总行优秀会计员，黑龙江省金融系统劳动模范，连续十年荣获密山市联社、鸡西市办事处收贷能手。最近，还要去省社作“报告”。

“老牛”收贷放贷20年，累计发放贷款2.8亿元，无一笔下甩贷款。

“老牛”收贷放贷20年，清收2 230万元呆死账。

“老牛”担任信用社主任14年，二人班信用社连续11年盈利，突破百万元利润大关，二人班信用社7次被省联社鸡西办事处授予效益最佳单位。

“老牛”说，这么多年，自己举鞭，自己奋蹄，爬过一个坡，挪过一道坎。那一行行脚印就是一条信用社与“三农”之间的感情链、增收链、产业链、效益链、和谐链。

“老牛”积跬步以至千里，脚印有多远，爱“三农”的思绪就有多么长……

“老牛”自立自强，他说，我是个残疾人，走路十分吃力，但是我的身体残缺了,可是良心不能残缺,精神不能残缺,事业不能残缺,用后天努力弥补先天的不足。

二人班乡尚礼村的刘大爷,说起"发的",用双手抱住头,硬是把眼角的泪水憋了回去。刘大爷说,大约十几年前,"发的"来了,到了我家,看我实在贫困,别人都不敢沾边的事儿,可是"发的"却在担保书上签上他的名,他给俺担了风险。连续三年的贷款,我包地、增地,三年大翻身,我住上了砖房,买上了电视,儿子娶上了媳妇,这一切,多亏了"发的"。

某乡一位工作人员说,"老牛"能把没缝的鸡蛋叮出缝隙,那劲头是金石为开,是水滴穿石。

1995年,某乡欠贷款36万元,领导换了几届,这钱在别人看来是死账了。可是,他的头上像长出一对"犄角",那是硬顶,硬钻,硬是收回贷款36万元。从此"老牛"出名了,谁想贷款打耙,在"老牛"手下过不了"招儿"。一位农民如是说。

"老牛"是"铁青脸"。让他舅哥说"老牛",一点没有人情味。2000年,贷款5 000元,妹夫当主任,想占用几年贷款的便宜,"老牛"一个不行,十个不行,一百个不行,岳母找"老牛",妹妹劝"老牛",这"老牛",十头老牛拉不动,硬是逼我还上贷款。村里人看我还上了贷款,呼啦一下子,都还贷款。

"老牛"是"热心肠"。三梭通乡张杰说,多亏了"老牛"。2005年,我欠贷款1万元,孩子出了车祸,住院花1万多元,贷款还不上了,老牛到了我家,我的脸上挂不住了,他了解后,说这是人祸,为我垫付贷款,还扔下200元,给孩子补养补养,这事过去七八年,仍在心里提拉着七八年。

"老牛"是"硬石头"。"老牛"收贷款,那是踢开面子,拉下脸皮。当壁镇中生村赵某有"感慨",他说,欠信用社3万元,贷时就想打点赖,可是到了年末,"老牛"不让劲,不住地来,没辙了,不还不行了,硬是还上了,刚开始见到"老牛"不说话,用鼻子哼,可是后来一想,"老牛"教给我怎么做诚信农民。

"老牛"是"播种机"。"老牛"有个皮兜子,他所到的村子,带来信贷政策,带来"一号文件",带来网上农业信息。"老牛"几天不进村,农民站村口望,一看见那走路费劲的"老牛",农民一劲地往屋里让,烫上"小烧",炖上小鸡,和"老牛"举杯,一块庆祝丰收,"老牛"心里乐开了花。

农民说,农村春种秋割的时候,都有"老牛"的影儿;农村的一丁点变化,都有"老牛"的份儿。

"老牛"太累了,密山市联社决定调老牛到联社清资办,他留恋他工作二十多年的基层社;留恋和他相处28年的朴实农民;留恋他工作28年后,农村的新瓦房、新农村、新生活。临走那天，乡亲们送他，那场面让人心酸。他工作在密山市，但是家还是定在了农村。他说心在农村，根儿在农村，这根指的是那8 000多户农民。

“老牛”到了联社清资办，再次奋起，他又一次站在联社最广大的利益上，拖着一条残疾的腿，跑法院、跑贷款户，先礼后兵，清回800万元不良贷款。

“老牛”，牛长发，俯首甘为孺子牛。

（2008年10月16日《鸡西日报》一版）

根深叶茂撒绿荫

——省人大代表:黑龙江东粮集团董事长翟友财爱心捐赠的故事

翟友财,从贫穷走过来的城市的农村人。

他说,这辈子忘不了小时候饥、饿、冷、冻、破的贫穷。

贫穷让他心肠软;贫穷让他有一颗菩萨心。

为了不再受穷,他拼搏十几年不舍,事业像根深叶茂的大树。

东粮集团资产超亿元。水稻深加工生产线;铁路专用线;延伸北京等10多个大城市驻外网点;粮库、宾馆、商厦家业如此庞大。

一穷二白的翟友财成为一位实力老板。

这么多年来,他不忘过去贫困的生活;不忘那些仍然贫困的人们,贫困成了他的牵挂。

他把爱心化作一片绿荫,给人们送去荫凉;他把爱心化作春雨绵绵,滋润干涸的心田。

近几年,他以各个节日为契机,给那些贫困的人们送钱、送物。

"发展依靠人民,发展成果由人民共享"。这果子让大家吃,这桃子让大家摘。他如是说。

慈善事业随之由点及面,做大做强。

2004年至今,翟友财回报社会达300多万元。

这是诚信。实现了与小伙伴"辍耕之垄上,苟富贵,勿相忘"的誓言。

这是仗义。给贫困的人们以支持、以动力、以引领,帮助一如既往。

这是大度。动辄上万元,几十万元的捐赠,这是男子汉,顶天立地,虚怀若谷。

这是责任。我是人民的代表,情为民所系,就是系贫困与冷暖。

投资25万元,为团结村修一条3公里的通村水泥路。

他说,我生长在团结村,从团结村走出十几年,一回到村子,脑子疼,路破、心散、人穷。特别是下雨天,下雪天,团结村"停运"几十天,粮食卖不出,信息进不来。

水泥路通上了,农民心顺了,脑活了,村民们团结在一块儿建设新农村。

投资1万元，为新华村修通组路。

新华村是翟友财从团结村搬走落脚生活的村子，也是翟友财做粮食买卖的起点村。

听说新华村修路，送去1万元，村民用这1万元，修一座桥，村民起名叫“发展桥”。

密山镇四街二委靠捡破烂儿生活的李大娘说，多亏了“二翟子”，没有他，俺这把老骨头早没了。

那是一个寒冷的冬天，衣衫褴褛的李大娘捡破烂儿，遇上了翟友财，翟友财下车，握住李大娘冰冷的手，嘘寒问暖。他说，这么一把年纪的人，吃这么多的苦，我看不过去眼。从此，翟友财动不动到李大娘家送米、送面、送钱，李大娘的孙子上大学，还是翟友财资助的。

新华村失去双臂的张林更是一肚子的话要说，20岁失去双臂的张林巧遇翟友财，翟友财的关怀，让绝望的他更加坚强了。

投资100万元，给和平乡三人班村100户农民买优良水稻种子，建成了与东粮对接的优质、高产的水稻基地。

为四川地震灾民捐款6万元。

为密山市一中20名贫困生捐款6万元。

为密山市特殊教育学校换塑料门窗3万元。

为密山市40名残疾人换假肢捐款7万元。

为和平三人班村20户贫困农民捐款2万元。

为黑台镇塔头村修路捐款2万元。

为截双腿、断右臂的王苗苗捐款；为团结村五保户、贫困户捐款捐物……

受资助的人达100多人；受感动的人达万人；捐款最多的一笔100万元……

与贫困的人握手，心更贴近了，“态度”更坚决了。

资助贫困是一位企业家的义务，他将不遗余力，要把事业的发展成果继续分给大家。

（2009年2月12日《鸡西日报》二版）

22 万泽惠 50 名寒门学子

——黑龙江东粮集团捐助贫困大学生的故事

一张黑龙江中医药大学录取通知书寄到了密山市白泡子乡临湖村。

接到通知书的魏秀杰喜极而泣。

8 月 28 日开学,临开学还有 10 天,可是学费、路费、生活费还没边儿,贫困的家境让她心在抖动。

父亲魏学阳聋哑,干不了活儿;母亲脑积水,走不了道儿,魏秀杰从小到大吃邻居家饭长大的。考上一中,学费、宿费一免三年;“春蕾行动”又资助 800 元,自俭、自立、自强的她在坎坷中读完了高中,考上了大学。

魏秀杰告诉记者,不知流了多少辛酸的泪水。村头路上,门前树下,不知打了多少个来回,贫困让她不得不辍学……

此时,魏秀杰无奈,无助。

8 月 17 日,在她极度自卑的时候,密山市东粮集团总经理翟友财、密山市教委主任许光勇、密山市一中校长周君及市人大领导,驱车 80 多公里,来到了魏学阳的家。东粮集团送来了 1 万元的助学款,魏秀杰又一次泣不成声,感动的泪水顺着脸颊流下,魏秀杰握住翟友财的手,鞠躬、鞠躬、又鞠躬……

当日,被黑龙江省工程学院材料与化学工程系录取的贫困生米艳丽,收到了东粮集团 1 万元助学款。

当日,被佳木斯大学录取的杨木乡凌云村贫困生何荣荣,收到了东粮集团 1 万元助学款。

当日,考取密山市一中的贫困生姜秋菊收到了东粮集团3 000元助学款。

第二天,在密山市一中,东粮集团举行集体捐资助学大会,东粮集团总经理翟友财向 10 名贫困大学生每人捐款 1 万元;向 40 名在校贫困高中生每人捐款 3 000元,一次捐助 22 万元。

东粮集团总经理翟友财在全体同学面前承诺,这是 40 年后第二次承诺:东粮的爱心是无限的,东粮的爱心是永恒的。随着企业的不断壮大将会拿出更多的“真金白银”资助贫困生,帮助你们完成学业。

此举,实现了“辍耕之垄上”的承诺。翟友财说,小时候家穷,上不起学,早早就下地了。每每看见和他一样的孩子,他的心在痛。他发誓:等我长大了,一定用爱心资助那些上不起学的孩子。为了这个承诺,他爬坡,他努力,他拼打,坚守承诺40年。

此举,支持了孤儿、单亲、贫困孩子的学业。姜秋菊说,恨不得把感恩的心捧出来;贫困生家长梅玉莲说,看孩子上不起学,急得直跺脚,东粮集团是个慈善机构,让我们穷人八辈子不忘……

此举,延续了东粮集团的爱心接力。东粮集团总经理翟友财告诉记者,东粮集团是拥有亿元资产的粮食、商贸的跨区域、跨省份、跨国界的企业,企业发展了,就要用成果回报,并且要多反哺需要帮助的人。

他说,东粮集团为了资助贫困的大、中、小学学生,成立了东粮集团助学基金,2008年,资助6万元,3名大学生、17名高中生圆了上学梦,近4年,累计资助贫困生100多人。

资助由点到面。从2009年起,资助金额每年以10万元递增,对特困高中生、大学生资助始终,考研、考博仍继续资助,直到工作为止。

据了解,近几年,东粮集团资助贫困及社会公益事业,累计捐资300多万元。

"东粮"慈善,"东粮"是贫困生的钱袋子、米囤子。给贫困生以依托,以安慰,以鼓励,以信心,以勇气,以希望。

"东粮"雪中送炭,慰藉了幼小急渴的心,抚平了幼小心地的创伤。在捐赠现场,同学们用泪水唱出了感动、再感动的一曲《感恩的心》,捐助现场的人,都流泪了。

(2009年8月28日《鸡西日报》一版)

苦心收藏二十载　传承历史昭后人

——记黑龙江省收藏家协会会员王永刚

密山市是革命根据地,这块土地孕育着深厚的历史。

王永刚在这块土地上收藏“过去”,建起家庭收藏馆,起名“苦痕斋”,俨然“陋室铭”。

藏品四万件,稀少、珍贵。

藏品四万件,折射出历史的遗迹。

藏品四万件,尽显红色革命精神。

走进“苦痕斋”,能追溯到历史的源头,能看到中国先进文化前进的方向。

王永刚,立足本地本土收藏。

父亲种地,捡回来日本造的碟子,孩提的他便收藏了。现在的他说,这是日军侵华的罪证,收藏起来,告诉儿子,儿子再告诉儿子,以往的密山市是怎样的万马齐喑。

他临摹烈火中的洪常青、敦化桥下的董存瑞、高举红灯的李玉和、铡刀下的刘胡兰……

20 多年前看到铭刻历史血痕的艺术珍品在遗失,他心疼了,把这些留下来,多多留下来。

收藏画本千万册。《地雷战》、《地道战》、《红色娘子军》、《沙家浜》、《奇袭白虎团》、《红灯记》……

这东西留下来价值有多大?他一时晕门儿,他才知道才疏学浅。

他进修哈师大美术系,培养质感,培养阅历,培养洞察力,培养鉴赏力。

毕业后当教师,对收藏不便,走出校园,当记者,当社会活动家,“涉猎”的范围广了,他顺势做大收藏事业。

收藏,他确立了以红色历史为主题。

收藏由小到大

小到“星火”火柴;“工业学大庆”火机;“东方红”口琴;“广阔天地,大有作为"铁烟盒;"社会主义好"毛巾;"建设新农村"瓷筷笼;"最高指示"文具盒;"工农兵"针线包;"抓革命,促生产,促工作,促战备"收音机;"人民,只有人民才是创造世界历史动力"竹快板……

大到1969年的2米多高的"毛主席万岁！万岁！万万岁!"的毛主席巨幅画像;奇到阿拉伯文、泰文、盲文版的毛主席语录、诗词……

收藏由远及近

收藏兴凯湖新开流流域龟骨、陶片;古时铜币、铁币、邮票;苏联红军在密山市抗日时期用过的"莫辛纳干"枪刺;白棱河桥对俄贸易大门上的第一把铜锁……

收藏五四运动《救亡情报》的全套合订本;抗美援朝军功章;毛主席、周恩来原版讲话唱片;"毛主席语录"手表链儿;前苏联生产的毛主席塑像;东北老航校文史资料;珍宝岛战役时期军用作战箱、手摇电话机;红卫兵书包、像章、军壶;密山市大修厂生产的毛主席像章……

收藏由少到多

"藏龄"23年。由2000年5 000件达到目前的8个系列4万多件。

由玻璃、金属、陶瓷、石膏等材料制成的列宁、毛泽东、周恩来、邓小平、鲁迅等塑像100多尊;各个时期年画、票证、存折、绣像几千件;国家、省级书画家手迹400多件;知青用过的碗、镰刀、画报……

收藏由点到面

收藏密山市土地上的"文物"后,他又"撒网"。走出去,到辽宁、北京、上海拜谒国家级收藏家,网尽天下收藏,电话、网络联系,邮寄藏品。他的藏品来自全国20多个省市,藏友达100多人。

收藏由苦心到痴心。

吉林延吉一位收藏家收藏一套"扎根农村干革命"知识青年上山下乡用过的脸盆,这是他寻觅十多年的藏品,他三次去延吉,终于感动藏友,背回了藏品。

陕西一位收藏家透露,发现一尊珍贵的紫砂毛主席塑像,他跋涉到了陕西,大老远捧回了"宝贝"。

上海一位藏友收藏一张40年代“可爱中国”地图，他汇款，用“特快”邮回了这张少见的地图。

太平乡农民耕出日军的弹头、弹壳、炮弹箱，他坐车走百里，背回了这些“破铜烂铁”。

收藏由浅入深

他对每一件藏品都深入研究，记下日志；为了辨别藏品的真伪与价值，翻阅收藏书籍，请教多位考古、收藏家，学习鉴赏技巧。逐渐成长为省收藏家协会会员、鸡西市收藏家协会会员。

他满脑子是收藏，他把自己的业余时间都献给了钟爱的收藏。他用的水杯、茶壶都是凝结红色历史的老物件。

20余年，他花掉近30万元买藏品，买的家境清贫。他的爱人刘艳红告诉记者，家困难的时候，他省吃俭用也要四处奔波买藏品，宁愿节衣缩食。

他的儿子像他了，儿子收藏了近500个中国、韩国、日本等国家的“易拉罐”；收集了大量烟标。

红色藏品耐人寻味，驰骋想象；红色藏品，告诉人们，历史在飞逝，时代在发展。

他的收藏不再局限于“收”和“藏”，他要办一个红色历史展览馆，作为爱国主义教育基地，让人们走近历史，触摸历史，铭记历史，以史为鉴。

（2010年1月20日《鸡西日报》二版）

少女车祸高位截肢

——王苗苗车祸致残急需救助的报道

这是天灾人祸，来得突然。

密山市裴德镇平安村六组 18 岁的王苗苗，10 月 6 日，跟爸爸、妈妈去东南山拉地，翻车后，四轮车头重重地压在三个人的身上后又起火，车压、火烧整整 25 个小时。王苗苗父母遇难，王苗苗双下肢、右胳臂高位截肢，终生残疾。

一场车祸，毁了一家。

11 月 29 日，记者赶到密山市人民医院外四科 5003 病房，上身用纱布包裹着的王苗苗哽咽着，用泪水诉说了那场让她家破人亡的车祸。

那天中午 12 点左右，爸爸开着四轮车，她和妈妈坐在四轮子"翅膀"上去秋收，走到离豆地不远的下坡，一个石头，把四轮车垫翻。四轮车车头压住了爸爸，压住了妈妈，压住了她。

王苗苗说，爸爸当时就没声息了，妈妈一劲地呼喊着她的乳名"苗苗"，她和妈妈大喊，山下的采石场离出事地点不远，呼救近一个多小时，还是没有人听见。

妈妈砍手救全家。妈妈绝望了，强忍剧痛，用没有压着的左手，拽翻车上工具箱，拿出斧头，想砍断自己的右手，好取出苗苗兜内的手机，呼救，骨头砍折了，血流一地，还是抽不出手来，妈妈又一次绝望了，无奈的妈妈用工具箱内的打火机点燃车垫子，抛出，好引起人们的注意。但是力竭的她，车垫抛出后，被风刮了回来，顿时，大火烧起，洒在地上的柴油和身边的草呼啦地着起来。

苗苗扑火救爸爸。火扑在爸爸身上，王苗苗保护爸爸，用手扑打爸爸身上的火，王苗苗衣服着火了，硬是把手、胳臂烧焦了，三个人被大火吞噬着……

待王苗苗醒来，天放亮了，趴在地上失去知觉的王苗苗又昏了过去……

当王苗苗舅舅、叔叔到山上找到她们时，已是 10 月 7 日下午 1 点多钟。

王苗苗被送到密山市人民医院，密山市人民医院为王苗苗开通绿色生命通道。

外四科主任金灿日告诉记者，医院建院三十多年来，第一次遇见这样的患者，太晚了，太惨了，太重了。

王苗苗双下肢、右上肢组织碳化，血压接近是零，处于创伤性休克。

骨科、外四科通力抢救，抢救达7个多小时，创造了生命奇迹，把王苗苗从死亡线上硬拉了回来。

时至11月29日，经过50多天清创、截肢、植皮的治疗，王苗苗生命体征平稳，躺在病床上的王苗苗忍受着浑身疼痛，终日泪流不止，她说，不敢睁眼睛，后怕；想离去的爸爸妈妈；想以后的路不知道怎么走……

正当王苗苗心碎的时候，密山市社会各界纷纷献出爱心，还给她失去的父爱和母爱。

密山市电视台、交通台在第一时间黄金时段播发新闻，王苗苗的遭遇引起了人们的关注。

为了给王苗苗治病，爷爷低价卖了家里粮食，把卖粮钱交了住院费；姑姑、姨姨、叔叔东挪西借3万多元；平安村6组村民捐款3 150元；民政局送来大病补助1万元，捐款1 000元；密山市人民医院捐款9 840元；东粮集团总经理翟友财捐款2 000元，员工捐款1 450元；哈尔滨市奈迪医疗器械公司周波到外四科办事听说后，捐款1 000元……近一个月来，王苗苗被爱心、花篮、问候包围者。

外四科主任金灿日说，王苗苗住院费花去8万多元，还要住院三四个月，手术费、治疗费还需要20多万元。

病床上只剩下上身不全的王苗苗，呻吟声，求助声让人心急……

（2009年4月4日《鸡西日报》二版）

“芦花”绽开田埂上

——记密山市兴凯湖乡兴凯湖村妇代会主任王家红

兴凯湖村地处小兴凯湖北岸。

每逢秋季，正是小兴凯湖千顷芦苇抽穗飘絮的季节，这个时候，正值农民秋收。兴凯湖村年年是丰收年，农民说，是“芦花”给农民带来了丰收的年景。

兴凯湖村妇代会主任王家红给农民送医，送药，送信息，引领妇女，建设新农村。被农民形象地称为田埂上一枝独秀的“芦花”。

她是农村的“120”

1995 年，王家红开办了兴凯湖村卫生所。

王家红告诉记者，卫校毕业后，她当上了村医。图的是用辛苦解决全村 500 多户农民的看病远、看病难、看病贵。

说起那个时候，她满嘴苦涩。一个小姑娘背着药箱，风来雪里，深更半夜地走十几里路，真是害怕。乡间小路上，手电筒的光束影从背上的“红十字”药箱在黑夜中流动。人们说，这是乡医背上的农村“120”。

说起那个时候，她满脸无奈。一有病，就是急的，走、跑都不赶趟儿。她被迫买了一台摩托车，给农民看病提速了。人们说，这是车架子上的农村“120”。

时隔 10 年，她买“夏利”，又换了“海马”，这回有急诊，风驰电掣，几分钟赶到农民家，给村民看病又一次提速了，为医治病人赢得了时间。人们说，这是轿车上的农村“120”。

人背上的“120”，车架上的“120”，轿车上的“120”，见证了农村医疗的几度变迁，书写了王家红从医的坎坷。

13 年，她走遍了方圆几十公里的兴凯湖村，走几百公里路。

13 年，她医治病人 3 万多人，抢救危急、危重病人 30 多人。

13 年，她不收处置费，不收消毒费，不收出诊费，不收床费，少收农民看病钱达 4 万多元。

13 年，农民有钱看病，没钱也看病。有 30 多户贫困户欠账1.5万元。一欠十几年，她说，要啥了还要，就当是扶贫了。

13 年来，为周边石嘴子村、兴凯湖水产养殖场看病达 1 万多人。

石嘴子村六组姜大姐含着眼泪说，去年，她手脚不好使，一个电话，家红来了，她拉着我，奔向密山市人民医院，做“CT”，开药单，把我拉回来打点滴。老人家说，比打密山的“120”快 40 多分钟；坐在家炕头上打点滴，比在密山市住院节省2 000多元。农村有这么个诊所，有这么个上心的医生，方便多了。

农民生病不出村，诊所就在对过，就在隔壁，就在家门口。

王家红的电话 24 小时开机，她的电话卡片，贴在了农民的墙上。

她是农业的“110”

2005 年，王家红开办了兴凯湖村信息服务站。

王家红告诉记者，开信息站图的是让村子与市场对接。

6 台电脑全是宽带，信息服务站成了了解世界的窗口。农民网上查信息，网上签订单，网上视频，网上聊天。农民心胸广了，眼眶高了。

每日各地农产品价格上墙，农民心里有底，农民说，电脑是千里眼，几天不上网，就像耳聋眼花了。

曹丽娟说，今年开春，网上查玉米价，周边市县价格高，可是，本地的价低，电脑上说，玉米价格走势是涨价。听电脑的，等一个月，卖上了价，多卖4 000多元。

电脑是信息源，王家红就是信息特快速递员。

她是农民的“160”

王家红走遍千家万户，满脑子是道道，农民说，她是“160”，是农民信息查询台；她是农业增产增收的点子库，她的电话是急救电话，又是咨询热线。她凭直觉，就知道干啥挣钱。

她和湖边打渔户商谈，引导全村 100 多名妇女，去鱼点摔鱼，一个妇女一夏天挣4 000多元。

她和农场联系，全村妇女组团插秧，每人一天 100 元。不到一个月，每人挣2 000多元。

她和砖场、粮库联系，全村 300 多名妇女冬割湖边的芦苇，打苇帘子，苇帘子成车往外拉。

她和30名妇女开办农家游,她领着挨家安装太阳能,农家游户均收入1万多元。

谁家姑娘大了,小伙子大了,到婚龄了,她留心,当了20次"证婚人",人们说她是兴凯湖村的"解大脚"。

"苇花"绽放,送健康,送小康。人们忘不了王家红。

2008年8月26日,兴凯湖村妇女界发生了一个破天荒的大事。

全村妇女投票选出村妇代会主任。

王家红说,要带领全村妇女把兴凯湖村打造成"聚宝盆"。妇女们给她满票,尽画圈,她高票通过。

当记者离开兴凯湖村时,她又出诊了,轿车上的农民"120"一溜烟急驶在乡村小路上,那就是王家红为农民送医、送药的背影。

(2009年3月26日《鸡西日报》二版)

三秒的生死选择

——密山市“3·5”重大交通事故的背后故事

2009年3月5日19时06分,夜色朦胧。

密山市西转盘偏北路口发生一起长城赛福汽车撞击行人的事件。

车祸发生在瞬间。

记者调阅了密山市公安局“110”监控录像,画面上显示:一辆汽车从密山市东安大街向西行驶,直奔路上行走的三人撞去,将三人撞散,其中一人被车推出十几米远……

据目击者称,只听“嘭”的一声,惨剧发生了。被撞的三人血肉模糊,不一会围上一群人。

正值密山市交警大队民警在西转盘执勤,马上维护了秩序,保护了现场。“120”立即赶到,在交警的帮助下,伤者及时送到了医院。

记者在医院得知,重伤者是黑龙江新华新食品有限公司的员工,秦洪伟,37岁,他左腿撞断,经6个小时的抢救无效死亡。

重伤者李杰住进了医院。

轻伤者马在星向记者道出了撞车几秒钟内三人之间发生的故事。

马在星说,三人并排走路,秦洪伟居中,李杰居右,我居左。忽然,秦洪伟大叫一声,不好,有车,快躲!秦洪伟回头一刹那间,左手把我推出,右手把李杰推出,他自己被撞出十几米远……

马在星说,他的举动,是舍己,是救人。他发现得最早,很有逃生的机会,但他选择了保护我们。如果他不推我俩,命运应该是和他相同的。在生死当头,他把生送给我们,把死留给自己;这是我心中的好弟弟,好搭档,是我心中的英雄,眼看着就在我身边走了。说完,马在星用手捶胸,泪水流了下来。

黑龙江新华新食品有限公司董事长刘贵雷说,秦洪伟家有妻儿、老父亲,妻子正处妊娠期,秦洪伟的死亡给家庭带来了巨大的创伤。秦洪伟是黑龙江新华新食品有限公司新城家园的项目开发经理,他的离开对家庭、对事业都是损失。他工作认真,技术过硬,是公司从山东大企业挖来的人才。

秦洪伟的死亡,引起震动。黑龙江新华新食品有限公司召开大会,号召大家学习秦洪伟“推让”的无畏精神。

秦洪伟，一位外地的人才，一位山东籍支援密山市的建设者，在生死关头的壮举，是本能也好，是舍己也罢，但是没有他的推，没有他的让，事故就会“升级”，在场围观的人说。

黑龙江新华新食品有限公司董事长刘贵雷这几天，在痛苦与思念中难以自拔。他仍然给秦洪伟被撞碎的手机发短信，以寄托哀思！秦洪伟，我们放心不下你呀……

（2009年3月13日《鸡西日报》二版）

于老四的“四大件”

11 月 17 日,记者从鸡西市返到兴凯湖乡参加于老四的婚礼。

于老四名叫于宝财,他比我年长十几岁,小时总和我们孩子在一块玩。时常没裤子穿,都叫他“于光腚儿”。47 岁头一婚,乡土感情,内心自然高兴,也少去了我一份牵挂。

47 岁才结婚,穷呗。

他家和我家东西院,都是 7 个孩子,但是我家还算过得去,因为有爸爸一双勤快的手,他家却不同,父母有病,穷得叮当响,破草房,布帘当窗户,吃不上穿不上。25 岁那年,好心的大婶给他介绍个邻村的姑娘。那天我记得真切,听说姑娘相亲了,就和几个同伴趴窗户偷看“媳妇”。听说两人都同意,不知怎么后来“黄”了。长大了才听老四说,姑娘要“四大件”财礼。自行车、手表、缝纫机、收音机,因家穷,老四无奈眼巴巴看着姑娘走了。那几天,看不见老四了,听说在家窝火。

这20 年,10 多个媒人来提亲,都没成。估计是穷的原因。这回老四真结婚了,我大清早便赶到老四家。一台崭新的四轮车在院中央,一栋 70 多平方米的砖房,玻璃擦得透亮,贴得红拉拉的,屋内的摆设、布置不雅于城里办婚事的。老四再不是以前那副寒酸样了,西装革履,名牌皮鞋,就是刮的胡子茬显得脸青和苍老了些。

我忽然提起 20 年前那“四大件”的事。老四今天给新娘子几大件了,从嘴里冒出了一句。这句话叨到了老四的伤心处,老四脸涨得通红。但又迫不及待地将内心喜悦告诉我。这几年尽种些新奇特,掏上了,闲时,倒个粮弄个景的,一年剩个万八千的。结婚光买东西花近 2 万元,手中还有几万元的存款。29 吋全平彩电代替了收音机,大摩托代替了自行车,腰挂手机上面有钟点,洗衣机代替了缝纫机,电冰箱、真皮沙发、还给新娘子买了“三金”,结婚要是对我好,我再给买个“貂儿”。

8 点零 8 分到了,良辰吉日,老新郎急着接新娘了。

喝老四的喜酒不由自主地多贪几杯,同情过去,高兴的是现在,要不是而立之年了,非拿五谷杂粮打一打新娘,非闹一闹洞房,把小的时候补回来。

(2005 年 12 月 5 日《人民日报》一版)

沐春风　话党恩

——种粮大户许传宝的自白

2005年,密山市杨木乡朝阳村农民许传宝种地5 000亩,政策好、人努力、天帮忙,占上了天时地利人和,又是一个丰收年。

今年春节前夕,记者驱车百公里去许家,农家小院喜气多,年味浓。

大气势,4台大型收割机,1台大平头,2台804大胶轮等30多件大中型机械,一个挨一个,像个机械化村。

大粮仓,院中央十几米高的豆堆涌起,像山。

大派头,后脚老许办年货回家,只见一台"帕萨特"、一台"桑塔纳",车上装满了年货,最显眼的是几个大红灯笼和一大堆鞭炮,还有一大沓子对联。老许说,年货足足2万多元。

坐在老许热炕头,喝热茶,听老许烫心窝的话。

说丰收。种地5 000亩,其中大豆4 000亩、玉米1 000亩,收入多少?老许不唠实嗑。今年,又增加1 000亩水田,今年种地6 000亩。

说免税。"皇粮国税"免了,去年免税20多万元。

说直补。抬头又见喜,不收税了,还给钱,又补10多万元。

说补贴。喜庆又盈门,近两年,增加3台大型收割机,每台都是十几万元,享受到了大型农机具补贴10多万元。多予再免,等于往老百姓兜里塞钱,老许一拨拉手指头,免的、补的、给的等于增收近40万元。

说家和。老许是帅,两个儿子是将,人和心,马和套,大事小事一家坐一块,决定是"七嘴八舌"。儿子和父母,儿媳和婆婆抱成团儿,一家和和睦睦。

说消费。去年挂锄,举家去了北京、香港,近10万元消费。老开眼界了,在天安门前、香港大都市照相。相片上写:某年某月某日,老许到此一游。

说忙年。狗年来了,怎么过?杀两头猪,请左街右邻吃喜,一吃三天。买四对大红灯笼,大门挂一对,房门挂一对,老许爱显摆,把红灯笼通上了电,这灯笼里的"金元宝"一个劲地转。老许说,这一转,转出了滚滚财源。年根儿,进城转悠买对联,内容是关注"三农"的,花高价买了一幅心爱的,把它揣在怀里,生怕折了,这带有"体温"的对联表露了老许感谢党的心声:上联是"时雨润三农喜得三春暖”，下联是“惠风拂百姓迎来万事兴”，横批是“永沐党恩”，老许说，横批要加上“老许”。

老许还告诉记者，还要用大红纸糊一个直径 2 米的灯笼，把对党要说的感谢话都写在上面，大年三十挂在院中央半空中。大年三十放炮要出彩，在地头放，在路口放，把炮分给村民，大家一起放。

离开许传宝家的时候，老许送出村外，他指着几户显眼阔气的大砖房告诉记者，这都是俺带的、俺帮的。

（2006 年 1 月 19 日《鸡西日报》二版头条）

画面“镜子”照出真善美丑

——记联合国政治国际漫画大赛获奖者李景山

李景山的财富是一支笔，一张纸，一壶茶，一张漫画。

在苦闷中煎熬，在清贫中坚守，创作漫画2 000多幅。

他像长了一双翅膀，“高空”看事物，一览众山小。

他有“新闻眼”，抓焦点，叼难点，盯热点，凸显“棱角”，画出个性。

他像魔术师，眉毛聚集，托腮凝思，踱步徘徊，下笔千钧，左描右勾，几分钟，一幅漫画顺手而出。

1 000多幅漫画发表在《人民日报》、《生活报》上；300 多幅漫画挂在《新漫网》、《东北网》等网站上；300 多幅漫画刊发在《中国漫画》等刊物上。7 年笔不歇，创作出属于李景山个人“版权”的版面、空间、网页。他成了许多主流媒体的特邀漫画家。

40 多幅作品参加国际、国内漫画大赛获奖。漫画《无题》，2008 年获联合国最佳政治主题国际漫画大赛三等奖；漫画《癖好》，2006 年获第二十三届土耳其艾丁道昂国际漫画大赛提名奖；漫画《朝不保夕》，2007 年获第十七届中国新闻漫画铜奖……

他像一匹“黑马”，出现在漫画界上，来势太猛。

创作 7 年，李景山成为黑龙江省漫画协会理事、鸡西市漫画艺术委员会秘书长。

他的漫画是监督台，把现象不加掩饰地报道出来。

他的漫画是曝光台，抓住要害，发出呼喊，在揭露中批判。

他的漫画是放大镜，放大危害。

他的漫画讲实效。把新近发生的事实，用漫画的形式体现。

他的漫画讲政治。围绕时代主旋律，打响主动仗。

他的漫画讲艺术。时而幽默，时而讽刺，时而奋进，时而启迪。

“晓之以理，动之以情”是他漫画的独到之处。

他说，为责任而画，为社会而画，为人民而画，为真理而画。

单格漫画《癖好》，画出老树下一位猎人鸣枪打鸟，把鸟的羽毛拔下来，收藏起来，为这一“嗜好”，他大肆杀戮鸟类，破坏了生态。这幅漫画看罢，让人们心疼，让人们从内心发出呐喊，保护鸟类就是保护生态，就是保护人类，就是保护了自己。

沉思许久，寓意深远。

单格漫画《朝不保夕》，画一个大碗里盛满了绿草地，暖洋洋的太阳洒在大地上，牧羊人扬鞭，一伙“掘金人”打着“开垦”的大旗，用铁钎子、镐头凿破大碗。画出“掘金人”的凶，“掘金人”的狠。这幅漫画诉说着过度开垦土地，土地在流泪；人们将失去赖以生存的饭碗子，人们心在流血。

画面真切，令人心忧。

单格漫画《“驴”浮于事》，画面5头驴拉一盘石磨，有的尥蹶子，有的偷嘴，有的向相反的方向拉，驴“各自为政”，没磨出一粒粮食。

画面现实，说明问题。

单格漫画《防腐剂》，画一棵酷似公章形状的树上，滋生出几只蛀虫，在吞噬着大树的生命。一双有力的大手，拿起杀虫剂，喷射蛀虫，蛀虫落地。这幅漫画获黑龙江省首届廉政大赛一等奖。

敢于抨击，敲响警钟。

两格漫画《来去之间》，画早晨上学的时候，两名小学生迎着朝阳，背上书包奔向网吧，月亮出来了，两个小学生撇下书包，搂着脖，叼着烟走出了网吧。

抓住现象，告诫社会。

漫画针砭时弊，活灵活现，栩栩如生。在提示、在感悟、在鞭策……

漫画凝聚辛劳，李景山说。一幅漫画观察捕捉素材后，构思、布局、提炼，有的时候长达几个月之久。

画到什么时候是个头儿，李景山说，画到七老八十。

（2009年12月17日《鸡西日报》二版）

读你文字

走进你的文字,仿佛走进兴凯湖畔。

读一读你碧波荡漾的情怀,才注意到自己像大地少雨一样干旱;读一读你汹涌澎湃的才华,才知道你笔走龙蛇,为谁通宵达旦;读一读你顶风冒雪走四方的脚印,才懂得你踏破铁鞋是为了奔赴怎样的期盼。

读,有一种责任用良知承担,有一种力量充满字里行间。

读,读出一座座工厂拔地而起,迅猛发展。这是真实的故事,发展的尺度不仅是利润,更是老百姓的笑颜。看,水变得更清,地变得更绿,天变得更蓝。这是一种肯定,不是笑谈,谁还把你当成记者,掌声中都把你当成环保员。

读,读出领导的身影,奔忙在各条战线。不仅通过你听到的,看到的掌握更细微,更全面,而且你还有独到的思考和钻研,把充满创意的创新思维进行兵棋推演,哪个领导不把你当作高参。所谓:给我一个支点,我能撬动地球。你成功地把文章变成推动改革,开放,发展的杠杆。

都说你的文字是水做成的,那么纯粹,那么晶莹,那么波澜,那么真情实意,富有情感。探讨秘籍,不过是你时刻知道为谁鼓与呼,为谁代言;不过是你常常放下了笔,和工人在一起扛,在一起搬,冲到劳动第一线,一起流汗;流汗流出的文字,怎能不带有分量,不带有滋味,滴滴答答地滴到人们的心里面。这样的文字,怎能不如茶似酒,怎能不清香醉人,品也品不完。

读,读出一片片青纱帐,读出五谷飘香的秋天。你说,我虽是记者,责任却是通盘。于是,你成为一个个专业户的军师,送来新信息,新思想,送来金点子,送来缕缕清风,拨云见天;你把聪明才智发挥得淋漓尽致,推动农民在发家致富的路上,斩将过关;农民封你为农家诸葛亮,你却说群策群力才是神算;你戏说自己是中老年人的偶像,所以你喜欢走近老年人,老年人也把你喜欢;你说这是在和智慧交流,在和历史交谈,怪不得你总是有那么多真知灼见;你送来阳光,关心晴天雨天,把百姓的疾苦沉重地放在心间;你的网络是老百姓的喜怒哀乐,所以你能够把党心和民心紧紧相连;所以探望病人,你总是以子女的身份走近床前;这一切怎能不量变到质变,怎能不敞开胸怀,知心的话儿像流水潺潺；别人说你有才华，原来是在这里开拓出了不竭之源。

读，读出书声琅琅，读出孩子们的张张笑脸。篮球场上比速度，足球场上是闪电。你说，把自己变成孩子，孩子才会和你心心相通，无话不谈。才会知其所需，解其所难，及时为祖国的花朵们雨露浇灌。因为孩子是人类的未来，把孩子们放在心上，就是把未来放在心间；就会多一份童心，多一份纯真，生活多一道阳光，世界更加灿烂。

读，读出震惊，读出震撼，读出追星族一串串。网络上的粉丝，现实中的桃李，把首席记者的文章当作范文，广泛流传。

读，读出百姓的心声，苦辣酸甜；读，读出各行各业的新面貌，星移斗转；读，读出城市的腾飞，怎样给人民带来幸福感；读出兴凯湖这颗明珠，使国外的眼球也把渴望斟满。

读，一页页，一篇篇，新闻中的散文美感，散文中的新闻发现，无不熠熠闪烁一双明亮的慧眼。

以此散文诗贺《兴凯湖畔龙抬头》出版。

诗人黑水

二○一○年三月写于哈尔滨